Père Arnaud DUBAN

Recueil d'homélies

Année C

2018-2019

Le Code de la propriété intellectuelle n'autorisant aux termes de l'article L.122-5, 2e et 3e a, d'une part, que les « copies ou reproductions strictement réservées à l'usage privé du copiste et non destinées à une utilisation collectives» et, d'autre part, que les analyses et les courtes citations dans un but d'exemple ou d'illustration, «toute représentation ou reproduction intégrale ou partielle faite sans le consentement de l'auteur ou de ses ayants droit ou de ayants cause est illicite» (art. L.122-4).
Cette représentation ou reproduction, par quelque procédé que ce soit, constituerait donc une contrefaçon sanctionnée par les articles L. 355-2 et suivants du Code de la propriété intellectuelle.

© 2019 Père Arnaud DUBAN

Edition : BoD - Books on Demand
12/14 rond-point des Champs Elysées
75008 Paris
Imprimé par BoD – Books on Demand, Norderstedt, Allemagne

ISBN : 978-2-3221-9129-1
Dépôt légal : Décembre 2019

A tous ceux qui cherchent la lumière.

« On était frappé par son enseignement, car il enseignait en homme qui a autorité, et non pas comme les scribes. »
(Mc 1,22)

« Le Verbe s'est fait chair, il a habité parmi nous, et nous avons vu sa gloire, la gloire qu'il tient de son Père comme Fils unique, plein de grâce et de vérité » (Jn 1,14).

« Jamais un homme n'a parlé de la sorte ! » (Jn 7,46)

Un grand **merci** à Patrice qui m'a aidé à nouveau pour l'élaboration et l'édition de ce troisième recueil d'homélies.

NB: Les citations sans les références correspondent aux textes liturgiques de la messe du jour. Nous conseillons donc au lecteur de lire les homélies avec un missel de l'année C pour s'y reporter.

Sommaire

AVENT **10**

    1er dimanche : Veillez ! 11

    2° dimanche : Preparez le chemin du Seigneur ! 16

    3° dimanche : Soyez toujours dans la joie ! 21

    4° dimanche : Le cadeau de la joie 27

TEMPS DE NOËL **33**

    Jour de Noël : Il nous a donne de pouvoir devenir enfants de Dieu . 34

    Sainte famille : L'ecole de l'Amour 39

    Epiphanie : Pretres, prophetes et rois 44

    Bapteme du Seigneur : Chretien, deviens ce que tu es 49

TEMPS ORDINAIRE **56**

    3° dimanche : Ce passage de l'Ecriture, c'est aujourd'hui qu'il s'accomplit 57

    4° dimanche : Je fais de toi un prophete 62

    6° dimanche : Heureux ? 68

    5° dimanche : Avançons au large, et jetons les filets 74

    7° dimanche : Soyez misericordieux comme votre Pere est misericordieux 80

    8° dimanche : Chaque arbre se reconnait a son fruit 85

    13° dimanche : Suis-moi ! 91

    14° dimanche : La paix soit avec vous 96

    15° dimanche : Que dois-je faire pour avoir en heritage la vie eternelle ? 101

    16° dimanche : Choisissons la meilleure part 106

17° DIMANCHE : SEIGNEUR, APPRENDS-NOUS A PRIER 112
20° DIMANCHE : PENSEZ-VOUS QUE JE SOIS VENU METTRE LA PAIX SUR LA TERRE ? 118
21° DIMANCHE : COMMENT ETRE SAUVES ? 122
22° DIMANCHE : QUI S'ABAISSE SERA ELEVE 128
23° DIMANCHE : SUIVONS LE VRAI SAGE 133
24° DIMANCHE : IL Y AURA DE LA JOIE DANS LE CIEL 139
25° DIMANCHE : DIEU VEUT QUE TOUS LES HOMMES SOIENT SAUVES 144
26° DIMANCHE : L'ENFER OU LE PARADIS 149
27° DIMANCHE : LA FOI COMME UNE GRAINE DE MOUTARDE 155
28° DIMANCHE : ET LES NEUF AUTRES, OU SONT-ILS ? 161
29° DIMANCHE : LE FILS DE L'HOMME, QUAND IL VIENDRA, TROUVERA-T-IL LA FOI SUR LA TERRE ? 166
30° DIMANCHE : QUAND IL REDESCENDIT CHEZ LUI, C'EST LUI QUI ETAIT DEVENU UN HOMME JUSTE 171
31° DIMANCHE : LE FILS DE L'HOMME EST VENU CHERCHER ET SAUVER CE QUI ETAIT PERDU 176
32° DIMANCHE : IL EST LE DIEU DES VIVANTS 182
33° DIMANCHE : QUE TON REGNE VIENNE ! 187

CAREME 192

MERCREDI DES CENDRES : LAISSONS-NOUS RECONCILIER AVEC DIEU 193
1° DIMANCHE : ARRIERE, SATAN ! 200
2° DIMANCHE : IL FUT TRANSFIGURE DEVANT EUX 205
3° DIMANCHE : DONNE-MOI A BOIRE 211
4° DIMANCHE : FESTOYONS ET REJOUISSONS-NOUS ! 217
5° DIMANCHE : VOICI QUE JE FAIS UN MONDE NOUVEAU 223
RAMEAUX : BENI SOIT CELUI QUI VIENT, LE ROI, AU NOM DU SEIGNEUR 228

PAQUES 233

VIGILE PASCALE : POURQUOI CHERCHEZ-VOUS LE VIVANT PARMI LES MORTS ? 234

Jour de Paques : Vous etes ressuscites avec le Christ 239
2° dimanche : « Mon Seigneur et mon Dieu ! » 245
3° dimanche : M'aimes-tu ? 250
4° dimanche : Je suis le Bon Pasteur 256
5° dimanche : En route vers la Gloire 262
6° dimanche : Par amour 267
Ascension : Jesus fut enleve au ciel et s'assit a la droite de Dieu ... 272
7° dimanche : Que tous, ils soient un 279
Pentecote : Viens Esprit Saint ! 284

SOLENNITES 290

Saint Sacrement : 5 pains et 2 poissons 291
Sainte Trinite : Au Nom du Pere, et du Fils et du Saint Esprit 297
Toussaint : Soyez saints ! 303
Christ-Roi : Le regne de Dieu est au milieu de vous 308

Avent

1er dimanche : Veillez !

Frères et sœurs, **vivons-nous dans la confiance ?** Ou vivons-nous dans la peur ? Peu avant la destruction du Temple de Jérusalem, Jésus annonçait à ses disciples : *«Les hommes mourront de peur dans l'attente de ce qui doit arriver au monde, car les puissances des cieux seront ébranlées»*. Ce discours, de style « apocalyptique », c'est-à-dire de révélation, résonne de façon très actuelle à cause des catastrophes naturelles et humaines que nous avons connues ces derniers temps. Or, Jésus ajoute : *« Quand ces événements commenceront, redressez-vous et relevez la tête, car votre rédemption approche »*. Pourquoi relever la tête ? Pour diriger nos regards vers le ciel, d'où le Christ vient vers nous dans une nuée, avec puissance et grande gloire. Je parle au présent car depuis 2000 ans, le Christ ne cesse de s'approcher, même si la nuée indique qu'il est comme caché, et que seul un regard de foi nous permet de le voir... Dimanche dernier, nous avons célébré le Christ-Roi, nous rappelant qu'il sera un jour à nouveau au milieu de nous pour nous juger. Comment vivons-nous cette attente ? Dans l'indifférence ? Dans la peur ? Ou dans la confiance, comme un évangile, c'est-à-dire une bonne nouvelle ? Lorsque l'on n'attend pas quelqu'un, son arrivée à l'improviste risque de nous trouver endormis ou de nous gêner et de sonner comme une mauvaise nouvelle. Mais lorsqu'arrive une personne qu'on attend de tout son cœur, la sonnette retentit comme une bonne nouvelle. C'est pourquoi nous devons nous tenir prêts, être vigilants. Le Christ vient de nous exhorter :

« Restez éveillés et priez en tout temps » ! Alors que les jours diminuent, nous pourrions être tentés de nous assoupir, comme les ours ou les marmottes qui se creusent des terriers pour hiberner pendant l'hiver. Pourquoi veiller ? Pour 2 raisons : d'abord **pour ne pas manquer la venue de celui qui nous aime**; ensuite, **pour ne pas nous laisser surprendre par nos ennemis.**

Nous devons veiller d'abord pour accueillir Celui que nous aimons. Prenons nos portables : si nous ne les rechargeons pas régulièrement au réseau électrique, ils ne seront plus en veille, et quelqu'un aurait beau nous appeler, nous ne le saurons même pas. Le Seigneur frappe sans cesse à la porte de notre cœur[1], mais sommes-nous éveillés pour lui ouvrir ? Il ne veut pas s'imposer à nous, mais Il se laisse désirer pour venir combler notre cœur. Dans notre société, tout est fait pour que nous n'ayons pas à attendre. L'attente peut être destructive, si elle est vécue dans l'agitation, la colère ou la peur, ou constructive, si elle est vécue dans la confiance et l'amour. Sommes-nous dans l'attente de la venue du Christ ? La bonne nouvelle, c'est que non seulement il est déjà venu – c'est l'évènement du passé que nous célèbrerons à Noël – mais qu'en plus il reviendra – c'est l'évènement de l'avenir

---

[1] *« Voici que je me tiens à la porte, et je frappe. Si quelqu'un entend ma voix et ouvre la porte, j'entrerai chez lui ; je prendrai mon repas avec lui, et lui avec moi. »* (Ap 3,20)

que nous avons célébré dimanche dernier, le retour du Christ dans la gloire- et plus encore, il vient à nous sans cesse.

Sous quelles formes vient-il ? Dans la prière[2], les sacrements, notamment l'Eucharistie[3], les évènements[4], mais aussi les personnes[5]. Saint Paul écrit aux Thessaloniciens : « *que le Seigneur vous donne, entre vous et à l'égard de tous les hommes, un amour de plus en plus intense et débordant, comme celui que nous avons pour vous* » (2° lect.) Dans l'évangile de Luc, pourquoi le riche a-t-il été condamné ? Non parce qu'il avait commis le mal, mais parce qu'il n'avait pas fait le bien qu'il aurait pu faire. Il n'avait pas accueilli et veillé sur Lazare, le pauvre couvert d'ulcères qui gisait devant son portail (Lc 16,20)... C'est pourquoi nous devons nous accueillir et veiller les uns sur les autres.

Nous devons veiller d'abord pour accueillir Celui que nous aimons, mais aussi pour nous protéger de nos ennemis. Dans une forêt la nuit, il faut allumer un grand feu pour éloigner les loups, et mieux vaut ne dormir que d'un œil, comme on le constate dans l'histoire de Croc Blanc. Et dans un match d'escrime, il faut une vigilance maximale pour parer aux attaques de l'adversaire. Jésus a déclaré : « *Ne craignez pas*

---

[2] « *Que deux ou trois soient réunis en mon nom, je suis là au milieu d'eux*» (Mt 18,20)
[3] « *Ceci est mon corps* » (Mt 26,26)
[4] « *Tu n'as pas reconnu le temps où tu fus visitée !* » (Lc 19,44)
[5] « *Ce que vous l'avez fait à l'un de ces petits qui sont mes frères, c'est à moi que vous l'avez fait* » (Mt 25,40)

ceux qui tuent le corps, mais ne peuvent pas tuer l'âme ; craignez plutôt celui qui peut faire périr dans la géhenne l'âme aussi bien que le corps. » (Mt 10,28) Et à Gethsémani, peu avant de prononcer la parabole que nous venons d'entendre, Jésus avait dit à Pierre, Jacques et Jean: « *Veillez et priez afin de ne pas entrer au pouvoir de la tentation* » (Mc 14,38). Notre véritable ennemi s'appelle le diable, et il possède des alliés, les démons. Dans les évangiles, Jésus les a souvent évoqués, car ils cherchent à demeurer dans l'ombre, et il les a aussi souvent chassés. Dans l'évangile de Marc, après avoir vaincu le diable dans le désert, le premier signe de Jésus est de chasser un esprit mauvais (1,21-28). Et c'est ce même esprit qui est le premier à reconnaître qu'il est le Saint de Dieu (1,24), bien avant ses disciples.

En plus du diable et des démons, nous devons veiller pour ne pas nous laisser vaincre par deux autres types d'ennemis : le monde et la chair. Le monde a été créé bon, mais il a été perverti par Satan, qui en est devenu *le prince*[6]. Il existe dans le monde des « *structures de péché* », comme le soulignait le pape Jean-Paul II, et nous devons lutter contre elles individuellement et collectivement. Quant à la chair, elle ne représente pas le corps, qui a été créé bon lui aussi, mais toutes les tendances qui peuvent l'asservir. A Gethsémani, juste après avoir invité ses disciples à veiller, Jésus avait ajouté : « *L'esprit est plein d'ardeur, mais la chair est faible* » (Mc 14,38). Parce qu'ils ne lui obéiront pas et qu'ils s'endormiront, Pierre et les disciples seront incapables de

---

[6] Jn 12,31 ; Jn 14,30 ; Jn 16,11

résister le lendemain à la tentation. Si nous ne veillons pas, nous risquons d'une part d'être surpris par l'adversaire, comme eux l'ont été.

Frères et sœurs, pendant ce temps de l'Avent, **tenons nos lampes allumées, soyons en état de veille.** Les apôtres, parce qu'ils n'ont pas veillé à Gethsémani, non seulement n'ont pas su résister à la tentation, mais ensuite, après sa résurrection, furent incapables de reconnaître leur maître. **Nos cœurs sont comme des portables qui ont besoin d'être rechargés chaque jour, autrement, même si Dieu nous appelle, nous ne le saurons pas. Comment les recharger ? En priant et en étant ainsi branchés à la Sainte Trinité, d'où jaillit l'Esprit Saint.** Durant ce temps d'Avent, donnons une place essentielle à la prière. C'est ainsi que le Seigneur descendra du ciel jusque dans la demeure de notre cœur, bien avant le père Noël. AMEN.

2° dimanche : Préparez le chemin du Seigneur !

Frères et sœurs, **vivons-nous dans l'Espérance ?** En ce temps troublés à la fois pour l'Eglise et pour la société, nous pourrions être tentés de baisser la tête, accablés par le désespoir. Mais le Seigneur nous invite au contraire à nous *redresser et relever la tête, car notre rédemption approche* (év. dimanche dernier). Les signes apocalyptiques que Jésus a annoncés, ils ont toujours existé. Déjà avant sa venue, Israël a traversé des épreuves très lourdes, mais le Seigneur ne l'a jamais abandonné. Au temps de l'exil en particulier, alors que le peuple est loin de Jérusalem, sans roi et sans Temple, les prophètes Isaïe puis Baruch annoncent l'intervention prochaine du Seigneur : « *Dieu a décidé que les hautes montagnes et les collines éternelles seraient abaissées, et que les vallées seraient comblées* » (1° lect .), et c'est bien ce qui est arrivé avec le roi perse Cyrus. Des siècles plus tard, un 3ème prophète reprend la même promesse : Jean Baptiste, parce que Dieu est intervenu dans sa vie (*la parole de Dieu lui fut adressée dans le désert*[7]), appelle à l'Espérance les Israélites qui souffrent de la domination romaine : « *Tout ravin sera comblé, toute montagne et toute colline seront abaissées ; les passages tortueux deviendront droits … et tout être vivant verra le salut de Dieu.* » La promesse de Dieu ne concerne pas seulement Israël, mais tous les hommes car tous sont confrontés aux difficultés de la vie. Les expressions au passif signifient que c'est le Seigneur Lui-même qui va agir. Plus

---

[7] Notons le contraste entre *Jean, fils de Zacharie*, un simple prêtre, et tous les grands de ce monde qui ont été cités juste avant.

besoin de monter sur une haute montagne, comme Moïse, c'est Dieu lui-même qui va descendre jusqu'à nous. L'homme n'a-t-il donc rien à faire, sinon attendre ? Non, notre attente ne doit pas être passive. Elle doit s'accompagner de notre conversion : Jean proclamait *« un baptême de conversion pour le pardon des péchés, comme il est écrit dans le livre des oracles d'Isaïe, le prophète : Voix de celui qui crie dans le désert : Préparez le chemin du Seigneur, rendez droits ses sentiers »*. Le baptême de Jean ne produit pas la rencontre avec le Seigneur et le salut, mais il y prépare. Nous-mêmes ne devons pas recevoir le baptême de Jean, mais nous devons sans cesse reconnaître nos péchés afin de rencontrer celui qui nous a baptisés dans l'Esprit et le feu, le Christ sauveur. Que produira cette rencontre ? Cherchons à interpréter les paroles des prophètes sur un plan spirituel, comme **3 invitations à nous convertir à plus d'Espérance**.

« Tout ravin sera comblé ». Les ravins, ce sont toutes nos misères, pas seulement matérielles, mais aussi physiques, psychologiques et spirituelles. Elles peuvent nous pousser à désespérer. Selon saint Thomas d'Aquin, c'est le plus grave de tous les péchés. En effet, d'une part, il ne s'oppose pas à une vertu seulement humaine, mais théologale, comme l'infidélité s'oppose à la foi et la haine s'oppose à l'amour. D'autre part, *« le désespoir est plus périlleux, car c'est par l'espérance que nous nous détournons du mal et que nous commençons à rechercher le bien. C'est pourquoi, lorsque l'espérance a disparu, les hommes, sans aucun frein, se laissent aller aux*

vices et abandonnent tout effort vertueux [...] Et Saint Isidore déclare: "Commettre un crime c'est la mort de l'âme; mais désespérer, c'est descendre en enfer" » (II-II, q.20, art.3).

Un exemple très parlant de désespoir est celui de Judas. Judas n'a pas commis un péché plus grave que Pierre. Le premier a trahi, le second a renié. Mais alors que Pierre a cru en la miséricorde de Dieu et a su accueillir son pardon, Judas a mis fin à son existence. Pierre s'est relevé de sa chute, alors que Judas est resté à terre. Sainte Thérèse d'Avila écrivait très justement : « *La sainteté, ce n'est pas de ne jamais tomber, mais de toujours se relever* ». Plus on est saint, plus on est humble, et plus vite on se relève, car on ne s'appuie pas d'abord sur ses propres forces, mais sur celles du Seigneur.

« *Toute montagne et toute colline seront abaissées* ». Les montagnes et les collines symbolisent nos présomptions. A l'autre extrême du désespoir, la présomption tue en nous l'Espérance. Elle est de deux sortes, qui se réfèrent toutes deux à un objectif qui nous dépasse : la première nous fait croire que nous pouvons atteindre cet objectif par nos propres forces seulement ; la seconde nous fait croire que Dieu va nous donner d'atteindre l'objectif parce que nous le méritons. Dans les deux cas, la présomption est liée à un manque d'humilité et de crainte de Dieu.

Dans les évangiles, la présomption est illustrée par les Pharisiens, qui croient qu'ils se sauvent eux-mêmes par leur observation minutieuse de tous les commandements de la Loi. Dans la parabole du Pharisien et du Publicain, Jésus déclare que c'est le second qui repart justifié du temple, parce qu'il a prié avec humilité, contrairement au premier.

« *Les passages tortueux deviendront droits, les routes déformées seront aplanies* ». Les passages tortueux et les routes déformées représentent nos vices, qui tuent eux aussi l'Espérance. Dans la Somme théologique, saint Thomas énumère sept péchés capitaux, en précisant qu'il s'agit plutôt de vices, c'est-à-dire d'habitudes mauvaises dont découlent les péchés (le mot *capital* vient de *caput, tête* en latin). Il s'agit de l'acédie (ou paresse spirituelle), l'orgueil, la gourmandise, la luxure, l'avarice, la colère et l'envie.

Dans son évangile, saint Luc écrit que Marie Madeleine a été libérée de sept démons (Lc 8,2), qui représentent sans doute ces sept péchés capitaux. Ils vont souvent ensemble, car ils se développent dès lors que l'on s'éloigne de Dieu, comme de mauvaises herbes lorsqu'on s'éloigne de la lumière.

Ainsi, frères et sœurs, **le Seigneur nous invite aujourd'hui à plus d'Espérance**. Pour cela, nous devons nous convertir, i.e. préparer sa route dans nos cœurs. Il est venu, il reviendra, il vient sans cesse, mais sommes-nous prêts à l'accueillir, et même à aller à sa rencontre, comme Zachée qui est *« vite »* descendu de son arbre et a reçu Jésus chez lui *« avec joie »*

(Lc 19,1-10)? Cette semaine, allons recevoir le sacrement de réconciliation. Et pour que ce sacrement porte du fruit, préparons-le avec un bon examen de conscience, à la lumière des paroles du prophète Isaïe. Quand ai-je désespéré et baissé les bras à la vue de mes misères et de celles des autres ? Quand ai-je fait preuve de présomption, me fiant à mes propres forces seulement ou croyant mériter le secours de Dieu ? Quand ai-je commis un des sept péchés capitaux ? Cet examen de conscience ne doit pas m'accabler, mais au contraire me préparer à renaître. Ce temps de l'Avent n'est pas destiné seulement à faire mémoire de la naissance du Sauveur il y a 2000 ans, ce que nous ferons uniquement le 25 décembre, mais aussi et surtout à le faire naître en nous chaque jour un peu plus. Pour cela, prions le Saint Esprit, dont Jean Baptiste a annoncé la venue après son appel à la conversion, comme nous l'entendrons dimanche prochain. Devant la tentation du désespoir, qu'il renouvelle en nous le don de force. Devant la tentation de la présomption, qu'il renouvelle en nous le don de crainte. Devant la tentation des péchés capitaux, qu'il renouvelle en nous ses sept dons. Alors, nous pourrons vivre pleinement dans l'Espérance de la rencontre avec celui qui est venu pour nous sauver. AMEN.

3° dimanche : Soyez toujours dans la joie !

« *Pousse des cris de joie, fille de Sion ! Éclate en ovations, Israël ! Réjouis-toi, tressaille d'allégresse, fille de Jérusalem !* » **Sommes-nous des personnes joyeuses**, frères et sœurs? A la suite du prophète Sophonie, en ce 3ème dimanche de l'Avent, appelé traditionnellement dimanche de *Gaudete*, l'Église nous invite à rayonner de joie. Notre société nous oriente vers le plaisir qui, s'il est sain n'est pas aussi profond que la joie, et s'il ne l'est pas peut même étouffer la joie. Durant ses voyages en Occident, Mère Teresa avait été frappée de l'absence de joie, qui contrastait avec celle qu'elle rencontrait dans les rues de Calcutta. Qu'est-ce que la joie ? C'est le sentiment que nous éprouvons lorsque nous possédons ce que nous désirons. Si nous ne désirons que des réalités passagères et superficielles, nos joies seront passagères et superficielles. Le Seul qui puisse assouvir nos désirs toujours renaissants, et ainsi nous combler de joie, c'est le Seigneur. C'est Lui que nous désirons, au plus profond de notre cœur. Eh bien, il est venu, il reviendra à la fin des temps, et il vient à nous chaque jour... La joie est à la fois un don de Dieu, le deuxième fruit de l'Esprit Saint (après la charité, cf Ga 5,22), et un commandement, que saint Paul donne aux Thessaloniciens alors qu'il subit l'épreuve de la prison : « *soyez toujours dans la joie* ». Comme le disait Don Bosco, « *un saint triste est un triste saint* ».Qu'est-ce qui pourrait alors nous empêcher d'éprouver une joie profonde ? Les épreuves ? Non, car la souffrance peut être accompagnée par la joie, comme en témoigne le Christ en croix, parfois représenté avec un sourire rayonnant, comme à Javier au Pays Basque. Non, ce qui peut nous priver de la joie, ce sont nos péchés, qui nous empêchent d'accueillir en nous le Trois-fois-Saint. C'est pourquoi l'Église nous a exhortés, depuis le premier dimanche de l'Avent, à nous convertir. **Cet appel à la conversion lancé par Jean Baptiste retentit à nouveau aujourd'hui et débouche sur un triple baptême, sources de joie : dans l'eau d'abord, dans l'esprit ensuite, dans le feu enfin.**

Pour commencer, **nous devons reconnaître que nous sommes pécheurs et faire pénitence. C'est l'objet du baptême dans l'eau** que Jean proposait. Même si nous ne sommes plus appelés, en tant que chrétiens, à recevoir physiquement ce baptême, nous devons sans cesse y revenir spirituellement, notamment à travers notre examen de conscience. Et la reconnaissance de nos péchés doit nous pousser à poser la même question que celle qui était posée à Jean : « *Que devons-nous faire ?* » (3 fois dans la péricope d'aujourd'hui). Jean Baptiste nous exhorte à vivre dans la justice. La justice consiste à rendre à chacun ce qui lui est dû. Aux foules qui viennent se faire baptiser, Jean demande : « *Celui qui a deux vêtements, qu'il partage avec celui qui n'en a pas ; et celui qui a de quoi manger, qu'il fasse de même !* » Lorsque nous aidons les SDF et les autres personnes qui vivent dans la misère, nous n'accomplissons pas des actes de charité, mais tout simplement de justice. C'est tout simplement notre devoir de ne pas accepter que certains – à commencer par nous-mêmes – vivent dans l'opulence, alors que d'autres manquent du nécessaire. Souvenons-nous du riche qui ne voit même pas le pauvre Lazare qui est couché devant son portail (cf Lc 16) Après avoir énoncé la règle qui s'applique à tous, Jean exhorte chacun à vivre selon son devoir d'état. Ceux qui sont les moins aimés, et qui peuvent le plus facilement profiter de leur situation au détriment des autres, viennent eux-aussi à lui. Aux publicains qui collectent les impôts, il dit : « *N'exigez rien de plus que ce qui vous est fixé.* » Et aux soldats : « *Ne faites ni violence ni tort à personne ; et contentez-vous de votre solde.* »

La justice est source de paix, mais elle ne comble pas tous nos désirs. **Pour parvenir à la joie, il nous faut gravir une marche supplémentaire, celle de la charité**[8]. **C'est pourquoi, après le baptême dans l'eau, nous devons recevoir le baptême dans l'Esprit**, celui que le Christ seul peut donner et que nous avons reçu pour entrer dans l'Eglise. Jean l'indique en affirmant d'abord qu'il n'est pas le Messie, celui que le peuple attend. En tant que Précurseur, il n'est pas digne de *dénouer les courroies des sandales* de celui qui est *plus puissant* que lui. « *Moi, je vous baptise avec de l'eau ; mais il vient, celui qui vous baptisera dans l'Esprit Saint et dans le feu.* » Voici ce qui différencie Jean et

---

[8] Un homme a particulièrement bien mis en lumière la distinction entre justice et charité : le bienheureux Frédéric Ozanam. Il disait : « *Que la charité fasse ce que la justice seule ne saurait faire* ». Dans les années 1830, devançant largement les propos de Karl Marx, il affirme: « *Il y a beaucoup d'hommes qui ont trop et qui veulent avoir encore; il y en a beaucoup plus d'autres qui n'ont pas assez... Entre ces deux classes d'hommes, une lutte se prépare.* » Et il ajoute : « *Je voudrais enserrer le monde entier dans un réseau de charité.* »

Jésus : le premier n'est qu'un homme, le second est rempli de l'Esprit Saint, parce qu'il est homme et Dieu. Le premier peut appeler à la justice, une des quatre vertus cardinales que même les païens doivent acquérir, mais seul le second peut appeler à la charité, vertu théologale, c'est-à-dire venant de Dieu et conduisant à Dieu. Seuls le Christ et l'Esprit Saint peuvent nous donner de passer de la justice, qui consiste à donner à autrui ce qui lui est dû, à la charité, qui consiste à aimer autrui à la manière de Dieu. Alors que Jean déclare : « *Celui qui a deux vêtements, qu'il partage avec celui qui n'en a pas* », Jésus dira : « *A celui qui te prend ton manteau, laisse prendre aussi ta tunique.* » (Lc 6,29) Ce saut qualitatif s'accompagne d'une simplification et d'une unification de nos vies: le Christ est un juge qui met d'un côté le grain de nos bonnes actions, et d'un autre la paille de tout ce qui n'a pas de valeur et qui nous encombre, pour être brûlée par le feu et emportée par le vent de l'Esprit.

Pour parvenir au sommet de la joie, nous devons franchir une ultime étape et recevoir un 3ème baptême : celui dans le feu. Jean proclame que le Christ baptisera « *dans l'Esprit Saint et dans le feu* ». On parle du feu de l'enfer qui brûle, du feu du purgatoire qui purifie, et du feu du Paradis qui réchauffe et éclaire, comme celui d'une cheminée. En réalité, ces 3 feux n'en font qu'un, ils représentent l'Amour de Dieu qui brûle celui qui le refuse, purifie celui qui le désire malgré ses imperfections, et réchauffe et éclaire celui qui en vit parfaitement. On parle en français de baptême du feu pour signifier le passage par une grande épreuve. Jésus lui-même l'a reçu: « *Je dois recevoir un baptême, et quelle angoisse est la mienne jusqu'à ce qu'il soit accompli !* » (Lc 12,50) s'exclame-t-il en évoquant sa Passion et sa mort qui approchent[9]. Nous aussi, pour parvenir à la perfection de l'Amour et de la joie, nous devons être plongés dans ce feu, comme l'écrit Pierre : « *exultez de joie, même s'il faut que vous soyez affligés, pour un peu de temps encore, par toutes sortes d'épreuves ; elles vérifieront la valeur de votre foi qui a bien plus de prix que l'or – cet or voué à disparaître et pourtant vérifié par le feu.* » (1 P 1,6-7)

Ainsi, frères et sœurs, **le Seigneur nous invite à la joie, Il nous la commande et Il nous la donne**. Pour que nous sachions accueillir ce don et réaliser ce commandement, il y a un triple baptême à recevoir : dans l'eau, dans l'Esprit, et dans le feu. Jean Baptiste ne s'est pas contenté de faire pénitence, il a accueilli en lui l'Esprit Saint et il est mort martyr. C'est pourquoi il a vécu dans

---

[9] Jésus est l'homme le plus joyeux que la terre ait porté. Après le retour de mission des 72 disciples, dans l'un des rares moments où il nous est donné d'entendre sa prière à son Père, il exulte de joie sous l'action de l'Esprit Saint, et il dit : « Père, Seigneur du ciel et de la terre, je proclame ta louange : ce que tu as caché aux sages et aux savants, tu l'as révélé aux tout-petits.» (Lc 10,21) Et au moment de la dernière Cène, alors qu'il sait qu'il va bientôt entrer dans sa Passion, il dit à ses apôtres : « Je vous ai dit cela pour que ma joie soit en vous, et que vous soyez comblés de joie. » (Jn 15,11)

une joie ineffable, comme en témoigne Luc lors de la Visitation[10] et lui-même après le début du ministère de Jésus[11]. Nous-mêmes ne serons peut-être pas appelés à un martyr sanglant, mais nous devons donner chaque jour nos vies pour nos frères. Alors, cette semaine, recevons le sacrement de réconciliation, qui nous permettra de revenir à la pureté de notre baptême dans l'Esprit. Et plus encore, donnons chaque jour nos vies pour nos frères. Alors, comme Edith Piaf comblée par son amour, nous verrons la vie en rose !

---

[10] *« Or, quand Élisabeth entendit la salutation de Marie, l'enfant tressaillit en elle. »* (Lc 1,41)

[11] *« L'époux, c'est celui à qui l'épouse appartient ; quant à l'ami de l'époux, il se tient là, il entend la voix de l'époux, et il en est tout joyeux. C'est ma joie, et j'en suis comblé. »* (Jn 3,29)

4° dimanche : Le cadeau de la joie

Frères et sœurs, **quels cadeaux allons-nous offrir pour Noël à ceux que nous aimons ?** En ce dernier dimanche de l'Avent, alors que nous nous nous apprêtons à célébrer le mystère de la Nativité mais aussi à rencontrer les membres de nos familles et certains de nos amis, le Seigneur nous invite à leur communiquer le trésor de sa Bonne Nouvelle. Nous avons tous préparé des cadeaux pour ceux que nous aimons. Mais **le plus beau cadeau que nous pouvons leur offrir, c'est la joie divine**. C'est la joie qui est la meilleure missionnaire. Si la première communauté chrétienne eut « *la faveur de tout le peuple* » et grandit tellement vite, c'est parce que les premiers disciples vivaient « *avec allégresse et simplicité de cœur.* » (Ac 2,46) Après avoir vu dimanche dernier que seul le Christ peut nous combler de joie, à condition que nous acceptions de nous convertir pour vivre dans la justice et dans la charité, approfondissons aujourd'hui notre apprentissage en méditant sur une seconde condition de la joie : la pauvreté de cœur. Tous les personnages de la liturgie de ce jour sont des *anawim*, des pauvres de cœur. Le prophète Michée, pour commencer, est un simple paysan au langage vif et parfois cru. Il annonce que le petit village de Bethléem, et non la grande et orgueilleuse Jérusalem, sera le lieu de naissance du messie : « *Toi, Bethléem Ephrata, le plus petit des clans de Juda, c'est de toi que je ferai sortir celui qui doit gouverner Israël* » (1° lect.). Elisabeth, comme toutes les femmes à l'époque, ne compte pas beaucoup aux yeux du monde. Qui plus est, sa longue stérilité l'a rendue plus humble, car elle a dû traverser beaucoup de questionnements intérieurs et subir des humiliations de l'extérieur. Jean Baptiste, qui est depuis 6 mois dans le sein de sa mère, pèse environ 1 kilo, il bouge beaucoup et commence à réagir aux bruits extérieurs. Voilà ce que la science médicale nous enseigne sur les fœtus de cet âge. Lorsqu'il entend la salutation de Marie, il tressaille de joie, commençant ainsi sa mission de précurseur du Messie. Quant à Marie, une jeune fille d'une quinzaine d'années, qui vit dans un village de Galilée, cette région méprisée par les habitants de Jérusalem, elle non plus ne compte pas beaucoup aux yeux du monde. Ces 4 personnages sont pauvres de cœur. Qu'est-ce qui les caractérise ? D'une part, ils sont capables d'accueillir les dons de Dieu. D'autre part, en retour, ils sont capables de donner, de se donner. C'est de ce double mouvement que vient leur joie, comme nous allons le voir à travers l'évangile où interviennent les 3 derniers personnages et Jésus.

Ce qui caractérise les pauvres de cœur, c'est qu'ils savent accueillir le Royaume de Dieu à la manière des enfants. Parce qu'ils sont conscients de leurs pauvretés et parce qu'ils préfèrent donner leur confiance au Tout-Puissant qu'à eux-mêmes pour recevoir ce dont ils ont besoin, ils sont tournés vers Lui et savent s'émerveiller devant Lui.

Elisabeth est capable d'accueillir l'inspiration de l'Esprit Saint, et, contrairement à son mari qui est devenu muet à cause de son incrédulité, elle s'écrie d'une voix forte : « *Tu es bénie entre toutes les femmes* ». Elle reprend ainsi l'acclamation lancée dans le passé à deux femmes extraordinaires de la Bible : Yaël et Judith, qui ont toutes les deux sauvé leur peuple du mal qui les menaçait. Le bonheur de la Vierge, *« heureuse celle qui a cru à l'accomplissement des paroles qui lui furent dites de la part du Seigneur »* fait naître le sien : « *Comment ai-je ce bonheur que la mère de mon Seigneur vienne jusqu'à moi ?* »

Marie a su accueillir le dessein que Dieu avait sur elle, et que l'archange Gabriel lui a transmis.

Jean sait discerner la présence du sauveur en Marie, non avec ses yeux de chair, mais avec ceux de son âme. En entendant la salutation de Marie, il « *tressaille* » dans le sein de sa mère. C'est le même mot employé pour David qui « *dansa* » devant l'arche de Dieu, après qu'il l'eut fait revenir de la maison d'Obed jusqu'à Jérusalem (2 S 6,12-13). Alors qu'il ne peut pas le voir encore, Jean commence déjà sa mission de Précurseur du Sauveur. Il danse dans le sein de sa mère pour annoncer la présence de « *celui qui doit venir* ». Par son allégresse, il annonce celui qui vient apporter la joie au monde[12].

Quant à Jésus lui-même, tout ce qu'il fait, tout ce qu'il dit, c'est le Père qui le lui donne : «*le Fils ne peut rien faire de lui-*

---

[12] Par sa voix, il préparera la route au Verbe de Dieu. Par son martyre, il préfigurera sa mort. Jean tressaillira à nouveau d'allégresse lors de la venue de Jésus au bord du Jourdain. A ses disciples, il dira : « *l'ami de l'époux entend la voix de l'époux, et il en est tout joyeux. C'est ma joie, et j'en suis comblé.* » (Jn 3,29)

même, il fait seulement ce qu'il voit faire par le Père ; ce que fait celui-ci, le Fils le fait pareillement. » (Jn 5,19) D'où sa joie : exultant sous l'action de l'Esprit Saint, il dira un jour: « *Père, Seigneur du ciel et de la terre, je proclame ta louange : ce que tu as caché aux sages et aux savants, tu l'as révélé aux tout-petits. Oui, Père, tu l'as voulu ainsi dans ta bonté.* » (Lc 10,21)

Deuxièmement**, la joie se communique à ceux qui sont prêts à tout donner pour accomplir la volonté du Seigneur.** Comme le dit un jour Mère Teresa à un groupe de jeunes, **« *la joie vient du don* ».** Les pauvres de cœur sont bénis et enrichis par le Seigneur, mais ils ne cherchent pas à garder égoïstement pour eux ce qu'ils reçoivent, ils le redonnent en s'offrant eux-mêmes, vivant ainsi dans un continuel échange avec Dieu, à l'image de celui du Père avec le Fils.

Juste avant de partir rejoindre sa cousine, Marie a dit à l'ange : « *Voici la servante du Seigneur ; que tout se passe pour moi selon ta parole.* » (Lc 1,38) Et c'est en toute hâte qu'elle est partie la rejoindre, afin de l'aider dans sa grossesse, mais aussi pour partager sa joie avec elle. Sa réponse est aussi celle que l'auteur de l'épître aux Hébreux prête au Christ lui-même, en reprenant un psaume : « *Me voici, mon Dieu, je suis venu pour faire ta volonté.* » (2° lect.). Ces deux mots, « *me voici* », sont prononcés par tous ceux qui sont ordonnés prêtres ou qui font des vœux religieux, au moment de leur engagement. Ainsi, Marie ne se replie pas sur son bonheur d'être enceinte du Fils de Dieu. Elle se met en

route, comme elle le fera si souvent encore par la suite[13]...
Marie est « *la première en chemin* », comme nous le chantons parfois. Elle ne part pas chez Elisabeth en traînant les pieds mais « *rapidement* », comme si elle était pressée par son désir. Après l'avoir salué et entendu son cri de joie, elle-même va exalter le Seigneur avec le plus bel hymne d'action de grâce que nous trouvons dans les Écritures, le Magnificat : « *Mon âme exalte le Seigneur, mon esprit exulte en Dieu mon Sauveur.* »

De même, Jean s'est donné lui-même, vivant dans le désert pour inviter ses contemporains à la conversion. Et Jésus n'a été que don : tout ce qu'il a fait, tout ce qu'il a dit, c'était pour nous...

Frères et sœurs, les fêtes de Noël vont nous donner l'occasion de rencontrer les personnes que nous aimons. Allons-nous vivre ces rencontres sur un plan purement humain et en nous refermant sur notre « cocon » familial et amical, ou en faisant place à Celui qui peut transfigurer nos rencontres et nous offrir le plus beau des cadeaux, la joie ? Alors que Noël approche, préparons-nous dans la prière avec des cœurs d'enfants, à la fois pour reconnaître tous les dons que le

---

[13] Pour aller de Nazareth à Bethléem au moment d'enfanter, de Bethléem au Temple au moment de la circoncision, d'Israël en Égypte pour échapper au massacre des innocents, d'Égypte à Nazareth une fois Hérode décédé, puis sur les routes de Palestine pour suivre son fils...

Seigneur nous fait et pour nous offrir à sa volonté. Nous goûterons alors une joie que nous pourrons offrir non seulement à nos proches, mais aussi à tous ceux que nous rencontrerons !

Temps de Noël

Jour de Noël : Il nous a donné de pouvoir devenir enfants de Dieu

Frères et sœurs, **voulons-nous devenir des dieux ?** Cette question peut sembler incongrue, elle rejoint pourtant notre désir le plus profond, que nous le voulions ou non. N'oublions pas que c'est par ce désir que le serpent de la Genèse est parvenu à faire chuter Adam et Eve, en leur faisant miroiter le fruit défendu : *« Dieu sait que, le jour où vous en mangerez, vos yeux s'ouvriront, et vous serez comme des dieux, connaissant le bien et le mal. »* (Gn 3,5) Le serpent a menti en faisant croire à Adam et Eve que Dieu voulait les empêcher de devenir comme Lui. S'Il les a écartés de l'arbre de la connaissance du bien et du mal, c'était pour les guider pas à pas sur le chemin de cette connaissance, comme Jésus le dira à ses disciples au moment de son dernier repas : *« J'ai encore beaucoup de choses à vous dire, mais pour l'instant vous ne pouvez pas les porter. Quand il viendra, lui, l'Esprit de vérité, il vous conduira dans la vérité tout entière. »* (Jn 16, 12-13). Le Christ a plusieurs prénoms, comme la plupart d'entre nous. Cette nuit, nous avons célébré la naissance de Jésus, Dieu-sauve : il nous sauve de la mort et du mal sous toutes les formes, symbolisé par la nuit. Ce matin, nous célébrons la naissance de l'Emmanuel, Dieu-avec-nous, celui qui *« a habité »* (on peut même traduire : qui *a planté sa tente*) parmi nous. Bien sûr, il s'agit du même, mais contemplé sous les 2 aspects de sa mission. Le salut et la divinisation de l'homme sont les 2 faces d'une même médaille, la première plus contemplée par les Occidentaux, et la seconde par les

Orientaux. L'évangile de la nuit nous plongeait dans l'histoire de ce monde, au milieu du recensement ordonné par l'empereur romain. L'évangile de ce matin prend de la hauteur pour nous donner de saisir qu'en amont même de notre salut, qui n'a été nécessaire qu'à cause de nos péchés, le Seigneur voulait nous rendre semblables à Lui : *« Dieu s'est fait homme pour que l'homme devienne Dieu »*. Jean l'exprime avec ses propres mots : *« Il est venu chez lui, et les siens ne l'ont pas reçu. Mais à tous ceux qui l'ont reçu, il a donné de pouvoir devenir enfants de Dieu »*. **Comment nous rend-il fils et filles de Dieu ? D'une part par sa parole, le** *« Verbe fait chair »* **que nous écoutons pour parvenir à la Vérité. D'autre part par toute sa vie, une** *« lumière »* **que nous contemplons pour recevoir la** *« Vie »* **elle-même.**

*« **Au commencement était le Verbe**, et le Verbe était auprès de Dieu, et le Verbe était Dieu »*. Cette première parole de l'évangile de Jean renvoie au commencement de la Genèse, lorsque *Dieu dit* et *cela fut*. Le Seigneur n'a pas attendu la naissance de son Fils pour nous parler. Depuis la création, il nous a envoyé sa Parole par les patriarches, puis les prophètes et enfin les sages. *« À bien des reprises et de bien des manières, Dieu, dans le passé, a parlé à nos pères par les prophètes ; mais à la fin, en ces jours où nous sommes, il nous a parlé par son Fils qu'il a établi héritier de toutes choses et par qui il a créé les mondes »* (2° lect.). Nous ne sommes pas une religion du Livre, mais de la Parole. Si nous l'écoutons pour lui obéir (ob/audire en latin), nous sommes transformés.

Mais cette écoute, pour devenir obéissance, exige une conversion : « *Elle est vivante, la parole de Dieu, énergique et plus coupante qu'une épée à deux tranchants ; elle va jusqu'au point de partage de l'âme et de l'esprit, des jointures et des moelles ; elle juge des intentions et des pensées du cœur.* » (He 4,12)

Sommes-nous prêts à nous laisser transpercer par la Parole de Dieu ? Notre société nous abreuve d'informations. Mais ces paroles en tous genres ne touchent pas forcément notre cœur, elles ne font que nous effleurer. La Parole de Dieu, elle, peut toucher notre intelligence et notre volonté de la façon la plus profonde. Pour cela, nous devons imiter Marie qui, après avoir écouté les bergers, « *retenait tous ces événements et les méditait dans son cœur.* » (Lc 2,19)

Pour ressembler à un maître, il ne suffit pas de l'écouter, il faut aussi le regarder en vivant avec lui (cf le dialogue entre Jésus et ses 2 premiers disciples : « *"Que cherchez-vous ?" Ils lui répondirent : " Maître, où demeures-tu ?" Il leur dit : "Venez, et vous verrez."* » (Jn 1,38-39) Jésus n'est pas seulement le Verbe que nous pouvons écouter, il est aussi l'image du Père, « *le rayonnement de la gloire de Dieu, l'expression parfaite de son être* » (2° lect.) que nous pouvons contempler. Depuis toujours, l'homme a cherché à connaître Dieu. Mais à Moïse qui lui demande de « *contempler sa gloire* », Il répond : « *tu ne peux pas voir ma face, car l'homme ne peut me voir et vivre.* » (Ex 33,20) C'est de cette impossibilité que vient le 2ème commandement du décalogue : « *Tu ne te feras aucune image sculptée, rien qui ressemble à ce qui est dans les cieux, là-haut, ou sur la terre, ici-bas, ou dans les eaux, au-dessous de la terre.* » (Ex 20,4) Ni les Juifs ni les Musulmans ne tolèrent les images de Dieu.

Mais si Dieu est invisible, comment le connaître ? Vous connaissez la parole de Voltaire : « Dieu a créé l'homme à son image, et l'homme le lui a bien rendu ». L'imagination a remplacé la vision, et a généré des erreurs sur Dieu. Mais pour nous chrétiens, la naissance de Jésus a tout changé : « *Dieu, personne ne l'a jamais vu ; le Fils unique, lui qui est Dieu, lui qui est dans le sein du Père, c'est lui qui l'a fait connaître* ». Et Jésus dira plus tard : « *Qui me voit, voit le Père.* » (Jn 14,9) Plus nous contemplons Jésus à travers les évangiles, et plus nous apprenons à connaître Dieu. De là vient la vénération que nos frères orientaux apportent aux icônes. De là aussi l'importance de la lectio divina, qui consiste à lire des passages entiers de la bible. L'écoute d'un petit passage, un seul mot parfois, peut être nourrissante, mais il est bon d'entrer parfois dans un cheminement extensif avec le Seigneur, de se promener avec lui le long des Ecritures. On peut regarder des extraits de films, comme dans la Séquence du spectateur qui passait tous les dimanches dans le passé, mais il est tellement agréable de regarder un film en entier parfois !

Frères et sœurs, au plus profond de nous-mêmes, nous désirons devenir des dieux. « *Tu nous as faits pour toi Seigneur et notre cœur est sans repos tant qu'il ne repose pas en toi* » disait saint Augustin. « *L'homme passe infiniment l'homme* » écrivit Blaise Pascal. Concrètement, ce que nous désirons plus que tout pour ressembler à Dieu, c'est de vivre comme Lui et de connaître la vérité, c'est pourquoi Jésus dira un jour : « *Moi, je suis le Chemin, la Vérité et la Vie* » (Jn 14,6) i.e. le chemin qui conduit à la Vérité et à la Vie. Seul celui qui écoute la Parole de Dieu et contemple le Christ parvient à la vérité et à la vie éternelle, et il devient alors lumière pour les autres : « *vous êtes la lumière du monde* » (Mt 5,14). Nous pouvons parler en son Nom : « *Celui qui vous écoute m'écoute.* » (Lc 10,16) Mieux, nous pouvons être nous-mêmes des icônes du Seigneur, comme Paul qui écrit aux Corinthiens : « *Imitez-moi, comme moi aussi j'imite le Christ.* » (1 Co 11,1) Mais tout cela, nous ne pouvons pas y parvenir à la force du poignet, ce ne peut être qu'un don gratuit de Dieu Lui-même : « *Tous, nous avons eu part à sa plénitude, nous avons reçu grâce après grâce… La Loi fut donnée par Moïse, la grâce et la vérité sont venues par Jésus Christ.* » **Pendant ce temps de Noël, sachons nous abandonner à la grâce de Dieu. N'ayons pas peur d'écouter et de contempler le Christ notre Maître, avec des cœurs de tout-petits. C'est lui qui nous a offert le plus beau de tous les cadeaux, i.e. lui-même, sachons nous en émerveiller comme des enfants. D'ailleurs, n'est-ce pas cela, être divinisés ? Rappelons-nous que «** *celui qui n'accueille pas le royaume de Dieu à la manière d'un enfant n'y entrera pas* **» (Mc 10,15)**!

Sainte famille : L'école de l'Amour

Frères et sœurs, **pourquoi célébrer la sainte famille ? D'abord parce que nous l'aimons et la vénérons. Mais aussi pour la prendre pour modèle. La famille est en effet une institution à la fois fondamentale et fragile.** Fondamentale, parce qu'elle est une école de l'amour, et que c'est là que se situe le plus important dans la vie, la source de notre bonheur. Fragile, parce que notre amour est fragile : certains d'entre nous sont des génies en sciences ou en art, mais nous sommes tous des débutants en amour. Aujourd'hui plus que jamais, la famille est en danger : un couple sur deux divorce, et l'enfant est considéré par certains comme une marchandise. Alors, **qu'est-ce que la Sainte Famille peut nous enseigner ? Elle nous enseigne à pratiquer le plus grand des commandements : l'amour de Dieu, l'amour du prochain, l'amour de soi-même.**

Pour commencer, nous sommes appelés à aimer Dieu de tout notre être, car c'est de Lui que nous tenons la Vie. Or, la tentation des parents, c'est de considérer qu'ils sont les auteurs de la vie de leur enfant, et donc aussi ses maîtres. Cette tentation est très forte aujourd'hui où l'homme s'est transformé en démiurge et souhaite fabriquer les vivants selon ses désirs[14]. La contraception, qui permet de maîtriser

---

[14] Souvenons-nous de l'annonce d'un docteur chinois, le 26 novembre dernier. Pour la première fois dans l'histoire de

le désir d'enfant, l'avortement, qui permet la suppression des enfants non désirés, et toutes les techniques de création in vitro vont dans le même sens, celui d'une humanité qui veut se mettre à la place de Dieu. Cette tentation a néanmoins toujours existé, et c'est pourquoi le Seigneur avait demandé à Abraham de sacrifier son enfant : non pour l'éliminer, mais pour le lui redonner avec un esprit nouveau, en respectant sa liberté. *« Vos enfants ne sont pas vos enfants »* écrivait Khalil Gibran.

Les récits de ce dimanche nous aident à entrer dans cette perspective. Pour commencer, Anne accepte de consacrer au Seigneur l'enfant qu'elle lui avait demandé avec tant d'insistance dans sa prière, Samuel (c'est-à-dire : Dieu exauce). Au lieu de l'enfermer dans son amour maternel, elle le redonne à celui qui le lui a donné. Au prêtre Eli à qui elle le remet, elle dit : *« C'est pour obtenir cet enfant que je priais, et le Seigneur me l'a donné en réponse à ma demande. À mon tour je le donne au Seigneur pour qu'il en dispose. Il demeurera à la disposition du Seigneur tous les jours de sa vie. »* Quel exemple admirable de dépossession !

Dans l'évangile, c'est Jésus lui-même qui va aider ses parents à faire cette démarche. En demeurant 3 jours au Temple alors qu'ils le cherchaient, il va accepter et même provoquer leur

---

l'humanité, ce chercheur a réussi à modifier l'ADN de deux fœtus lors d'une fécondation in vitro, afin de les rendre inattaquables par le virus du sida. Certes, l'intention est louable, mais sa réalisation génère des menaces très graves, avec un risque d'eugénisme évident.

angoisse, exprimée par Marie au moment des retrouvailles : « *Mon enfant, pourquoi nous as-tu fait cela ? Vois comme ton père et moi, nous avons souffert en te cherchant !* » Mais au lieu de leur demander pardon, il déclare : « *Comment se fait-il que vous m'ayez cherché ? Ne saviez-vous pas qu'il me faut être chez mon Père ?* » Alors qu'il a maintenant 12 ans, l'âge de la maturité religieuse, il leur fait comprendre qu'il ne leur appartient pas, et qu'il a reçu une mission de son Père, qu'il devra accomplir un jour.

En plus d'aimer Dieu, la famille peut nous enseigner à aimer notre prochain. On choisit ses amis, mais pas ses frères et sœurs. Cette « cohabitation » forcée peut entraîner le ressentiment et même la haine, comme on le voit dans certaines familles. La bible nous montre ainsi plusieurs luttes fratricides : Caïn tue Abel, Jacob trompe Laban et doit s'enfuir pour ne pas être tué lui aussi, les fils de Jacob vendent leur frère Joseph après avoir failli le tuer… En même temps cependant, elle nous montre que la fraternité est possible : Jacob et Esaü se réconcilient, tout comme Joseph et ses frères. Dans le film *Marche ou crève*, fortement autobiographique, Margaux Bonhomme raconte comment une jeune fille de 17 ans prend soin de sa sœur handicapée, malgré tous les sacrifices que cela suppose. En apprenant à aimer l'autre tel qu'il est, sans avoir la possibilité de le fuir, je vais découvrir les richesses insoupçonnées de l'Amour, même si je vais faire face parfois à mes limites.

Certains n'ont pas la chance d'avoir des frères et sœurs. Dans ce cas, il est important que l'enfant puisse en côtoyer d'autres afin de saisir qu'il n'est pas le centre du monde. Jésus lui-même n'avait pas de frères et sœurs, mais il avait des cousins avec lesquels il a joué et grandi. Dans les sociétés traditionnelles, tout adulte peut jouer le rôle du papa ou de la maman et reprendre un enfant qui a mal agi, et tous les enfants du village sont comme des frères, qui devront franchir ensemble les étapes de la croissance vers l'âge adulte, en particulier les rites d'initiation.

En plus d'aimer Dieu et mon prochain, la famille peut m'aider à m'aimer moi-même. C'est parfois le plus difficile. Les enfants sont souvent confrontés aux moqueries de leurs camarades, qui leur renvoient en pleine figure leurs moindres défauts ou ceux de leurs proches. Ils sont parfois obligés de lutter pour être acceptés par les autres. Mais dans leur famille, ils peuvent se reposer et être eux-mêmes, sans devoir donner de faux semblants. Dans *Qu'elle était verte ma vallée*, l'auteur raconte comment il a dû apprendre à se battre après s'être fait rouer de coups lors des premiers jours d'école dans sa vallée du pays de Galles. Mais dans sa famille, l'amour était sans faille.

C'est parce que Jésus s'aimait parfaitement lui-même qu'il a pu être libre dans toutes ses actions. Sa « fugue » au temple manifeste qu'il a une totale confiance en lui. Cette confiance, elle n'a pu grandir que grâce à Marie et Joseph, qui lui ont donné leur amour de façon constante.

Ainsi, frères et sœurs, **la famille est une école où l'on apprend à aimer Dieu, son prochain et soi-même.** La société de consommation dans laquelle nous vivons est aux antipodes de ces valeurs. Aussi bien le conjoint que les enfants sont souvent considérés comme des matières consommables, comme le reste. J'ai déjà évoqué la proportion de divorces, voici quelques autres chiffres : 200 000 enfants sont avortés chaque année en France ; des milliers d'autres sont congelés en l'absence de projet parental, ou pour des recherches dites « thérapeutiques » ; des femmes louent leur ventre pour d'autres, ce qu'on appelle la GPA (gestation pour autrui) ; des scientifiques cherchent aujourd'hui à produire des bébés sans avoir besoin du ventre d'une femme, en reproduisant artificiellement les conditions d'un utérus (c'est l'ectogenèse) ; on cherche à se débarrasser des personnes âgées devenues encombrantes par l'euthanasie… Il ne s'agit pas de condamner les personnes qui sont concernées par tous ces drames, car elles sont avant tout les victimes de la « culture de mort » de notre société. Il s'agit au contraire de les aider, et de promouvoir une culture de la vie, « l'évangile de la Vie », selon le titre d'une encyclique magnifique du Pape Jean-Paul II. Aujourd'hui, frères et sœurs, **rendons grâce au Seigneur pour notre famille, et prenons exemple sur Joseph, Marie et Jésus pour faire grandir chacun de ses membres dans l'amour.**

Epiphanie : Prêtres, prophètes et rois

Frères et sœurs, **que faisons-nous de nos cadeaux ? Je ne parle pas de ceux de Noël, mais de ceux de notre baptême, lorsque nous avons reçu spirituellement l'or des rois, l'encens des prêtres et la myrrhe des prophètes.** Certes, ces 3 présents étaient d'abord destinés à Jésus. En les lui offrant, les mages ont reconnu en lui le roi, le prêtre et le prophète par excellence. Mais le jour de notre baptême, nous avons été unis à lui et nous le sommes devenus à notre tour. Voyons ce que chacune de ces missions signifie.

Pour commencer, **le roi, symbolisé par l'or, est celui qui sert son peuple**. Sa tentation est exactement l'inverse, à savoir de le dominer pour se faire servir par lui. Mais Jésus a dit à ses disciples : « *Les rois des nations païennes leur commandent en maîtres, et ceux qui exercent le pouvoir sur elles se font appeler bienfaiteurs. Pour vous, rien de tel ! Au contraire, le plus grand d'entre vous doit prendre la place du plus jeune, et celui qui commande, la place de celui qui sert. Quel est en effet le plus grand : celui qui est à table, ou celui qui sert ? N'est-ce pas celui qui est à table ? Eh bien moi, je suis au milieu de vous comme celui qui sert.* » (Lc 22,25-27) La royauté de Jésus est celle du service des autres. Quel service ? En particulier celui de la Vérité. C'est ce qu'il dit à Pilate, le représentant de l'empereur romain qui lui demande s'il est roi : « *C'est toi qui dis que je suis roi. Je suis né, je suis venu* *dans le monde pour ceci : rendre témoignage à la vérité. Tout homme qui appartient à la vérité écoute ma voix.»* (Jn 18,37)

Et nous, que faisons-nous de notre pouvoir ? L'utilisons-nous au service de ceux dont nous avons la charge, notamment pour les faire grandir dans la Vérité ? La coutume de tirer au sort les rois, au moment du partage de la galette, nous rappelle que les rois ne sont pas d'une autre espèce que les autres. A Athènes, berceau de la démocratie, la plupart des dirigeants étaient tirés au sort chaque année. Idem dans les républiques italiennes, ou encore en Suisse.

Deuxièmement, **le prêtre est celui qui offrait de l'encens** sur l'autel, en même temps que les sacrifices d'animaux. Jésus n'a pas été prêtre de cette façon-là, car il n'était pas de la tribu de Lévi, mais il l'a été en s'offrant lui-même. Comme l'écrit l'auteur de l'épître aux Hébreux : « *Il n'a pas besoin, comme les autres grands prêtres, d'offrir chaque jour des sacrifices, d'abord pour ses péchés personnels, puis pour ceux du peuple ; cela, il l'a fait une fois pour toutes en s'offrant lui-même.* » (He 7,27) Et il ajoute plus loin : « *Aussi, en entrant dans le monde, le Christ dit, d'après le Psaume : Tu n'as pas voulu de sacrifices ni d'offrandes, mais tu m'as fait un corps. Tu n'as pas accepté les holocaustes ni les expiations pour le péché ; alors, je t'ai dit : Me voici, mon Dieu, je suis venu pour faire ta volonté.* » (He 10,5-7) Son offrande lui-même, c'est au moment de sa Passion que Jésus l'accomplit, lorsqu'il dit d'abord à son Père : « *Mon Père, s'il est possible, que cette* *coupe passe loin de moi ! Cependant, non pas comme je veux, mais comme tu veux »* (Mt 26,39) puis sur la croix, *poussant un grand cri : « Père, entre tes mains je remets mon esprit. »* (Lc 23,46)

Et nous, sommes-nous prêts à nous offrir au Seigneur ? Certes, nous avons bien fait d'offrir des cadeaux à nos proches, mais le plus beau cadeau que nous puissions leur faire, c'est notre vie, comme le révèle de façon magnifique le conte de Michka, cet ours en peluche qui s'est offert lui-même à un enfant malade le soir de Noël, parce qu'il n'avait plus de jouets dans sa hotte…

Troisièmement, **le prophète est symbolisé par la myrrhe**, car elle était utilisée pour embaumer les morts. Cela signifie que celui qui parle au nom du Seigneur est toujours confronté, à un moment ou à un autre, à l'adversité. Jésus n'est encore qu'un enfant, mais le bois de son « berceau » préfigure celui de la croix, et ses langes annoncent son linceul, comme les icônes le manifestent. Il est la Parole de Dieu, et cette Parole ne plaira pas à tous : « *Il est venu chez les siens, et les siens ne l'ont pas reçu.* » (Jn 1,11) Et ses disciples doivent s'attendre au même traitement : « *Vous serez traînés devant des gouverneurs et des rois à cause de moi : il y aura là un témoignage pour eux et pour les païens.* » (Mt 10,18)

Sommes-nous prêts à mourir pour le Christ ? Aujourd'hui encore, des millions de chrétiens sont persécutés à cause de leur Foi, et des milliers meurent chaque année. En France, nous n'avons pas à redouter le martyre, mais nous plutôt des vexations, aussi bien dans certaines professions que dans certains milieux sociaux, peut-être parmi nos amis et même dans nos propres familles... Le politiquement correct ne nous étouffe-t-il pas parfois ? Pourtant, nous ne devons pas avoir peur : en avertissant ses disciples des persécutions qui les attendaient, Jésus leur a dit aussi : « *Quand on vous livrera, ne vous tourmentez pas pour savoir ce que vous direz ni comment vous le direz : ce que vous aurez à dire vous sera donné à cette heure-là. Car ce n'est pas vous qui parlerez, c'est l'Esprit de votre Père qui parlera en vous.* » (Mt 10,19-20) Et Jésus avait déclaré dans son sermon sur la montagne, comme ultime béatitude : « *Heureux serez-vous si l'on vous insulte, si l'on vous persécute et si l'on dit faussement toute sorte de mal contre vous, à cause de moi. Réjouissez-vous, soyez dans l'allégresse, car votre récompense sera grande dans les cieux ! C'est ainsi qu'on a persécuté les prophètes qui vous ont précédés.* » (Mt 5,11-12) Ne ratons pas les occasions de goûter le bonheur que le Christ nous promet !

Pour conclure, frères et sœurs, **rendons grâce à Celui qui nous a offert l'or des rois, l'encens des prêtres et la myrrhe des prophètes. Ne laissons pas ces cadeaux dans le placard de notre cœur, mais employons-les pour le bien de tous. La fête de l'Epiphanie est la fête missionnaire par excellence.** La venue des mages à Bethléem préfigure le rassemblement de toutes les nations païennes autour du Christ. « *Lève les yeux,* *regarde autour de toi : tous, ils se rassemblent, ils arrivent ; tes fils reviennent de loin, et tes filles sont portées sur les bras. »* (1° lect.) Mais ce rassemblement ne pourra pas advenir si les païens ne le connaissent pas ! C'est donc à nous de le leur annoncer, comme saint Paul nous le rappelle : *« Ce mystère, c'est que les païens sont associés au même héritage, au même corps, au partage de la même promesse, dans le Christ Jésus, par l'annonce de l'Évangile. »* (2° lect.) Après avoir quitté Bethléem, les mages sont repartis *« par un autre chemin »*, symbole de leur transformation après avoir rencontré le Fils de Dieu. C'est par eux que les païens ont entendu la première annonce de sa venue parmi nous. Comme eux, **à chaque fois que nous rencontrons le Fils de Dieu dans l'eucharistie, offrons lui tout ce que nous sommes et repartons de l'église** *« par un autre chemin »*, **en assumant de mieux en mieux notre mission de rois pour servir nos frères, de prêtres pour leur offrir nos vies, et de prophètes pour leur témoigner de la Bonne Nouvelle.** AMEN.

Baptême du Seigneur : Chrétien, deviens ce que tu es[15]

Qu'est-ce qu'être baptisés, frères et sœurs ? « *Baptizein* », en grec, signifie « *plonger* » : il s'agit de plonger dans l'eau, symbole à la fois de pureté (c'est la pluie qui « lave » la terre), de mort (on peut se noyer), et de vie (nous devons boire pour vivre). Le croyant de tout temps a cherché à se purifier par l'eau : en s'y plongeant, comme les Egyptiens dans le Nil et les Indiens dans le Gange, ou par des ablutions, comme les Esséniens et les Musulmans. Le symbolisme de la renaissance par un déluge se trouve non seulement dans l'ancien testament, mais aussi dans les écrits mésopotamiens... Mais le baptême chrétien signifie beaucoup plus qu'une simple purification : nous avons été baptisés **« au Nom du Père et du Fils et du Saint Esprit »**, selon le dernier commandement que Jésus ressuscité a donné à ses apôtres : « *Allez ! De toutes les nations faites des disciples : baptisez-les au nom du Père, et du Fils, et du Saint-Esprit* » (Mt 28,19), qu'on pourrait traduire

---

[15] Au début de la célébration : « Bon anniversaire, frères et sœurs. En célébrant le baptême du Christ, c'est nos propres baptêmes que nous fêtons. Même s'ils tous eu lieu à des dates différentes, ils se rattachent tous à celui du Christ, qui a lui-même reçu le baptême de Jean. Certes, celui-ci n'était qu'une préfiguration du baptême chrétien, car il n'était que la reconnaissance du péché et du désir de se convertir. Mais par cet événement, nous pouvons mieux comprendre le sens de notre propre baptême ».

« *France, qu'as-tu fait de ton baptême ?* » (S. Jean Paul II au Bourget) : cette question, nous pouvons nous la poser tous : « *Qu'ai-je fait de mon baptême ?* »

plus exactement : « *baptisez-les **vers** (eis) le Nom du Père, et du Fils, et du Saint-Esprit* ». Autrement dit, plongez-les dans le mystère du Dieu Trinité (chez les Juifs, le Nom représente la Personne), mais d'une façon dynamique. Nous devons en effet prendre conscience que notre baptême a trois dimensions : le passé, car nous **avons été baptisés**, et nous pouvons en rendre grâce, notamment au jour anniversaire de l'évènement[16]. Le présent, car **nous sommes baptisés**, et nous devons apprendre chaque jour à participer à la vie divine *(cf 2P1,4 & « Chrétien, deviens ce que tu es »* de saint Augustin), nous devons apprendre chaque jour à mourir au « *vieil homme* » qui est en nous et à renaître à « *l'homme nouveau* ». Le futur enfin, car c'est le jour de notre mort que **nous serons véritablement baptisés**, lorsque nous plongerons dans la mort avec le Christ, avant de ressusciter

---

[16] NB : La plupart d'entre nous avons été baptisés tout petits, sans être conscients de la portée de l'événement. Pourquoi l'Eglise encourage-t-elle cette pratique, alors que les baptistes protestants et d'autres la récusent ? Tout simplement pour souligner que le baptême est avant tout une grâce, que nous recevons sans aucun mérite de notre part. C'est ce que saint Paul a bien compris, lui qui comptait sur ses propres forces pour obéir à Dieu, avant sa conversion : « *la grâce de Dieu s'est manifestée pour le salut de tous les hommes. C'est elle qui nous apprend à rejeter le péché et les passions d'ici-bas, pour vivre dans le monde présent en hommes raisonnable, justes et religieux[...] Par sa grâce, nous sommes devenus des justes, et nous possédons dans l'espérance l'héritage de la vie éternelle.* » (2ème lect., que nous entendons aussi la nuit de Noël) Le baptême est avant tout une grâce, mais cela n'empêche pas la collaboration de l'homme, au contraire : Dieu sème les graines de vie éternelle, mais elles ne porteront du fruit que si veillons sur leur croissance.

avec lui et avec tous les élus au dernier jour. Que ce soit au passé, au présent ou au futur, **le baptême est toujours constitué de deux mouvements, une plongée et une remontée** : nous devons d'abord prendre conscience que nous sommes de « *pauvres pécheurs* » (cf l'Ave Maria), avant de laisser l'Esprit nous transformer et nous « ressusciter », comme l'évangile va nous le montrer.

Avant de commencer sa renaissance, l'homme doit prendre conscience qu'il est pauvre et pécheur. L'orgueil est le principe de tous les péchés. Le plus grand drame de notre société sans Dieu est précisément de se croire toute-puissante, grâce aux progrès de la technique (cf le transhumanisme), et de nier le péché. Elle le nie parce qu'elle nie la miséricorde de Dieu : sans reconnaître la possibilité du pardon, il est impossible de reconnaître le péché.

Au temps de Jean, le peuple Juif est en attente du Messie, et beaucoup accueillent son appel à préparer sa venue. Cet appel ne fait que répéter celui de tous les prophètes avant lui. Il reprend d'ailleurs les paroles de l'un d'entre eux, Isaïe, qui avait proclamé : « *Tout ravin sera comblé, toute montagne et toute colline seront abaissées, les passages tortueux deviendront droits, et les escarpements seront changés en plaine.* » (1° lect.) : ravins de nos manques d'amour, montagnes et collines de nos orgueils et vanités, passages tortueux et escarpements de nos vices ! Ce n'est pas un hasard si Jean baptise dans le Jourdain, à l'endroit le plus bas de la terre et lieu d'entrée dans la Terre Promise : idéal pour prendre conscience de sa petitesse et pour commencer une vie nouvelle…

Une fois conscient de sa pauvreté et de son péché, et en attente du Sauveur, l'homme peut alors se laisser transformer. Jean ne peut réaliser cette deuxième étape car il n'est que le Précurseur : « *Moi, je vous baptise avec de l'eau ; mais il vient, celui qui est plus puissant que moi. Je ne suis pas digne de défaire la courroie de ses sandales. Lui vous baptisera dans l'Esprit Saint et dans le feu.* » Jean prépare le chemin, mais seul le Messie pourra donner à l'homme d'entrer dans la Terre Promise. Il le pourra en lui donnant l'Esprit Saint, qui agira en lui comme un feu : feu pour détruire en lui le mal, feu pour illuminer son chemin vers Dieu, feu pour embraser son cœur d'Amour et l'unir à son Bien-Aimé…

C'est Jésus qui est venu, comme un nouveau Prométhée, nous apporter ce feu divin de l'Esprit Saint. Comme saint Paul l'écrit à Tite : « *Par le bain du baptême, Dieu nous a fait renaître et nous a renouvelés dans l'Esprit Saint. Cet Esprit, Il l'a répandu sur nous avec abondance, par Jésus Christ notre Sauveur* » (2e lect.) Si Jésus a pu répandre sur nous cet Esprit qui vient du Père, c'est parce qu'il en était lui-même rempli, comme sa descente sous la forme d'une colombe et la voix du Père le signifient : « *C'est toi mon fils bien-aimé, en toi j'ai mis tout mon amour.* » (Lc 3,22). La colombe rappelle celle qui, selon les rabbins, planait sur les eaux au moment de la Création (cf Gn 1,2). Elle rappelle aussi celle que Noé avait envoyée après le déluge, et dont le retour avec une branche d'olivier dans le bec avait manifesté l'avènement d'une terre nouvelle... Elle est donc symbole du renouvellement de la création et de l'alliance avec Dieu, et elle est aussi symbole de douceur. L'Esprit Saint est à la fois feu et colombe, force et douceur.

Ce qui est préfiguré au Jourdain adviendra réellement lorsque Jésus mourra et ressuscitera. Ce sera lors son véritable baptême, qu'il avait lui-même annoncé (cf Mc 10,39). Ce sera le moment où il allumera enfin le feu qu'il lui tardait tant d'allumer (cf Lc 12,49). De son côté transpercé sur la croix, l'eau jaillira, préfigurant le sacrement du baptême. Et après sa résurrection, il enverra sur ses disciples son esprit[17], grâce auquel ils pourront à leur tour transmettre le feu de l'amour divin...

Ainsi, frères et sœurs, le Seigneur nous appelle à devenir ce que nous sommes. « *Chrétien, reconnais ta dignité* », disait saint Léon le grand. Par le baptême, nous sommes devenus fils et filles de Dieu, mais nous n'agissons pas toujours d'une manière conforme à notre identité, et nous salissons notre vêtement blanc. Alors, sans cesse, acceptons de replonger dans l'eau de notre baptême, comme l'a fait le Christ : en

---

[17] Cf Jn 20,22 & Ac 2

descendant dans l'eau du Jourdain parmi les pécheurs, il a été « humilié » ; après en être remonté, il a été « exalté » par le Père et par l'Esprit. Sans cesse, prenons conscience de notre pauvreté et de notre péché. Le baptême apporte le pardon de Dieu, c'est pourquoi il a pendant longtemps été reçu le plus tard possible, jusque sur le lit de mort par Constantin. Mais les chrétiens ont ensuite compris que le sacrement de réconciliation était une sorte de nouveau baptême, qui nous renouvelle dans notre filiation divine. Le recevons-nous régulièrement ? Puisque nous lavons nos corps chaque jour, ne laissons pas nos âmes s'encrasser trop longtemps, purifions les au moins avant toutes les grandes fêtes, ou même une fois par mois ! Ensuite, sachons nous laisser transformer par le feu et la colombe de l'Esprit. Cet Esprit, nous l'avons reçu lors de notre Confirmation, mais nous le recevons également au cours de chaque messe, comme nous le demandons dans la prière eucharistique : la première épiclèse est une demande pour que le pain devienne le Corps du christ, et la seconde pour que les fidèles le deviennent également : « *que l'Esprit Saint fasse de nous une éternelle offrande à ta gloire* »... Participons-nous à l'Eucharistie aussi souvent que nous le pouvons, notamment en semaine de temps en temps ? Cette semaine, frères et sœurs, pour bien commencer l'entrée dans le temps « ordinaire », pourquoi ne pas recevoir le sacrement de réconciliation et participer à une messe en semaine ? Alors, nous pourrons vivre de manière « extraordinaire », car notre cœur sera embrasé du feu « fort et doux » de l'amour de Dieu, que nous pourrons transmettre à notre tour à tous ceux que nous rencontrerons. Dans le secret de notre cœur, nous pourrons entendre le Seigneur nous redire sans cesse: « *C'est toi mon fils/ ma fille bien-aimé(e), en toi j'ai mis tout mon amour* ». AMEN.

Temps ordinaire

3° dimanche : Ce passage de l'Ecriture, c'est aujourd'hui qu'il s'accomplit

Frères et sœurs, **quelle place dans nos vies accordons-nous à l'Ecriture ?** Notre bible est-elle placée sur notre table de chevet, écornée par l'usage, ou au fond d'une bibliothèque poussiéreuse ? Certes, le christianisme *« n'est pas une religion du livre, mais de la Parole de Dieu »* (CEC 108). Car Dieu nous parle de bien des manières : par la création, qui est *« notre premier livre »* (St Augustin), par les personnes, par les événements… Cependant, l'Ecriture constitue un moyen privilégié pour Lui de nous parler : l'Eglise croit en effet que tous ses livres sont inspirés par l'Esprit Saint. Ils ont donc Dieu pour auteur, même si les hommes qui les ont écrits y ont mis toute leur personnalité, leur façon de penser. C'est le cas notamment de saint Luc, qui n'écrit pas comme saint Marc ou saint Jean. Il a sa théologie propre, celle d'un lettré, médecin de culture grecque et très bon historien. C'est pourquoi il écrit à Théophile, même si *« beaucoup ont entrepris de composer un récit des événements qui se sont accomplis parmi nous »*, afin qu'il se rende bien compte de la solidité des enseignements qu'il a entendus (év.). Théophile est de la même culture que lui, et il saura plus facilement le toucher qu'un auteur de culture sémitique, par exemple. Quel que soit l'auteur humain, chaque livre de la bible a Dieu pour auteur, c'est pourquoi la Parole qu'elle nous transmet est *« vivante, énergique et plus coupante qu'une épée à deux tranchants »* (He 4,12). Nous allons le constater à travers les 3 textes de ce jour, qui vont nous appeler à **la conversion.**

Conversion pour nous-mêmes (l'Ecriture produit la joie), pour l'Eglise (elle encourage à l'amour fraternel), et pour le monde (elle nous pousse à la mission).

Convertissons-nous d'abord pour nous-mêmes, notamment afin de vivre dans la joie. Le livre de Néhémie nous y invite (1° lect.). Nous sommes au retour de l'exil, qui a été la plus grande catastrophe de l'histoire d'Israël. Il faut tout reconstruire : Jérusalem, le Temple, mais surtout une communauté. C'est à cette époque que beaucoup de paroles de Dieu transmises jusqu'ici par oral sont mises par écrit. Les deux hommes forts qui président à cette réorganisation sont Néhémie et Esdras, qui font partie de l'administration du roi de Perse et qui ont reçu plein pouvoir de sa part. Alors que Néhémie est gouverneur de Judée, Esdras est prêtre, et c'est lui qui préside l'assemblée *« composée des hommes, des femmes, et de tous les enfants en âge de comprendre »* qui se réunit pour écouter la parole de Dieu *« depuis le lever du jour jusqu'à midi »*. Bien plus qu'une heure de messe ! Alors, l'assemblée s'ennuie-t-elle ou s'impatiente-t-elle ? Loin de là. En entendant la Parole de Dieu, proclamée en hébreu mais traduite et commentée par les lévites (le peuple parlait maintenant araméen), *« ils pleuraient tous en entendant les paroles de la Loi. »* La Parole de Dieu leur permet de prendre conscience de leurs péchés. Mais pour que cette prise de conscience produise une conversion, elle doit se transformer en joie, car la tristesse seule produit le découragement et le repli sur soi. La Parole de Dieu nous éclaire sur nos péchés, mais aussi et surtout sur la miséricorde infinie du Seigneur. C'est pourquoi Néhémie, Esdras et les Lévites disent à tout le peuple : « *Ce jour est consacré au Seigneur votre Dieu ! Ne prenez pas le deuil, ne pleurez pas !* » Et Esdras, les invitant à *manger des viandes savoureuses, à boire des boissons aromatisées, et à partager avec celui qui n'a rien de prêt,* ajoute cette parole magnifique : « *Ne vous affligez pas : la joie du Seigneur est votre rempart !* » Rempart non plus contre un envahisseur étranger, car celui de Jérusalem n'a sans doute pas encore été reconstruit, mais rempart contre justement le découragement et le repli sur soi.

Convertissons-nous aussi pour le bien de l'Eglise, afin de mieux nous aimer les uns les autres, comme nous y invite la première lettre de saint Paul aux Corinthiens (2° lect.) L'apôtre y compare l'Eglise au corps du Christ, dans lequel il y a plusieurs membres, qui jouent tous un rôle important. « *L'œil ne peut pas dire à la main : "Je n'ai pas besoin de toi" ; la tête ne peut pas dire aux pieds : "Je n'ai pas besoin de vous".* » Paul souligne même que « *les parties du corps qui paraissent les plus délicates sont indispensables* » et que « *celles qui passent pour moins honorables, ce sont elles que nous traitons avec plus d'honneur* ». Les pieds sont moins honorables que la tête, mais ce sont eux qu'on lavait pour accueillir un hôte chez soi ! Dieu « *a voulu ainsi qu'il n'y ait pas de division dans le corps, mais que les différents membres aient tous le souci les uns des autres.* » Cet appel résonne particulièrement aujourd'hui, où nous concluons la semaine de prière pour l'unité des Chrétiens. Nos divisions sont une source de souffrance pour le Seigneur, car c'est son propre corps qui est ainsi écartelé, mais aussi un obstacle à la conversion des non-chrétiens. Comme l'a dit Jésus le soir de la dernière Cène : « *À ceci, tous reconnaîtront que vous êtes mes disciples : si vous avez de l'amour les uns pour les autres.* » (Jn 13,35)

Convertissons-nous enfin pour le bien du monde, en devenant plus missionnaires, comme l'évangile nous y invite. L'unité entre Chrétiens est une condition essentielle pour la conversion des non-croyants, mais pas suffisante. Il faut aussi leur annoncer la Bonne Nouvelle, comme l'a fait Jésus qui accomplissait la prophétie d'Isaïe : « *L'Esprit du Seigneur est sur moi parce que le Seigneur m'a consacré par l'onction. Il m'a envoyé porter la Bonne Nouvelle aux pauvres, annoncer aux captifs leur libération, et aux aveugles qu'ils retrouveront la vue, remettre en liberté les opprimés, annoncer une année favorable accordée par le Seigneur.* » Nous ne pouvons pas rester au chaud entre nous, nous devons aller « jusqu'aux périphéries », comme le pape François nous y invite depuis le début de son pontificat, vers ceux qui ne nous demandent rien mais qui ont besoin d'être sauvés. Nous le devons et nous le pouvons car nous aussi avons été consacrés par l'onction, le jour de notre confirmation où nous avons reçu les 7 dons de l'Esprit Saint.

Ainsi, frères et sœurs, **l'Ecriture reçue dans l'Esprit Saint, qui devient alors la Parole de Dieu, est tellement vivante et efficace qu'elle peut nous conduire à la conversion, une conversion qui produit la joie dans nos cœurs, favorise la communion entre nous, et nous pousse à la mission vers les non-croyants.** N'oublions pas que le Christ lui-même est la Parole de Dieu. Lorsque nous lisons la Bible, c'est lui que nous écoutons. Alors, combien de temps consacrons-nous chaque jour à lire l'Ecriture ? Nous n'avons parfois pas beaucoup de temps, nous ne pouvons pas y passer des heures comme les Juifs au temps de Néhémie, mais une seule parole peut éclairer toute notre journée, à condition que nous la recevions dans un cœur grand ouvert. La parabole du semeur nous rappelle que la Parole de Dieu peut produire du fruit « *à raison de trente, soixante, cent pour un* » (Mc 4,8), à condition que ses graines tombent dans la bonne terre. Alors, si ce n'est pas déjà le cas, pourquoi ne pas nous abonner à Prions en Eglise, Magnificat, ou une application comme l'Evangile au Quotidien, et nous mettre chaque jour à l'écoute de ce que le Seigneur aura à nous dire, sûrs qu'à chaque fois, nous pourrons nous dire : *ce passage de l'Ecriture, c'est aujourd'hui qu'il s'accomplit*. C'est ainsi que nous pourrons devenir nous-mêmes pour nos frères des paroles de Dieu, des évangiles. AMEN.

4° dimanche : Je fais de toi un prophète

Frères et sœurs, **sommes-nous de bons prophètes ?** Le jour de notre baptême, nous sommes devenus non seulement prêtres et rois, mais aussi prophètes. Qu'est-ce qu'un prophète ? Contrairement à ce qu'enseigne le Petit Robert, ce n'est pas celui qui peut prédire l'avenir, comme les devins. Le mot est formé de deux termes grecs : *phèmi*, « parler », et *pro*, « au nom de ». **Le prophète est donc celui qui parle au nom de Dieu.** Dans quel but ? Nous allons le comprendre à travers les textes de ce dimanche. Premièrement, le prophète enseigne la Loi de Dieu. Deuxièmement, il corrige le peuple qui se détourne de cette Loi. Troisièmement, il montre l'exemple, jusqu'à offrir sa vie en réparation des péchés de ce peuple.

Premièrement, le prophète enseigne la Loi de Dieu. Dans l'Ancienne Alliance, c'est ce que fait Moïse après être redescendu du Sinaï avec les 2 tables de pierre. Dans la Nouvelle Alliance, c'est le Christ qui enseigne la Loi nouvelle - *« aimez-vous les uns les autres comme je vous ai aimés »* (Jn 13,34) - mais ses disciples ont ensuite explicité cette Loi, chacun à leur manière. C'est notamment le cas de Paul dans son fameux hymne à la charité qu'il adresse aux Corinthiens. Nous l'avons entendu dans de nombreux mariages. Pour beaucoup, l'amour est avant tout un sentiment qui ne se contrôle pas. La preuve, on parle en français de « tomber amoureux », comme on dit aussi « le sort est tombé ». En fait, l'amour est beaucoup plus qu'un sentiment, il engage toute la personne. Le premier commandement est : « *Tu aimeras le Seigneur ton Dieu de tout ton cœur, de toute ton âme et de toute ta force* » (Dt 6,5). Le cœur, dans la bible, est le siège de la volonté, de la mémoire, de l'imagination. L'amour est donc l'acte le plus élevé que l'homme puisse accomplir, plus élevé encore que la Foi et l'Espérance, les deux autres vertus théologales, c'est-à-dire celles qui viennent de Dieu et qui nous rapprochent de Lui. L'Amour est la vertu qui m'unit parfaitement et qui me fait ressembler à Dieu, qui est Amour. Aussi, l'hymne à la charité de saint Paul représente l'un des plus beaux portraits du Christ, avec les béatitudes. Et il nous permet de prendre conscience de l'immense distance qui nous sépare de lui et de la sainteté. Est-ce que je prends toujours patience ? Est-ce que je rends toujours service ? Est-ce que je ne jalouse jamais ? Je pourrais poursuivre mes questions jusqu'au bout, ce qui constituerait un excellent examen de conscience, dont nous pourrions nous servir à chaque fois que nous nous préparons à nous confesser.

Deuxièmement, le prophète corrige le peuple qui se détourne de la Loi de Dieu. Tous les parents et les éducateurs savent qu'il ne suffit pas d'enseigner le bien aux enfants, il faut souvent les reprendre. C'est ce qu'a fait Jérémie vis-à-vis de son peuple qui s'était détourné du Seigneur pour rendre un culte à des idoles et pour pratiquer l'injustice. Ce faisant, il s'est attiré l'hostilité de beaucoup, qui ont voulu le faire taire. C'est pourquoi dès le début, au moment où le Seigneur l'appelle, Il lui dit : « *tu diras contre eux tout ce que je t'ordonnerai. Ne tremble pas devant eux... Moi, je fais de toi aujourd'hui une ville fortifiée, une colonne de fer, un rempart de bronze* » (1° lect.). Jérémie, même s'il a parfois rechigné à suivre cet appel, a pourtant accepté d'y répondre, et y est resté fidèle jusqu'au bout[18].

Jésus, lui aussi, ne s'est pas contenté d'annoncer la Loi nouvelle, il a dû souvent reprendre ceux à qui elle était destinée. C'est ce qu'il fait à Nazareth avec ses propres concitoyens. Dimanche dernier, nous l'avons entendu leur annoncer la Bonne Nouvelle : « *L'Esprit du Seigneur est sur moi parce que le Seigneur m'a consacré par l'onction. Il m'a envoyé porter la Bonne Nouvelle aux pauvres, annoncer aux captifs leur libération, et aux aveugles qu'ils retrouveront la vue, remettre en liberté les opprimés* » et « *tous lui rendaient témoignage* » (Lc 4, 18.22). Mais Jésus ne cherche pas à être populaire, il n'est pas un démagogue, et la libération qu'il annonce passe par la conversion des cœurs. C'est pourquoi il ajoute : « *Sûrement vous allez me citer le dicton : 'Médecin, guéris-toi toi-même', et me dire : 'Nous avons appris tout ce qui s'est passé à Capharnaüm : fais donc de même ici dans ton lieu d'origine !'* » Mais Jésus ne veut pas se laisser enfermer lui-même. Les Nazaréens veulent l'empêcher d'accomplir sa mission, ils veulent le garder pour eux, comme un joueur de

---

[18] « *Je me disais : "Je ne penserai plus à lui, je ne parlerai plus en son nom." Mais la Parole du Seigneur était comme un feu brûlant dans mon cœur, elle était enfermée dans mes os. Je m'épuisais à la maîtriser, sans y réussir.* » (Jr 20,9)

foot que les supporters veulent empêcher d'aller dans un autre club, ou comme au Moyen-Age les habitants de certaines villes voulaient à tout prix garder les reliques d'un saint pour eux. En faisant référence à Elie et Elisée, Jésus veut élargir leurs esprits, leur rappelant que ces deux prophètes avaient été envoyés non aux brebis perdues d'Israël, mais à celles des peuples païens voisins... Plus tard, Paul devra lui aussi souvent reprendre les premiers Chrétiens, et notamment ceux de Corinthe à qui il a adressé son hymne à la charité.

Troisièmement, le prophète montre l'exemple, jusqu'à offrir sa vie en réparation des péchés de son peuple. Là encore, tous les parents et les éducateurs savent qu'il ne suffit pas d'enseigner le bien aux enfants et de les reprendre, il faut aussi leur montrer le bon exemple. Et le plus bel exemple qu'on puisse donner, c'est de donner sa vie : « *Il n'y a pas de plus grand amour que de donner sa vie pour ceux qu'on aime.* » (Jn 15,13) C'est pourquoi la plupart des prophètes sont morts comme des martyrs (« témoins », en grec). Jésus l'a dit un jour aux scribes et aux pharisiens : « *vous dites : "Si nous avions vécu à l'époque de nos pères, nous n'aurions pas été leurs complices pour verser le sang des prophètes. Ainsi, vous témoignez contre vous-mêmes : vous êtes bien les fils de ceux qui ont assassiné les prophètes.* » (Mt 23, 30-31) N'oublions pas que le troisième présent des mages, la myrrhe, était utilisée pour embaumer les morts et symbolisait les prophètes, comme l'or renvoyait aux rois et l'encens aux prêtres. Jérémie a été persécuté par ses contemporains, jeté en prison et au fond d'une citerne. Quant à Jésus, il a échappé de peu à la mort à Nazareth, alors qu'il s'adressait à ceux avec lesquels il avait grandi et qu'il ne faisait que commencer son ministère: « *À ces mots, dans la synagogue, tous devinrent furieux. Ils se levèrent, poussèrent Jésus hors de la ville, et le menèrent jusqu'à un escarpement de la colline où leur ville est construite, pour le précipiter en bas.* » L'heure de Jésus n'était pas encore arrivée mais, plus tard, il sera à nouveau mené hors de la ville, à Jérusalem cette fois, et il sera vraiment mis à mort.

Ainsi, frères et sœurs, un prophète enseigne la Loi de Dieu, reprend son peuple et lui montre l'exemple jusqu'à donner sa vie. **Notre monde, saturé de paroles inutiles ou même destructrices, a besoin de prophètes pour entendre la Parole de Dieu.** Ne soyons pas des « prophètes de malheur », car nous avons une bonne nouvelle à annoncer, mais pas non plus des « *chiens muets* », comme saint Grégoire appelait les pasteurs qui refusaient de dénoncer les torts de leurs brebis : « *en blâmant la faute, on la découvre, alors que souvent elle est ignorée même de son auteur* » écrit-il[19]. **A la fin de notre**

---

[19] « *Dans l'Écriture Sainte, on appelle parfois prophètes les maîtres qui, en signalant la présence de signes fugitifs, découvrent l'avenir. La parole divine leur reproche d'avoir des visions fausses, parce qu'en craignant de blâmer les fautes ils flattent vainement les coupables en leur promettant la sécurité, et ils ne révèlent pas l'indignité des pécheurs parce qu'ils gardent le silence au lieu de les*

vie, nous serons jugés sur ce que nous aurons fait, en bien ou en mal, mais aussi sur ce que nous aurons omis de faire ou de dire... Prenons exemple sur les saints, notamment Oscar Romero (canonisé le 14 octobre). Il a annoncé l'évangile aux hommes de San Salvador, repris les riches qui refusaient d'être justes vis-à-vis des pauvres, et il a fini par être assassiné en célébrant l'Eucharistie. A notre tour, accomplissons notre mission de prophètes, en nous souvenant de la dernière béatitude : « *Heureux êtes-vous si l'on vous insulte, si l'on vous persécute et si l'on dit faussement toute sorte de mal contre vous, à cause de moi. Réjouissez-vous, soyez dans l'allégresse, car votre récompense est grande dans les cieux ! C'est ainsi qu'on a persécuté les prophètes qui vous ont précédés.* » (Mt 5, 11-12)

---

blâmer. La clé de cette révélation, c'est le discours de réprimande, parce que, en blâmant la faute, on la découvre, alors que souvent elle est ignorée même de son auteur » (de la règle pastorale de Saint Grégoire le Grand).

6° dimanche : Heureux ?

Frères sœurs, **comment parvenir au bonheur ?** Cette question, que nous nous sommes déjà posée le jour de la Toussaint après avoir écouté les béatitudes de saint Matthieu, nous allons nous la poser à nouveau à l'aide des paroles de son confrère saint Luc. Alors que le premier nous présentait 8 béatitudes, le second nous en présente seulement 4, assorties de 4 « malheuritudes ». J'emploie ce néologisme car le français ne nous offre aucun terme parfaitement adapté. Il ne s'agit pas de malédictions, au sens où le Seigneur ferait du mal à certains. Il s'agit plutôt d'avertissements, comme des signaux « danger » ou même des têtes de mort qu'on place pour dissuader d'aller sur tel ou tel chemin, par exemple à l'approche des lignes à haute tension. Le Seigneur veut notre bonheur, mais Il nous laisse libres, et Il nous avertit que tel ou tel comportement va nous rendre malheureux. C'est ainsi qu'Il déclarait déjà à son peuple, par la bouche de Moïse : « *je mets devant toi la vie ou la mort, la bénédiction ou la malédiction. Choisis donc la vie* » (Dt 30,19). Pour autant, **le bonheur que le Seigneur nous propose est paradoxal, car il passe par un chemin qui peut nous effrayer. Il passe en effet par la croix**, comme Jésus le dira plus tard : « *Si quelqu'un veut marcher à ma suite, qu'il renonce à lui-même, qu'il prenne sa croix et qu'il me suive.* » (Mt 16,24) **Méditons maintenant sur ce chemin, à partir de** chacune des 4 paires de béatitudes et « malheuritudes » énoncées par Jésus[20], et à la lumière des saints.

« Heureux, vous les pauvres, car le royaume de Dieu est à vous... Quel malheur pour vous, les riches, car vous avez votre consolation ! » La pauvreté matérielle nous pousse à nous tourner vers Dieu, alors que la richesse nous incite à nous confier en nos ressources. Notre société occidentale matérialiste le manifeste : l'athéisme et l'agnosticisme ont augmenté en proportion des richesses. Pourquoi amasser des biens ? D'abord pour jouir de plus de confort et de bien-être dans le présent, et ensuite pour parer aux aléas de l'avenir. Mais nous pouvons constater que le confort n'est pas synonyme de bonheur. En voyageant en Occident, Mère Teresa avait été frappée de la tristesse qui transparaissait partout, alors qu'elle connaissait la joie de ceux qui vivaient dans les bidonvilles de Calcutta. En ce qui concerne l'avenir, nous constatons aussi qu'il est impossible de se protéger des épreuves : les maladies, les accidents... et finalement la mort touchent aussi bien les riches que les pauvres. Jésus le dira dans la parabole de l'homme dont les terres ont beaucoup rapporté, et qui se croit en sécurité *pour de nombreuses années, alors que sa vie lui est redemandée la nuit même* (Lc

---

[20] « *Jésus descendit de la montagne avec les Douze et s'arrêta sur un terrain plat. I l y avait là un grand nombre de ses disciples, et une grande multitude de gens* ». Jésus adresse ce message à tous !

12,19-21[21]). La pauvreté pousse à s'abandonner entre les mains de Dieu, à l'image *des oiseaux qui ne sèment ni ne moissonnent, mais que le Père céleste nourrit* (Mt 6,26). Saint François d'Assise, en épousant Dame pauvreté, a vécu pleinement cette béatitude.

« Heureux, vous qui avez faim maintenant, car vous serez rassasiés… Quel malheur pour vous qui êtes repus maintenant, car vous aurez faim ! » Nous savons que la faim peut entraîner la mort, mais savons-nous que la surconsommation tue peut-être encore davantage aujourd'hui ? La nourriture consommée en excès et la « malbouffe » (qui signifie à la fois une mauvaise qualité et une trop grande rapidité pour la consommer) engendrent de multiples maladies. Dans son encyclique Laudato Si, le Pape François écrit : *« La spiritualité chrétienne propose une croissance par la sobriété, et une capacité de jouir avec peu »* (§ 222). Le Carême, qui débutera dans quelques semaines, nous aidera à vivre en ce sens. À une époque où l'on accordait une grande importance aux plaisirs de la table, saint Ignace de Loyola a rédigé des « Règles pour s'ordonner dans la nourriture ». Pour lui, l'acte de se nourrir, comme tout acte humain, peut être éminemment spirituel. Le jeûne est un *« temps béni »* qui peut permettre de renouer avec sa vie

---

[21] *« Alors je me dirai à moi-même : Te voilà donc avec de nombreux biens à ta disposition, pour de nombreuses années. Repose-toi, mange, bois, jouis de l'existence." Mais Dieu lui dit : "Tu es fou : cette nuit même, on va te redemander ta vie. Et ce que tu auras accumulé, qui l'aura ?" Voilà ce qui arrive à celui qui amasse pour lui-même, au lieu d'être riche en vue de Dieu." »* (Lc 12, 19-21)

intérieure et l'ascèse est le meilleur moyen de trouver la « *mesure juste* », celle qui permet l'ajustement entre le corps et l'esprit. Pour Ignace, la mesure juste se reconnaît à la consolation spirituelle qu'elle procure : « *Parce que vous saurez vous ordonner en nourriture, vous allez prier plus facilement, trouver plus facilement le Seigneur.* »

« *Heureux, vous qui pleurez maintenant, car vous rirez... Quel malheur pour vous qui riez maintenant, car vous serez dans le deuil et vous pleurerez !* » Ces paroles nous invitent à nous unir à ceux qui souffrent. Sympathie signifie « souffrir avec », et empathie « souffrir dans », au sens où nous nous mettons à la place de l'autre. Notre société, dans laquelle nous sommes abreuvés constamment de mauvaises nouvelles, peut nous entraîner vers l'indifférence et la dureté de cœur. Saint Paul nous exhorte : « *Soyez joyeux avec ceux qui sont dans la joie, pleurez avec ceux qui pleurent.* » (Rm 12,15) Nous pouvons pleurer à cause des maux qui touchent nos frères dans leurs corps ou leurs psychismes, mais aussi à cause de leurs péchés, qui sont plus graves car ils détruisent leurs âmes. Saint Dominique était le plus joyeux de tous pendant le jour, mais il pleurait toutes les nuits en criant : « *Seigneur, que vont devenir les pécheurs ?* »

« *Heureux êtes-vous quand les hommes vous haïssent... Quel malheur pour vous lorsque tous les hommes disent du bien de vous !* » Nous désirons tous être aimés. Dans la pyramide de Maslow qui décrit tous les besoins humains, les besoins physiologiques sont à la base, les besoins de sécurité sont juste au-dessus, tandis que les besoins d'estime sont presque au sommet (juste avant les besoins de s'accomplir). C'est pourquoi il est si difficile d'être haï, insulté, persécuté… C'est pourquoi aussi le Christ promet la plus belle récompense à ceux qui acceptent de l'être pour lui : « *réjouissez-vous, tressaillez de joie, car alors votre récompense est grande dans le ciel* ». Dans notre société, le lynchage médiatique est monnaie courante, mais nous ne devons pas en avoir peur, s'il s'agit de témoigner de notre foi. Saint Paul Miki et les martyrs de Nagasaki, que nous avons célébré le 6 février, sont morts en chantant sur les croix où ils étaient fixés les louanges du Seigneur.

Ainsi, frères et sœurs, **le Seigneur veut nous donner le plus grand des bonheurs, celui d'être uni à Lui**. Le prophète Jérémie l'avait déjà dit : « *Maudit soit l'homme qui met sa foi dans un mortel… Béni soit l'homme qui met sa foi dans le Seigneur* » (1° lect.). Ce bonheur est paradoxal car il passe par la croix, mais nous savons que celle-ci est le chemin vers la résurrection. Saint Paul l'avait bien compris, lui qui écrit aux Corinthiens : « *Si nous avons mis notre espoir dans le Christ pour cette vie seulement, nous sommes les plus à plaindre de tous les hommes.* » (2° lect.) **Notre bonheur d'aujourd'hui est fondé sur notre Espérance pour demain**. A Lourdes, la 3ème parole de la Vierge Marie à Bernadette a été : « *Je ne vous promets pas de vous rendre heureuse en ce monde, mais dans l'autre* ». Est-ce à dire que « *la religion est l'opium du peuple* », comme le disait Marx ? Non, car elle nous pousse à lutter contre le mal présent, avec la force que nous donne l'attente du Règne de Dieu[22]. De plus, elle nous donne de goûter déjà un avant-goût du bonheur à venir. C'est ainsi que si 2 des béatitudes sont au futur (« *vous serez rassasiés* » et « *vous rirez* »), 2 autres sont au présents (« *le royaume de Dieu est à vous* » et « *votre récompense est grande dans le ciel* »). Alors soyons heureux, ayons des « *gueules de ressuscités* », comme le philosophe Nietzche l'attendait des Chrétiens, et c'est ainsi que nos frères qui suivent des chemins de malheur pourront décider de suivre celui du Christ, l'Homme bienheureux par excellence. AMEN.

---

[22] Nous savons «*qu'il n'y a pas de commune mesure entre les souffrances du temps présent et la gloire qui va être révélée pour nous.* » (Rm 8,18)

5° dimanche : Avançons au large, et jetons les filets

Frères et sœurs, **comment faire pour que tous les hommes soient sauvés ?** Certes, nous pouvons rendre grâce au Seigneur d'avoir la Foi, qui nous permet d'espérer la vie éternelle si nous agissons selon l'esprit de l'évangile, mais nous ne pouvons pas nous contenter de notre salut personnel, comme si les autres n'existaient pas. Saint Dominique était le plus joyeux de tous le jour, mais il passait ses nuits à prier Dieu en disant : « *que vont devenir les pécheurs* » ? Nous-mêmes, comment pouvons-nous rester indifférents à la misère pas forcément matérielle mais spirituelle de ceux qui se perdent dans l'océan des péchés de notre monde ? Pour les Juifs, qui ne sont pas un peuple marin, la mer est le symbole de la mort. **Pêcher des hommes, comme Jésus le demande à Simon-Pierre et à ses apôtres, c'est donc les sauver de la mort spirituelle**, leur donner de respirer le grand air de la vie éternelle. Mais avant qu'ils quittent tout pour accomplir cette mission, il a fallu 3 étapes, qu'on retrouve dans tous les envois en mission, comme nous allons le voir à travers les 3 personnages que nous présentent les lectures de ce dimanche : le prophète Isaïe, saint Paul et saint Pierre. **D'abord entendre l'appel de Dieu et y répondre ; ensuite accueillir son pardon ; enfin accepter d'être envoyés par Lui.**

Pour commencer, **nous devons être attentifs aux appels de Dieu et y répondre.** Dans tous les cas, c'est Lui qui a l'initiative. C'est parce que l'Esprit a saisi Isaïe qu'il a reçu une vision divine, tellement belle que nous en faisons mémoire dans chaque messe au moment du sanctus (1° lect.). C'est parce que le Christ est apparu à Saul sur le chemin de Damas qu'il a pu se convertir (2° lect.). C'est parce que Jésus a invité Simon à avancer au large et à jeter ses filets qu'il a pu assister au miracle de la surabondance des poissons (év.). Mais dans tous les cas aussi, la réponse de l'homme est nécessaire. Isaïe aurait pu rester tranquillement chez lui. Saul aurait pu durcir son cœur après l'apparition reçue, comme Pharaon l'avait fait au temps de Moïse. Simon aurait pu refuser d'obéir à Jésus, qui n'avait pas son expérience de pêcheur, et qui lui demandait un nouvel effort alors que le jour est normalement moins propice à la pêche que la nuit[23]. Mais tous les trois ont fait confiance[24], comme le Seigneur leur avait d'abord témoigné sa confiance. C'est alors que Dieu s'est manifesté à eux dans toute sa magnificence. Isaïe a assisté au spectacle des séraphins chantant la gloire de Dieu. Saul a gardé toute sa vie dans son cœur la vision reçue sur le chemin de Damas. Simon a vu le plus grand spectacle de toute sa carrière de pêcheur.

---

[23] S'il a accepté, c'est parce qu'il avait d'abord entendu Jésus, d'abord au bord du Jourdain (cf Jn 1) puis lorsqu'il parlait à la foule « *tandis qu'il se tenait au bord du lac de Génésareth* ». L'écoute précède la vision.

[24] Comme les serviteurs à Cana à qui Jésus avait demandé de remplir d'eau les jarres (cf Jn 2,7).

Ensuite, nous devons accueillir le pardon du Seigneur. Après avoir contemplé le Seigneur se manifester dans sa gloire, quelle a été la réaction des trois hommes ? Tous ont pris conscience de leur indignité. Isaïe s'écrie : « *Malheur à moi ! Je suis perdu, car je suis un homme aux lèvres impures, j'habite au milieu d'un peuple aux lèvres impures ; et mes yeux ont vu le Roi, le Seigneur de l'univers!* ». Saul écrit aux Corinthiens qu'il est un « *avorton* », ajoutant : « *je suis le plus petit des Apôtres, je ne suis pas digne d'être appelé Apôtre, puisque j'ai persécuté l'Eglise de Dieu* ». Et Simon, à la vue des deux barques qui enfonçaient, tombe aux pieds de Jésus, en disant : « *Seigneur, éloigne-toi de moi, car je suis un homme pécheur* ». Lorsque la lumière survient dans un lieu obscur, elle fait apparaître ce qui était caché. Lorsque l'homme est mis en présence de Dieu, il prend conscience de son péché et de sa petitesse. Ce sentiment est profondément sain. Il est même un don de l'Esprit Saint, auquel on donne le nom de « *crainte* ». Ce mot ne doit pas nous faire peur, c'est le cas de le dire. La crainte que l'homme doit éprouver en présence de Dieu est synonyme de respect, d'émerveillement, d'adoration. La Bible, et les livres de sagesse en particulier, soulignent souvent son importance. Elle est considérée comme le principe même de la sagesse (cf Pr 9,10), contrairement à la peur qui éloigne. Elle permet d'être en vérité devant Dieu, dans une attitude humble qui correspond à notre condition de créatures.

Après avoir vu la réaction des hommes devant la manifestation de Dieu, on pourrait dire devant son épiphanie, observons maintenant la réaction de Dieu, comme dans un jeu où chacun des partenaires joue à son tour. Lorsque l'homme a pris conscience de son indignité, le Seigneur le relève aussitôt. Après avoir approché un charbon brûlant de la bouche d'Isaïe, un séraphin lui déclare : « *Ceci a touché tes lèvres, et maintenant ta faute est enlevée, ton péché est pardonné* ». A Saul qui était à terre, le Ressuscité demande : « *Relève-toi et entre dans la ville : on te dira ce que tu dois faire*» (Ac 9,6). A Simon qui était tombé à ses pieds, Jésus dit : « *Sois sans crainte* ». Tous les trois ont accueilli le pardon du Seigneur et se sont relevés.

Enfin **nous devons accepter d'être envoyés par le Seigneur.** Il demande à Isaïe : « *Qui enverrai-je ? Qui sera notre messager ?* », et le prophète répond immédiatement : « *Me voici, envoie-moi.* ». Saul, lui aussi, a été envoyé par le Seigneur pour annoncer la Bonne Nouvelle aux peuples païens, et a pris le nom de Paul. Aux Corinthiens, il écrit : «*je vous ai transmis ceci, que j'ai moi-même reçu* », et il énonce les articles fondamentaux de notre foi, en commençant par la résurrection. Quant à Simon, qui deviendra Pierre, Jésus lui déclare : « *désormais ce sont des hommes que tu prendras* ». Il ne les prendra pas seul, mais avec les autres disciples, tout comme il n'a pas pu ramener avec sa seule barque la multitude de poissons qui étaient dans les filets, et qu'il a demandé de l'aide aux compagnons de l'autre barque. Or, la barque est l'un des symboles de l'Eglise, qui veut nous sortir de l'eau pour nous mener jusqu'à la rive du Royaume de Dieu. Ainsi, une paroisse ne peut agir sans les autres paroisses, un mouvement sans les autres mouvements, un diocèse sans les autres diocèses, les catholiques sans les orthodoxes et les protestants... Nous les Chrétiens, nous ne pouvons réussir notre mission que si nous sommes unis les uns aux autres. Le Seigneur a besoin nous tous !

Frères et sœurs, **voulons-nous être pécheurs d'hommes, comme le Seigneur nous y appelle ? Si oui, nous devons d'abord être attentifs aux appels du Seigneur, reconnaître que nous sommes pécheurs** (ici avec un accent aigu☺) **pour accueillir la miséricorde du Seigneur, et jeter nos filets là où Il nous le demande, même si cela ne correspond pas toujours à nos idées parfois trop humaines. Si nous acceptons de le faire, nous pourrons sortir de l'océan de la mort certains de nos frères, et les conduire avec nous jusqu'au rivage du Royaume de Dieu.** En particulier, c'est dans chaque eucharistie que le Seigneur nous appelle, nous pardonne et nous envoie. Après nous avoir appelés à venir y participer, Il nous pardonne nos péchés véniels, notamment lorsque nous disons au début de la célébration : « *Seigneur prends pitié, kyrie eleison* », puis plus tard : « *Seigneur, je ne suis pas digne de te recevoir, mais dis seulement une parole et je serai guéri* ». A la fin de la célébration, Il nous envoie lorsque le célébrant proclame : « *allez dans la paix du Christ* ». Dans chaque eucharistie, le Seigneur se manifeste d'une manière plus extraordinaire que par la médiation des chérubins ou par une apparition ou par un miracle. Il se donne réellement à nous dans le pain et le vin consacrés. Si nous l'accueillons avec Amour, Il nous transforme en Lui, le Tout-Autre, et nous repartons renouvelés après la messe, envoyés pour pêcher des hommes en témoignant partout de sa miséricorde. **AMEN.**

7° dimanche : Soyez miséricordieux comme votre Père est miséricordieux

Docteur Jekyll ou Mister Hyde ? Frères et sœurs, le célèbre personnage créé par Robert Stevenson et paru dans son roman en 1886 nous ressemble tous. Après avoir bu un breuvage, Jekyll est parvenu à séparer son âme en deux, l'une bonne et l'autre mauvaise. Certes, nous ne sommes pas schizophrènes, mais nous sommes tous « habités » par deux personnages : le premier Adam et le dernier Adam. Nous sommes liés au premier Adam par la nature humaine, qui a été corrompue par le péché. Nous sommes liés au dernier Adam par la grâce divine, que le Christ est venu nous offrir. Chacun de ces deux Adam agit d'une manière qui lui est propre. Le premier tend vers la terre, le second tend vers le ciel. Comme l'écrit saint Paul aux Corinthiens, *« puisque Adam est pétri de terre, comme lui les hommes appartiennent à la terre ; puisque le Christ est venu du ciel, comme lui les hommes appartiennent au ciel. »* (2° lect.) Nous sommes donc les acteurs d'un combat qui met aux prises en nous les deux Adam, et c'est à nous de les départager pour donner à l'un la victoire. Mais alors que dans le roman de Stevenson, le Dr Jekyll voit le mal prévaloir et préfère se donner la mort pour éviter que Mr Hyde ne prenne le dessus, la Bonne Nouvelle chrétienne est que **le nouvel Adam est plus fort que l'ancien**, et que nous pouvons être transformés par lui, et même en lui : *« de même que nous sommes à l'image de celui qui est pétri de terre, de même nous serons à l'image de celui qui vient du ciel »* (2° lect.). Qu'est-ce qui différencie les deux

Adam ? Alors que le premier n'a pas su vivre selon la justice, le dernier est venu nous apporter la miséricorde. Entre ces deux Adam, il y en a un intermédiaire qui nous ressemble, l'homme de Foi qui cherche à être juste et miséricordieux mais qui ne réussit pas toujours à l'être. Il est personnifié par le roi David. **Afin de nous aider à faire mourir en nous «** *le vieil homme* **» et à laisser surgir «** *l'homme nouveau* **», fixons le projecteur sur chacun de ces trois Adam successivement.**

Qui est le premier Adam ? Il est celui qui a désobéi à Dieu. A cause de son péché, il a corrompu la nature humaine, et ses descendants sont tombés de plus en plus bas. Son fils Caïn, d'abord, a commis le premier fratricide. Mais plus tard, voici comment un de ses descendants, Lamek, se vante auprès de ses femmes : « *Pour une blessure, j'ai tué un homme ; pour une meurtrissure, un enfant. Caïn sera vengé sept fois, et Lamek, soixante-dix fois sept fois !* » (Gn 4,23-24) Le mot est lâché : la vengeance... C'est l'un des mots qui caractérise l'homme séparé de Dieu : il répond au mal par le mal, et si possible par un mal plus grand que celui qu'il a subi. C'est pourquoi l'on assiste parfois à un déchaînement, ou encore à une escalade de la violence. Lamek existe encore, et peut-être nous laissons-nous parfois entraîner comme lui par des désirs de vengeance?

L'Adam intermédiaire est le croyant. Après le déluge, le Seigneur a voulu recréer l'homme non par la destruction physique du mal, mais par la Foi. Après avoir choisi Abraham et les patriarches, il a donné la Loi à Moïse sur le Sinaï. Avec la Loi, la violence est canalisée : « *œil pour œil, dent pour dent* » (Ex 21,24) Le maître mot est celui de justice. Mais déjà apparaissent dans l'Ancienne Alliance des appels à la miséricorde : « *Si tu rencontres le bœuf ou l'âne de ton ennemi qui vague, tu dois le lui ramener.* » (Ex 23,4). Ou encore : « *Si ton ennemi a faim, donne-lui à manger, s'il a soif, donne-lui à boire, c'est amasser des charbons sur sa tête et le Seigneur te le revaudra.* » (Pr 25,21-22)

David personnifie bien l'homme de Foi, comme en témoignent les psaumes. Il a été capable du meilleur mais aussi du pire. La première lecture relate le meilleur : alors qu'il est injustement poursuivi à mort par le roi Saül qui est jaloux de lui, et que l'occasion se présente où il pourrait tuer lui-même son ennemi, il se retient et ne *porte pas la main contre l'oint du Seigneur...* Mais plus tard, il commettra le pire : songeons notamment à l'adultère avec Bethsabée et au meurtre de son mari. Puis il fera preuve d'orgueil en voulant recenser son peuple. Mais à chaque fois, il a su se relever de ses chutes car il a cru en la miséricorde du Seigneur. Dans la nouvelle Alliance, un personnage lui ressemble : Pierre. Lui aussi sera capable du meilleur (songeons à son audace lorsqu'il se jette à l'eau pour rejoindre Jésus debout sur la mer) et du pire (avec en particulier son triple reniement).

Mais lui aussi a su se relever de toutes ses chutes, car il a cru en la miséricorde du Seigneur.

Le dernier Adam est le Christ. La Loi de Moïse représentait un immense progrès en vue de la recréation de l'homme, mais elle n'était qu'une étape. Dans le sermon sur la montagne, Jésus dit plusieurs fois à la foule : « *Vous avez appris qu'il a été dit aux anciens : ... Eh bien moi, je vous dis...* » (Mt 5) L'évangile de ce dimanche illustre parfaitement le passage de l'ancienne à la nouvelle alliance. Le célèbre rabbin Hillel avait dit : « *ce qui t'est désagréable, ne le fais pas à autrui. C'est là toute la Loi, le reste n'est que commentaire* ». Jésus, lui, va beaucoup plus loin : « *Ce que vous voulez que les autres fassent pour vous, faites-le aussi pour eux* » et surtout : « *Aimez vos ennemis, faites du bien à ceux qui vous haïssent.* » Cette morale peut nous sembler à la fois naïve et inaccessible. « *À celui qui te frappe sur une joue, présente l'autre joue* ». Quel parent (1 ou 2 ☺) demandera à ses enfants d'agir ainsi dans la cour de récréation ? Pourtant, l'expérience montre que non seulement elle est possible, mais aussi féconde. Après la première guerre mondiale, les Alliés ont voulu écraser l'Allemagne. Résultat : une deuxième guerre mondiale. Après celle-ci, les Alliés – sous l'Impulsion de chrétiens tels que Jean Monnet, Robert Schuman, Konrad Adenauer, Alcide de Gasperi – ont opté pour la voie du pardon et de la réconciliation. Résultat : une amitié franco-allemande qui dure depuis 70 ans et qui aurait semblé impossible à beaucoup de nos grands-parents. Cette expérience au niveau des nations, nous l'avons sans doute faite au niveau personnel, lorsque nous avons accepté de pardonner à quelqu'un qui nous avait offensés. Et nous avons alors éprouvé une joie profonde.

Mais parfois, la barre nous semble trop haute et le pardon et l'amour semblent impossibles. Alors, comment faire dans ces cas-là ? Nous souvenir que la morale chrétienne est avant tout fondée sur la grâce. Ce que nous n'avons pas la force d'accomplir, le Seigneur peut le réaliser en nous, lui qui est pour nous un Père *« bon pour les ingrats et les méchants »* et un Frère qui a dit sur la Croix : « *Père, pardonne-leur : ils ne savent pas ce qu'ils font.* » (Lc 23,34)

Ainsi, frères et sœurs, **Dr Jekyll peut l'emporter sur Mister Hyde, «** *l'homme nouveau* **» en nous peut prendre le pas sur «** *l'homme ancien* **».** Cela est possible parce que le nouvel Adam est venu racheter l'ancien, il l'a sorti des enfers le Samedi Saint. Alors, sommes-nous prêts à nous laisser transformer jusqu'au bout ? à aimer nos ennemis, et à faire du bien à ceux qui nous haïssent ? Si nous acceptons de le faire, nous serons véritablement les fils de Dieu et Il versera dans nos cœurs une *mesure bien pleine, tassée, secouée, débordante* de sa propre Miséricorde… Bénissons le Seigneur qui « *n'agit pas envers nous selon nos fautes, ne nous rend pas selon nos offenses* » (ps.) et demandons-lui sa grâce pour agir de même envers ceux qui nous ont fait du mal. AMEN.

8° dimanche : Chaque arbre se reconnaît à son fruit

Frères et sœurs, **comment pouvons-nous porter de bons fruits ?** Chacun de nous peut être comparé à un arbre, planté dans la terre et dirigé vers le ciel[25]. Mais il y a toutes sortes d'arbres : *« Chaque arbre, en effet, se reconnaît à son fruit : on ne cueille pas des figues sur des épines ; on ne vendange pas non plus du raisin sur des ronces ».* Alors, produisons-nous des fruits que ceux qui nous entourent vont pouvoir savourer[26], ou des épines et des ronces qui vont les blesser ? La réponse dépend de notre cœur : *« L'homme bon tire le bien du trésor de son cœur qui est bon ; et l'homme mauvais tire le mal de son cœur qui est mauvais ».* Ce bien et ce mal vont se concrétiser dans toutes nos actions, mais en particulier dans nos paroles. Jésus le dit clairement : *« ce que dit la bouche, c'est ce qui déborde du cœur ».* Il corrobore ainsi ce qu'écrivait Ben Sirac le Sage : *« C'est le fruit qui manifeste la qualité de l'arbre ; ainsi la parole fait connaître les sentiments. Ne fais pas l'éloge de quelqu'un avant qu'il ait parlé, c'est alors qu'on pourra le juger »* (1° lect.). Or, nos paroles ont une influence que nous ne mesurons pas

---

[25] *« Heureux est l'homme qui n'entre pas au conseil des méchants, qui ne suit pas le chemin des pécheurs, ne siège pas avec ceux qui ricanent, mais se plaît dans la loi du Seigneur et murmure sa loi jour et nuit ! Il est comme un arbre planté près d'un ruisseau, qui donne du fruit en son temps, et jamais son feuillage ne meurt »* (Ps 1, 1-3)

[26] *« Voici le fruit de l'Esprit : amour, joie, paix, patience, bonté, bienveillance, fidélité, douceur et maîtrise de soi. »* (Ga 5,22-23)

toujours. Elles peuvent donner la vie, ou la mort. Saint Jacques écrit : « *les humains sont arrivés à dompter et à domestiquer toutes les espèces de bêtes et d'oiseaux, de reptiles et de poissons ; mais la langue, aucun homme n'est arrivé à la dompter, vraie peste, toujours en mouvement, remplie d'un venin mortel.* » (Jc 3,5-8) Quant à saint Paul, il exhorte ainsi les Éphésiens : «*aucune parole mauvaise ne doit sortir de votre bouche ; mais, s'il en est besoin, dites une parole bonne et constructive, bienveillante pour ceux qui vous écoutent.* » (Ep 4,29) Et il demande aux Colossiens : « *Que votre parole soit toujours bienveillante, pleine de force et de sel, sachant répondre à chacun comme il faut.* » (Col 4,6) C'est ainsi que par nos paroles, nous pouvons devenir de bons guides pour nos frères, ou au contraire les faire tomber dans les trous du chemin, comme un aveugle guidant un autre aveugle… Alors, reprenons notre question initiale : **comment pouvons-nous porter de bons fruits ? Il faut 3 conditions : être dans une bonne terre ; être fécondés par la pluie; être éclairés par le soleil.**

Premièrement, un arbre a besoin d'être enraciné dans une bonne terre. « Terre » se dit « humus » en latin. La première condition de la fécondité est donc **l'humilité**, qui est le fondement de la vie spirituelle. L'orgueil aveugle, c'est pourquoi Jésus dit aux Pharisiens : « *Si vous étiez des aveugles, vous n'auriez pas de péché ; mais du moment que vous dites : 'Nous voyons !' votre péché demeure.* » (Jn 9,41) Sans cesse, nous devons reconnaître que nous sommes aveugles, parce que nous sommes pécheurs et de pauvres créatures. C'est ce que nous faisons plusieurs fois dans la célébration eucharistique : au moment du *confiteor*, du *kyrie*, du *« Seigneur, je ne suis pas digne de te recevoir »*... Dimanche dernier, le Christ a placé la barre très haut : *« Aimez vos ennemis, faites du bien à ceux qui vous haïssent. Souhaitez du bien à ceux qui vous maudissent, priez pour ceux qui vous calomnient. »* (Lc 6, 27-28) Or, comment avons-nous tendance à agir ? Plutôt de façon hypocrite, en jugeant les autres, comme Jésus le dit à la foule : *« Qu'as-tu à regarder la paille dans l'œil de ton frère, alors que la poutre qui est dans ton œil à toi, tu ne la remarques pas ? Comment peux-tu dire à ton frère : 'Frère, laisse-moi enlever la paille qui est dans ton œil', alors que toi-même ne vois pas la poutre qui est dans le tien ? Hypocrite ! Enlève d'abord la poutre de ton œil ; alors tu verras clair pour enlever la paille qui est dans l'œil de ton frère »*. Saint Philippe Néri disait chaque matin, après s'être levé : *« Seigneur, méfie-toi de Philippe »* !

Deuxièmement, un arbre a besoin d'eau. Le prophète Isaïe écrit : *« la pluie et la neige qui descendent des cieux n'y retournent pas sans avoir abreuvé la terre, sans l'avoir fécondée et l'avoir fait germer, pour donner la semence au semeur et le pain a celui qui mange ; ainsi ma parole, qui sort de ma bouche, ne me reviendra pas sans résultat, sans avoir fait ce que je veux, sans avoir accompli sa mission. »* (Is 55,10-11) Sans **la Parole de Dieu**, nous ne pouvons pas porter du bon fruit. Beaucoup de paroles humaines sont superficielles, ou même « *remplies d'un venin mortel* » (Jc 3,8). Quant à la Parole de Dieu, il ne suffit pas de l'entendre, comme Jésus l'explique dans la parabole du semeur. Ce n'est que si elle est accueillie dans un cœur assoiffé qu'elle portera du fruit : les grains « *tombés sur la bonne terre ont donné du fruit à raison de cent, ou soixante, ou trente pour un.* » (Mt 13,8)

Troisièmement, un arbre a besoin de la lumière du soleil. Nous avons trop tendance à nous plaindre de Dieu (consciemment ou inconsciemment lorsque nous nous plaignons de la vie) ou des autres, au lieu de rendre grâce pour tout ce qu'ils font de bien. Souvenons-nous que le mot eucharistie signifie « **action de grâce** », et chacune des préfaces commence par ces mots ou d'autres semblables : « *vraiment, il est juste et bon de te rendre grâce, toujours et en tout lieu* ». Les médias braquent leurs caméras principalement vers les zones d'ombre, ce qui se justifie en partie car nous ne pouvons nous désintéresser des souffrances des autres, mais nous devons aussi nous tourner vers la lumière, comme le font les tournesols qui changent d'inclinaison avec le soleil. C'est ce que Paul fait très souvent dans ses lettres, malgré les épreuves qu'il rencontre. C'est ainsi qu'il écrit aux Corinthiens, après avoir évoqué la résurrection que nous attendons : « *Rendons grâce à Dieu qui nous donne la victoire par notre Seigneur Jésus Christ.* » (2° lect.) Saint François d'Assise aimait chanter lorsqu'il arpentait les chemins. Mais lorsqu'il était confronté aux épreuves, il continuait de le faire, comme lorsqu'il parle de la joie parfaite après avoir été refusé à l'entrée d'un couvent, alors qu'il était fatigué et trempé par la pluie... Et la petite Thérèse a écrit : « *Tout est grâce* ».

Ainsi, frères et sœurs, **le Seigneur nous invite à porter un fruit savoureux pour ceux qui nous entourent.** Trop souvent, **nous portons des fruits pourris**, ceux du verbiage, de la médisance, et même de la calomnie. A une de ses pénitentes qui se confessait de ses calomnies et de ses médisances, saint Philippe Néri demanda comme pénitence de traverser Rome en plumant une poule. Lorsqu'elle revint le voir, il lui demanda d'aller ramasser les plumes. Comme elle lui répondait que ce n'était pas possible, il lui rétorqua qu'il n'était plus possible non plus de réparer les dégâts causés par les calomnies et par les médisances... Au contraire, nous avons tous fait l'expérience d'entendre des paroles qui nous ont donné la vie. Un « je t'aime » de la part de notre maman, de notre papa, de notre conjoint plus tard... Un conseil avisé d'un ami... Une parole de sagesse qui nous a illuminés. Alors, **soyons très vigilants par rapport à nos propres paroles, afin qu'elles puissent aider nos frères à éviter les pièges et les « *trous* » de la vie, et à se diriger vers le Royaume.** Cette mission peut sembler au-delà de nos capacités, mais elle nous est pourtant demandée par le Christ : « *Le disciple n'est pas au-dessus du maître ; mais une fois bien formé, chacun sera comme son maître* ». Il est le seul véritable guide, le seul pasteur, mais il nous invite à nous laisser former par lui, afin que nous formions d'autres disciples nous-mêmes. Pour cela, nous devons demeurer dans l'humilité, à l'écoute de la parole de Dieu et dans l'action de grâce. **Et si nous prenions ces 3 résolutions pour le Carême qui commencera mercredi ?**

13° dimanche : Suis-moi !

« *Suis-moi* ». **Frères et sœurs, sommes-nous prêts à répondre à cet appel du Christ ?** Sommes-nous prêts à le suivre chaque jour ? En d'autres termes, sommes-nous prêts à suivre sa loi d'amour, puisque *« toute la Loi est accomplie dans l'unique parole que voici : Tu aimeras ton prochain comme toi-même » (2° lect.)* ? Nous aspirons tous à aimer, mais si nous sommes lucides, nous sommes aussi conscients que nous n'y parvenons pas pleinement, que nous rencontrons des résistances, pas seulement en dehors de nous, mais aussi et d'abord en nous-mêmes. Pourquoi ? Parce que nous avons un ennemi qui cherche à nous asservir, et que saint Paul nomme *« la chair »*. Il ne s'agit pas du corps, mais de toutes ces *« tendances égoïstes qui s'opposent à l'Esprit [...] il y a là un affrontement qui vous empêche de faire tout ce que vous voudriez »*. Seul le Christ a été parfaitement libre, car il s'est toujours laissé guider par l'Esprit. Mais cela ne signifie pas qu'il n'ait pas eu à combattre. Dans le passage que nous venons d'entendre, qui marque un tournant dans son évangile, saint Luc écrit : *« Comme s'accomplissait le temps où il allait être enlevé au ciel, Jésus, le visage déterminé, prit la route de Jérusalem »*. La Passion et la mort de Jésus, préludes à sa résurrection, se profilent. Il les a annoncées déjà 2 fois à ses disciples, mais ils n'ont pas compris le sens de ses paroles (Lc 9,45). Qu'importe, Jésus avance, *le visage déterminé*, on pourrait traduire aussi *« dur comme pierre »*. Sainte Thérèse d'Avila écrira plus tard, dans le Chemin de la perfection, qu'**il faut avoir une**

« *détermination déterminée* » pour suivre ce chemin jusqu'au bout. Sans elle, nous nous laisserons arrêter par les tentations, les « *tendances égoïstes de la chair* » qui nous asservissent (2° lect.) en nous poussant à nous replier sur nous-mêmes pour obtenir de fausses sécurités. Lesquelles ? Les lectures d'aujourd'hui nous en révèlent quatre : **sécurité physique**, par laquelle la peur de l'autre peut engendrer la violence, dans le désir de le détruire ; **sécurité matérielle**, qui nous fait rechercher notre confort ; **sécurité spirituelle**, qui nous pousse à nous accrocher aux lois et aux traditions ; **sécurité affective**, qui nous empêche de nous détacher de ceux que nous aimons.

Pour commencer, **notre désir de sécurité physique, autre facette de l'instinct de survie, peut nous pousser à rejeter ceux qui nous font peur**, parce qu'ils ne nous aiment pas ou simplement parce qu'ils sont différents de nous. Si le roi Hérode a fait assassiner tous les enfants de moins de 2 ans de Béthléem, c'est parce qu'il avait peur du messie, peur qu'il prenne son trône. « *La peur a assassiné ton cœur* », comme l'écrit un évêque des premiers siècles. Dans l'évangile d'aujourd'hui, alors que Jésus souhaitait passer par un village de Samaritains pour aller à Jérusalem (sachant qu'autrement, il devrait faire un grand détour car la Samarie est située entre la Galilée et la Judée), ils refusent de l'accueillir « *parce qu'il se dirigeait vers Jérusalem* » (sachant aussi qu'il y avait un grave conflit entre eux et les Juifs, et particulièrement les autorités religieuses de Jérusalem). Voyant cela, les disciples

Jacques et Jean sont tentés par la violence : « *Seigneur, veux-tu que nous ordonnions qu'un feu tombe du ciel et les détruise ?* » Mais Jésus les réprimande, car il est « *doux et humble de cœur* » (Mt 11,29), et toujours prêt au pardon. C'est cette attitude qui rend libre et qui est féconde, comme en témoigne sa rencontre avec la Samaritaine, relatée par saint Jean, et qui ouvrira la porte de la conversion à beaucoup des habitants de son village (Jn 4,42).

Deuxièmement, **notre désir de sécurité matérielle peut nous asservir à notre confort**. Alors qu'un homme dit à Jésus : « *Je te suivrai partout où tu iras* », il lui répond : « *Les renards ont des terriers, les oiseaux du ciel ont des nids ; mais le Fils de l'homme n'a pas d'endroit où reposer la tête.* » Jésus n'était pas attaché à un palais, il aimait demeurer chez Pierre à Capharnaüm ou chez Lazare et ses sœurs à Béthanie, mais il n'était pas esclave du confort, il était souvent sur les chemins pour évangéliser. Dans notre société de consommation et de bien-être, beaucoup sont continuellement en quête d'une amélioration de leur sécurité matérielle, cherchant à augmenter leurs salaires et leurs acquis sociaux. Mais paradoxalement, il semble que beaucoup – les mêmes peut-être – se sentent insatisfaits au fond.

Troisièmement, **notre désir de sécurité spirituelle peut nous asservir aux traditions et aux lois, même si celles-ci sont**

bonnes. L'enterrement des morts est une des caractéristiques de l'humanité. C'est ainsi qu'on peut dire que l'homo sapiens a été le premier être humain. Cette « loi » au cœur de l'homme est si importante qu'Antigone a accepté d'être enterrée vivante pour donner une sépulture à son frère. Aussi, le dialogue de Jésus avec l'homme à qui il a demandé de le suivre peut nous surprendre, voire nous choquer : « *L'homme répondit : 'Seigneur, permets-moi d'aller d'abord enterrer mon père.' Mais Jésus répliqua : 'Laisse les morts enterrer leurs morts. Toi, pars, et annonce le règne de Dieu'.* » Jésus ne remet pas en cause l'importance des sépultures, mais il la relativise. Tout comme il avait dit à propos du sabbat : « *Le sabbat a été fait pour l'homme, et non pas l'homme pour le sabbat* » (Mc 2,27), ainsi en va-t-il de toutes les lois et traditions. Parce qu'elles sont faites pour l'homme, et parce que l'accueil du règne de Dieu est la meilleure chose que l'homme puisse faire, l'annonce du Règne de Dieu est plus important et plus urgent que tout le reste.

Quatrièmement, **notre désir de sécurité affective peut nous asservir à nos proches**, en particulier nos familles. Là encore, la famille est une institution fondamentale de notre humanité, une « église domestique » pour laquelle l'Eglise se bat depuis 2000 ans, mais elle peut aussi devenir une sorte de clan mafieux, renfermé sur lui-même, ou tout simplement un tissu de relations dans lesquelles des pressions plus ou moins subtiles empêchent chacun de ses membres de donner libre cours à ses aspirations. Jésus lui-même a été confronté à ce piège, et il l'a évité. Alors que sa mère et ses frères le cherchent à Capharnaüm, il répond : « *Qui est ma mère ? qui sont mes frères ?* » *Et parcourant du regard ceux qui étaient assis en cercle autour de lui, il dit : « Voici ma mère et mes frères. Celui qui fait la volonté de Dieu, celui-là est pour moi un frère, une sœur, une mère.* » (Mc 3,33-35) C'est pourquoi, lorsqu'un homme lui dit : « *Je te suivrai, Seigneur ; mais laisse-moi d'abord faire mes adieux aux gens de ma maison* », il lui répond: « *Quiconque met la main à la charrue, puis regarde en arrière, n'est pas fait pour le royaume de Dieu.* »

Alors, frères et sœurs, **sommes-nous prêts à suivre le Christ avec une détermination déterminée ?** Sommes-nous libres pour aimer notre prochain comme nous-mêmes ? Ou sommes-nous asservis par nos désirs de sécurité physique, matérielle, spirituelle et affective ? Nous ne pouvons être libres pour aimer qu'au prix d'un combat spirituel intense, que nous ne pouvons remporter qu'en vivant sous la conduite de l'Esprit Saint : « *marchez sous la conduite de l'Esprit Saint, et vous ne risquerez pas de satisfaire les convoitises de la chair. Si vous vous laissez conduire par l'Esprit, vous n'êtes pas soumis à la Loi* » (2° lect.) N'imitons pas le jeune homme riche, qui a refusé de répondre à l'appel de Jésus et est reparti tout triste. **Ecoutons les appels du Christ, et suivons-le toujours dans la joie.** AMEN.

14° dimanche : La paix soit avec vous

« *Heureux les artisans de paix.* » (Mt 5,9) Goûtons-nous cette béatitude, frères et sœurs ? Sommes-nous réellement des artisans et des témoins de cette paix à laquelle tous les hommes aspirent ? Elle est si précieuse que c'est le premier souhait que beaucoup formulent en rencontrant une personne : « *Shalom* » en hébreu, « *salam* » en arabe… et que les évêques formulent à l'assemblée au début d'une célébration : « *la paix soit avec vous* ». C'est aussi le premier don que le Seigneur Jésus demande aux 72 d'offrir à ceux vers lesquels ils partent en mission : « *dans toute maison où vous entrerez, dites d'abord : 'Paix à cette maison.'* » Le chiffre 72, qui représente l'universalité (la terre compta 72 nations issues de Noé), suggère que tous les baptisés sont appelés à être missionnaires… Pour faire comprendre aux disciples qu'il ne s'agit pas que de mots et que la paix ne peut être communiquée que si on la possède soi-même, Jésus ajoute : « *S'il y a là un ami de la paix, votre paix ira reposer sur lui ; sinon, elle reviendra sur vous.* » Les conflits dans le monde s'expliquent par les conflits intérieurs qui déchirent les hommes. « *Commence en toi-même l'œuvre de paix, afin que, pacifié, tu puisses apporter la paix aux autres* » écrivait saint Ambroise. La paix n'est pas seulement une absence de guerre, elle est une plénitude impossible à obtenir par nos propres forces. La paix avec Dieu, avec son prochain et avec soi-même forme un tout. Voilà pourquoi elle est avant tout un don de Dieu, le 3ème fruit de l'Esprit Saint qui accompagne la charité et la joie. Sans cesse, le Seigneur veut nous l'offrir :

« *Voici que je dirige vers elle la paix comme un fleuve* » dit-il au prophète Isaïe à propos de Jérusalem (1° lect.) « *La paix soit avec vous* » répète Jésus à ses disciples pleins de peurs et de doutes après sa résurrection. « *Paix et miséricorde* » souhaite saint Paul aux Galates à qui il écrit (2° lect.) Et nous-mêmes, lors de chaque eucharistie, nous nous donnons la paix du Christ par un geste, à l'invitation du célébrant. Alors, si la paix est un don de Dieu à accueillir et à transmettre, pourquoi ne la goûtons-nous pas toujours, et sommes-nous parfois artisans de guerres ? Parce que la paix ne peut demeurer en nous qu'à certaines conditions, notamment celles que Jésus a énumérées au moment de l'envoi en mission : la foi, l'espérance et la charité.

Pour commencer, **la paix s'enracine dans la foi**. Le premier ennemi de la paix, c'est la peur. Or la foi est synonyme de confiance, qui s'oppose à toutes les formes de peur. Peur de l'immensité de la tache d'abord : « *La moisson est abondante, mais les ouvriers sont peu nombreux.* » Alors, faites preuve de confiance, « *priez donc le maître de la moisson d'envoyer des ouvriers pour sa moisson.* »

Peur de l'adversité ensuite : « *Voici que je vous envoie comme des agneaux au milieu des loups.* » Là encore, ayez confiance : « *Voici que je vous ai donné le pouvoir d'écraser serpents et scorpions, et sur toute la puissance de l'Ennemi : absolument rien ne pourra vous nuire.* »

Peur de la pauvreté enfin : le missionnaire doit quitter son confort et ses habitudes, et il peut être tenté de s'assurer contre tous les risques. Or Jésus dit : « *Ne portez ni bourse, ni sac, ni sandales* ». Il venait de dire à un homme qui désirait le suivre, un peu plus tôt : « *Les renards ont des tanières et les oiseaux du ciel ont des nids ; le Fils de l'homme, lui, n'a pas où reposer la tête.* » (Lc 9,58) Et il dira un peu plus tard : « *Observez les corbeaux : ils ne font ni semailles ni moisson, ils n'ont ni réserves ni greniers, et Dieu les nourrit. Vous valez tellement plus que les oiseaux !* » (Lc 12,24)

Ensuite, **la paix s'enracine dans l'Espérance**. La déprime engendrée par l'absence de sens est comme un marécage dans lequel notre âme s'embourbe, et qui s'oppose à la paix. C'est pourquoi les disciples doivent annoncer à tous la Bonne Nouvelle : « *Dans toute ville où vous entrerez et où vous serez accueillis, mangez ce qui vous est présenté. Guérissez les malades qui s'y trouvent et dites-leur : 'le règne de Dieu s'est approché de vous'.* » Même si vous n'êtes pas accueillis, « *allez sur les places et dites : 'Même la poussière de votre ville, collée à nos pieds, nous l'enlevons pour vous la laisser. Toutefois, sachez-le : le règne de Dieu s'est approché.* » Et le règne de Dieu, c'est le Christ lui-même, c'est pourquoi Luc a écrit auparavant : « *il les envoya deux par deux, en avant de lui, en toute ville et localité où lui-même allait se rendre.* »

L'Espérance est source d'une joie immense. Après avoir promis la paix à Jérusalem, le prophète Isaïe ajoute : « *Oui, dans Jérusalem, vous serez consolés. Vous verrez, votre cœur sera dans l'allégresse ; et vos os revivront comme l'herbe reverdit »* (1° lect.). La Jérusalem céleste est le symbole du règne de Dieu annoncé par les disciples.

Enfin, **la paix s'enracine dans la charité**. La haine, le mépris, l'indifférence… tuent la paix et génèrent des guerres. Si Jésus envoie ses disciples *« deux par deux »*, ce n'est pas d'abord pour une question d'organisation, c'est avant tout pour qu'ils vivent eux-mêmes ce qu'ils annoncent. *« À ceci, tous reconnaîtront que vous êtes mes disciples : si vous avez de l'amour les uns pour les autres. »* (Jn 13,35)

Non seulement les disciples doivent vivre entre eux la charité, mais ils doivent aider ceux à qui ils sont envoyés à faire de même : *« L'ouvrier mérite son salaire. Ne passez pas de maison en maison. Dans toute ville où vous entrerez et où vous serez accueillis, mangez ce qui vous est présenté. »* Accepter de recevoir, c'est une manifestation de l'amour fraternel car *« Jésus lui-même a dit : 'Il y a plus de bonheur à donner qu'à recevoir'. »* (Ac 20,35) N'ayons pas de scrupules à demander l'hospitalité ou l'aide des autres.

Ainsi, frères et sœurs, la paix est un don que le Seigneur nous fait pour que nous en vivions et pour que nous le communiquions aux autres. Pour cela, il nous offre également la foi, l'espérance et la charité, qui sont autant de conditions pour que la paix demeure en nous, comme un fleuve. Mais attention : nous devons être vigilants car nous sommes confrontés à un ennemi qui cherche à anéantir notre paix, celui qu'on appelle le diable, i.e. le diviseur ou encore Satan, i.e. l'adversaire et l'accusateur. Même si nous croyons l'avoir vaincu, il peut s'immiscer en nous de multiples façons, et en particulier par l'orgueil. Alors que les 72 revinrent tout joyeux, en disant : « *Seigneur, même les démons nous sont soumis en ton nom*», Jésus leur dit : « *Je regardais Satan tomber du ciel comme l'éclair… Toutefois, ne vous réjouissez pas parce que les esprits vous sont soumis ; mais réjouissez-vous parce que vos noms se trouvent inscrits dans les cieux.* » Au chapitre suivant de saint Luc, alors que Jésus sera accusé de chasser les démons par Béelzéboul, il va raconter l'histoire de l'homme fort et bien armé qui croit que « *tout ce qui lui appartient est en sécurité* »… mais dont l'état *est* « *pire à la fin qu'au début* » parce que plusieurs démons sont venus l'investir (Lc 11,21-26) Pendant cet été, profitons de nos vacances pour vivre davantage dans la foi, l'espérance et la charité, tout en étant vigilants vis-à-vis de notre adversaire. C'est ainsi que nous pourrons goûter la béatitude des artisans de paix, en la vivant en nous-mêmes et en la communiquant à ceux que nous rencontrerons.

15° dimanche : Que dois-je faire pour avoir en héritage la vie éternelle ?

« Maître, que dois-je faire pour avoir en héritage la vie éternelle ? » Frères et sœurs, la question du docteur de la Loi, est-ce aussi la nôtre ? Même s'il la pose pour mettre Jésus à l'épreuve, en espérant qu'il manifestera un manque de connaissances, lui qui n'est qu'un pauvre Galiléen, elle va droit à l'essentiel : que pouvons-nous désirer de mieux que la vie éternelle, qui est aussi la vie bienheureuse ? Le docteur a compris aussi que cette vie ne peut être reçue que comme un héritage, au sens où elle est donnée gratuitement par Dieu... Jésus n'a peut-être pas fait les grandes écoles de Jérusalem, mais il connaît parfaitement la Torah. Cependant, au lieu de répondre directement à son interlocuteur, il le prend « à contrepied » en lui demandant de répondre lui-même à sa question : *« Dans la Loi, qu'y a-t-il d'écrit ? Et comment lis-tu ? »* Le docteur de la Loi répond correctement, comme le faisaient sans doute beaucoup de ses collègues, et comme l'a fait Jésus lui-même dans d'autres passages des évangiles, en associant 2 commandements : *« Tu aimeras le Seigneur ton Dieu de tout ton cœur, de toute ton âme, de toute ta force et de toute ton intelligence* (Dt 6)*, et ton prochain comme toi-même* (Lv 19)*. »* Jésus lui dit alors : *« fais ainsi et tu vivras »*, afin qu'il mette en pratique ce double commandement, sachant bien que certains *« disent et ne font pas »* (Mt 23,3). Saint Luc souligne alors que le docteur veut *se justifier*, sans doute parce qu'il n'a pas réussi à prendre Jésus au piège et que la question qu'il a posée était bien évidente pour

beaucoup. Il lui demande alors : « *Et qui est mon prochain ?* » La Torah demandait aux Juifs d'aimer leurs frères de race, mais pas tous les hommes. Comme le dit Jésus à un autre moment : « *Vous avez appris qu'il a été dit : Tu aimeras ton prochain et tu haïras ton ennemi. Eh bien ! moi, je vous dis : Aimez vos ennemis, et priez pour ceux qui vous persécutent* » (Mt 5, 43-44) C'est le même message qu'il apporte ici, à l'aide d'une parabole. La scène se déroule sur une route bien connue de ses auditeurs, les trente kilomètres qui séparent Jérusalem de Jéricho, une route en plein désert, dont certains passages étaient à l'époque de véritables coupe-gorge. **Nous allons interpréter cette parabole à 2 niveaux : d'abord spirituel, en mettant le Fils de Dieu à la place du bon Samaritain, et nous-mêmes à celle de l'homme blessé. Moral ensuite, en nous mettant à la place des hommes qui descendent sur le chemin, afin que nous jouions le rôle soit du prêtre et du lévite, soit du bon Samaritain.**

Pour commencer, nous pouvons jouer le rôle de l'homme tombé aux mains des brigands. Jérusalem est le symbole de la vie céleste (l'Apocalypse évoque la Jérusalem céleste), et Jéricho le symbole de la vie terrestre (c'est l'une des villes les plus anciennes de l'histoire et la plus basse au monde). Par ailleurs, on parle du premier péché comme de la « chute originelle », qui a rendu l'homme fragile, malade, blessé... Le Samaritain est donc une figure du Seigneur, qui s'est approché de nous pour nous sauver. Il l'a fait d'abord en nous donnant sa Loi, comme le rappelle le Deutéronome : « *cette* *loi que je te prescris aujourd'hui n'est pas au-dessus de tes forces ni hors de ton atteinte... Elle est tout près de toi, cette Parole, elle est dans ta bouche et dans ton cœur, afin que tu la mettes en pratique. »* (1° lect.) N'oublions pas que la Loi de Dieu est source de liberté, et qu'elle a été donnée dans ce but à Israël qui venait d'être libéré de Pharaon, mais qui était toujours esclave de ses penchants mauvais.

Mais le Seigneur s'est encore plus approché de nous en nous envoyant son Fils, qui est descendu du ciel pour partager notre condition humaine. Alors que nous étions « à moitié morts », le Fils de Dieu a été *« saisi de pitié »*, il s'est approché, et a pansé nos plaies en versant de l'huile et du vin. L'huile peut symboliser l'Esprit Saint qui nous apaise et nous transforme, notamment à travers les sacrements à caractère, le baptême, la confirmation, et l'ordination, par lesquels nous sommes oints de saint Chrême. Le vin, pour sa part, peut symboliser le sang du Christ, et donc l'eucharistie.

Mais le Christ est allé plus loin : au lieu de laisser l'homme sur le chemin, il « *le chargea sur sa propre monture, le conduisit dans une auberge et prit soin de lui.* » Cette auberge, c'est l'Eglise, qui est confiée au Pape et aux évêques. Dans les deux pièces d'argent qu'il leur donne, on peut voir l'ancien et le nouveau testaments, ou encore la confession et l'eucharistie. Mais les prêtres ne se contentent pas d'administrer les sacrements, et le Christ leur dit : *tout ce que vous aurez dépensé en plus,* toute l'énergie que vous dépenserez en plus pour le bien des fidèles, *je vous le rendrai quand je repasserai,* à la fin des temps.

Après l'homme tombé aux mains des bandits, mettons-nous à la place de ceux qui descendent après lui de Jérusalem à Jéricho. Le prêtre et le lévite renvoient au docteur de la Loi, mais aussi aux prêtres d'aujourd'hui (le 1er), et aux laïcs (le 2nd, dont le rôle était d'aider les premiers dans le service du Temple). Pourquoi ne s'arrêtent-ils pas ? Pas parce qu'ils avaient forcément un cœur dur, mais parce que l'homme à moitié mort avait été rendu impur par son contact avec les bandits, et qu'ils ne pouvaient le toucher sans se rendre impurs eux-mêmes, ce qui les empêcherait ensuite d'accomplir leur mission au Temple. Vu de leur point de vue, leur décision est justifiable. Mais ils ne se mettent pas à la place de l'homme blessé, pour se demander ce que lui va devenir... Ils raisonnent avec leur tête, mais ne se laissent pas émouvoir. Ils n'ont pas compris que le hasard est parfois un autre nom de la Providence...

Le Samaritain, au contraire, est *saisi de compassion*, et il écoute son cœur. Peut-être était-il pressé, peut-être était-il pauvre ? En tout cas, il prend du temps et de l'argent pour aider l'homme qui est près de lui. Son attitude est d'autant plus admirable que les Juifs étaient les ennemis des Samaritains depuis des siècles... Il agit avec sa sensibilité mais aussi avec son intelligence, il n'agit pas de façon à seulement décharger sa conscience, il fait tout pour que l'homme retrouve la santé, avec l'aide des autres. Aujourd'hui, on pourrait dire qu'il ne fait pas de l'assistanat, il se sert des institutions qui existent. Si l'auberge est l'Eglise au plan spirituel, elle est le Secours Catholique au plan moral...

Ainsi, frères et sœurs, **l'évangile de ce jour nous amène à une double attitude : d'abord à la reconnaissance pour le Fils de Dieu qui est descendu du ciel pour nous nous sauver de la mort, et pour l'Eglise qui est comme une auberge où il fait bon vivre pour recouvrer notre santé spirituelle. Deuxièmement, nous sommes mis en face de nos responsabilités vis-à-vis des personnes que nous rencontrons sur les chemins de nos vies.** Combien de fois avons-nous refusé d'aider un de nos frères, trouvant toujours de bonnes raisons pour cela ? Heureusement, nous avons aussi expérimenté parfois la joie qu'il y a de nous oublier nous-mêmes pour nous mettre au service des autres. A la fin de notre vie, le Christ nous dira : ce « *que vous avez fait à l'un de ces plus petits de mes frères, c'est à moi que vous l'avez fait* » (Mt 25,40) mais aussi : ce « *que vous n'avez pas fait à l'un de ces plus petits, c'est à moi que vous ne l'avez pas fait.* » (Mt 25,45) Cet été, laissons-nous soigner par le Christ, notamment en écoutant sa Parole, et en recevant les sacrements de l'eucharistie et de la réconciliation, et exerçons la compassion vis-à-vis de nos prochains, ceux qui seront dans des situations de pauvreté et dont nous saurons nous faire proches. C'est ainsi que nous pourrons goûter dès maintenant le bonheur de la vie éternelle.

16° dimanche : Choisissons la meilleure part

Frères et sœurs, **quelle part voulons-nous choisir ?** Celle de Marthe ou celle de Marie ? Ne nous méprenons pas, la première est celle non du service – car nous sommes tous appelés à servir, c'est notre part à tous – mais celle de l'inquiétude et de l'agitation. C'est cela que Jésus reproche à Marthe : « *Marthe, Marthe, tu te donnes du souci et tu t'agites pour bien des choses.* » Dans la parabole du semeur, il compare les soucis à des ronces qui étouffent notre cœur et empêchent sa Parole de porter du fruit[27]. La part que Marie a choisie est celle de la méditation et de la contemplation, caractéristiques de la vie intérieure, la seule qui est « *nécessaire* » et qui ne peut nous « *être enlevée* ». Même si on nous ôte la liberté physique en nous mettant en prison, on ne peut nous ôter la liberté intérieure. Mais celle-ci est difficile à conquérir. Dans *La France contre les robots*, paru en 1947, Georges Bernanos accuse la civilisation moderne d'être « *une conspiration universelle contre toute espèce de vie*

---

[27] Cf la parabole du semeur : « *ce qui est tombé dans les ronces, ce sont les gens qui ont entendu, mais qui sont étouffés, chemin faisant, par* **les soucis***, la richesse et les plaisirs de la vie, et ne parviennent pas à maturité.* » (Lc 8, 14)
Cf aussi la conclusion de la parabole du figuier qui bourgeonne : « *tenez-vous sur vos gardes, de crainte que votre cœur ne s'alourdisse dans les beuveries, l'ivresse et* **les soucis** *de la vie, et que ce jour-là ne tombe sur vous à l'improviste* » (Lc 21, 34)
Cf aussi cet apophtegme : « *Abba Sisoës dit : "Deviens quantité négligeable, jette derrière toi ta volonté propre, et ne t'inquiète pas des soucis de ce monde et tu obtiendras la paix intérieure"* ».

intérieure ». 72 ans plus tard, ce constat est encore plus vrai. L'explosion des burnouts et le recours de plus en plus fréquent au yoga et aux pratiques de méditation orientales (qui peuvent avoir des effets positifs) en sont des signes éloquents. Même en période de vacances, nous pouvons nous soucier et nous agiter pour bien des choses... Nous sommes donc appelés à une véritable conversion pour ne pas sombrer dans les soucis et l'agitation et pour cultiver en nous la vie intérieure. **Cette conversion se joue à 3 niveaux : la prière d'abord, la rencontre de l'autre ensuite, et l'exercice de nos activités quotidiennes enfin.**

Pour commencer, **la vie intérieure se nourrit par la prière**, avec notamment l'écoute de la parole de Dieu, à l'instar de Marie qui écoute Jésus. Deux écueils sont à éviter : le premier est de ne pas prier, par manque de temps ou de motivation ; le second est de prier sans être vraiment présent au Seigneur, pour se donner bonne conscience. Le curé d'Ars a écrit dans son catéchisme sur la prière : «*On en voit qui se perdent dans la prière comme le poisson dans l'eau, parce qu'ils sont tout au bon Dieu. Dans leur cœur, il n'y a pas d'entre-deux. Oh ! que j'aime ces âmes généreuses ! Saint François d'Assise et sainte Colette voyaient notre Seigneur et lui parlaient comme nous nous parlons. Tandis que nous, que de fois nous venons à l'église sans savoir ce que nous venons faire et ce que nous voulons demander !... Il y en a qui ont l'air de dire au bon Dieu 'Je m'en vais vous dire deux mots pour me débarrasser de* *vous'»*. Lorsque nous sommes réellement présents au Seigneur, « *la prière élargit notre cœur et le rend capable d'aimer Dieu. La prière est un avant-goût du ciel, un écoulement du paradis. Elle ne nous laisse jamais sans douceur. C'est un miel qui descend dans l'âme et adoucit tout. Les peines se fondent devant une prière bien faite, comme la neige devant le soleil. La prière fait passer le temps avec une grande rapidité, et si agréablement, qu'on ne s'aperçoit pas de sa durée.* » Au contraire, une prière faite machinalement est aride et semble longue. Certes, il arrive que la prière soit aride, même pour les saints (souvenons-nous de mère Teresa qui connut cette sécheresse pendant des décennies), mais cet état n'empêche pas la paix intérieure.

Deuxièmement, **la vie intérieure se nourrit par la rencontre de l'autre**. La vraie rencontre. Il nous arrive en effet d'être avec quelqu'un sans qu'il y ait une véritable rencontre. Ce n'est pas une question de parole (on peut être très présent à l'autre dans le silence et absent malgré un flot de paroles), mais d'attention. Le manque d'attention lui-même peut être dû à la fatigue, ou au manque de respect ou d'intérêt. Observons Abraham. Lorsqu'« *il vit trois hommes qui se tenaient debout près de lui* », il aurait pu faire semblant de ne pas les voir, et continuer sa sieste, alors que « *c'était l'heure la plus chaude du jour* » (1° lect.) Au contraire, « *dès qu'il les vit, il courut à leur rencontre depuis l'entrée de la tente, se prosterna jusqu'à terre* » et leur offrit l'hospitalité, assortie d'un somptueux repas. Quel exemple magnifique, que certains reproduisent aujourd'hui en accueillant chez eux des migrants, prenant ainsi le risque de la rencontre ! En accueillant ces étrangers qui parlent tantôt au pluriel et tantôt au singulier (une des premières évocations bibliques de la Trinité), c'est le Seigneur Lui-même qu'Abraham a reçu. Pour son geste, Abraham a été récompensé au centuple puisque le voyageur lui promit alors la naissance prochaine du fils qu'il espérait depuis si longtemps.

Troisièmement, **la vie intérieure se nourrit par nos activités quotidiennes**. On s'est aperçu que le burnout ne s'explique pas tant par un excès de travail que par une mauvaise façon de réaliser ce travail i.e. à la façon de Marthe, dans les soucis et l'agitation. Certes, nous devons tout faire pour exercer un travail et des activités qui nous plaisent. Mais soyons lucides : nous aurons toujours une part de ceux-ci qui ne nous plaira pas spontanément. Lorsqu'on choisit de devenir médecin, on rêve de passer tout son temps à soigner des personnes, et on découvre d'abord le poids des longues études, et plus tard une quantité d'obligations administratives à remplir. Lorsqu'on choisit de répondre à l'appel du Seigneur pour devenir prêtre, on rêve de passer tout son temps à prêcher l'évangile, et on découvre une foule d'autres missions à remplir. Dans ces conditions, nous pouvons soit subir le réel qui nous déplaît, soit choisir de le vivre positivement. L'empereur Marc Aurèle, qui nourrissait sa vie intérieure par la lecture de philosophes stoïciens, a écrit : « *Que la force me soit donnée de supporter ce qui ne peut être changé, le* *courage de changer ce qui peut l'être, et la sagesse de distinguer l'un de l'autre ».*

Cette attitude change tout et peut même nous donner d'aimer la souffrance. C'est ainsi que Paul peut écrire aux Colossiens : *« maintenant je trouve la joie dans les souffrances que je supporte pour vous ; ce qui reste à souffrir des épreuves du Christ dans ma propre chair, je l'accomplis pour son corps qui est l'Église »* (2° lect.). Paul n'est pas masochiste, il ne recherche pas la souffrance, mais il l'accepte avec joie car il sait qu'elle accompagne inéluctablement sa recherche du Royaume.

Pour conclure, frères et sœurs, **nous ne devons pas choisir entre Marie et Marthe, mais être l'une et l'autre. La vie intérieure et la vie « extérieure », caractérisée par le service, se nourrissent mutuellement.** Mais il y a une hiérarchie : *« Tu aimeras le Seigneur de toutes tes forces »* vient avant *« Tu aimeras ton prochain comme toi-même ». « Dieu premier servi »* disait sainte Jeanne. Les grands saints ont tous été des hommes et des femmes à la fois contemplatifs et actifs. Quand on admire un bel arbre, on ne voit pas ses racines mais si elles n'étaient pas solidement implantées dans le sol, il tomberait au premier coup de vent. Saint Paul n'a pu exercer sa mission aux 4 bouts du monde et atteindre la maturité spirituelle évoquée plus haut que parce qu'il avait d'abord passé plusieurs années dans le désert d'Arabie, après sa conversion (cf Ga 1,17) et qu'il n'a cessé de prendre le temps de la prière, notamment lors de ses séjours en prison et pendant ses longs voyages. Alors **choisissons toujours la meilleure part**, celle qui consiste à s'unir au Seigneur, d'abord dans la prière, mais aussi dans la rencontre des autres et dans toutes nos activités. C'est ainsi que nous goûterons la paix et la joie intérieures, que rien ni personne ne pourra nous ravir. AMEN.

17° dimanche : Seigneur, apprends-nous à prier

Frères et sœurs, **sommes-nous des hommes et des femmes de prière ?** Dimanche dernier, à travers son dialogue avec Marthe, le Christ nous avait invité à choisir la meilleure part, celle de de la vie intérieure, rempart contre l'agitation et l'anxiété. Nous avions vu que la vie intérieure se nourrissait par la prière, la rencontre avec les autres, et notre travail… et qu'il y avait une hiérarchie, selon le mot de sainte Jeanne : « *Dieu premier servi* ». Aujourd'hui, nous allons approfondir le sens de la prière. Jésus lui-même nous a donné à la fois l'exemple, puisqu'on le voyait souvent prier, parfois des nuits entières, et des enseignements, comme celui que nous venons d'entendre. Nous savons que nous devons prier, puisque le Seigneur nous l'a demandé -cf « *priez sans relâche* » (1 Th 5,17) - mais reconnaissons que nous ne prions pas assez (par manque de temps, de motivation…) et que nous prions mal (par manque de présence à Celui à qui nous nous adressons). Demandons donc au Christ, comme un de ses disciples : « *Seigneur, apprends-nous à prier.* » **Nous allons méditer d'abord sur le contenu de la prière, ensuite sur la manière de prier, et enfin sur son but ultime.**

Pour commencer, quel doit être le contenu de notre prière ? Bien sûr, nous sommes libres, mais **le Notre Père constitue le cœur de toute prière chrétienne.** Saint Augustin écrit qu'elle contient et achève toute prière[28]. Elle est constituée de 7 demandes, qui nous rappellent d'abord à quel point nous sommes pauvres. Elles sont toutes adressées à *« notre Père, qui es aux Cieux »*. D'emblée, l'essentiel est dit : notre prière n'est pas individualiste, mais communautaire *(« notre »*[29]*)*, elle s'adresse non à un Dieu lointain mais à un Dieu qui nous a donné la vie *(« Père »)*. Pour autant, nous devons respecter une certaine distance, pleine non de peur mais de respect et d'adoration, car il est *« aux cieux »*. Ces premiers mots sont si importants que bien souvent, sainte Thérèse d'Avila ne parvenait pas à les dépasser et les redisait pendant des heures.

La demande centrale, la 4ème, est la plus importante, selon la manière juive d'écrire : *« donne-nous aujourd'hui notre pain de ce jour »*. Il s'agit à la fois du pain matériel, qui donne des forces à notre corps, mais aussi du pain spirituel (la Parole de Dieu[30]) et du pain mystique (le Christ lui-même[31]), qui

---

[28] *« Si tu parcours toutes les formules des prières sacrées, tu ne trouveras rien, je crois, qui ne soit contenu dans cette prière du Seigneur et n'y trouve sa conclusion. On est donc libre, lorsque l'on prie, de dire les mêmes choses avec des paroles diverses, mais on n'est pas libre dire autre chose »*. (Lettre à Proba)

[29] Le « notre » m'invite à élargir notre cœur aux dimensions de l'univers. De plus, il me réconforte car je sais que beaucoup prient pour moi.

[30] *« Il t'a fait passer par la pauvreté, il t'a fait sentir la faim, et il t'a donné à manger la manne – cette nourriture que ni toi ni tes pères n'aviez connue – pour que tu saches que l'homme ne vit pas*

donnent des forces à notre esprit et notre âme. Avec ces forces, nous pouvons sanctifier le Nom du Père, faire advenir son Règne, et faire sa volonté... d'abord en nous-mêmes, et en même temps dans le monde. Elles nous permettent aussi de reconnaître humblement nos manquements et de pardonner à ceux qui nous ont offensés, de ne pas entrer en tentation, et de nous libérer de la servitude du Malin. Le mot « *aujourd'hui* » nous rappelle que nous ne pouvons pas faire des provisions de grâce, comme les Hébreux ne pouvaient pas faire des provisions de manne au désert... Heureuse dépendance, qui nous empêche de nous couper de notre Créateur par suffisance !

Après nous avoir donné le contenu de la prière, **Jésus nous enseigne la manière de prier. Deux mots sont à retenir : confiance et persévérance**. La conclusion de la parabole de l'ami sans-gêne est claire et nette : « *Demandez, on vous donnera ; cherchez, vous trouverez ; frappez, on vous ouvrira* ». Jésus enfonce le clou : « *quiconque demande reçoit ; qui cherche trouve ; à qui frappe, on ouvrira* ». Les images qu'il emploie sont parlantes, comme toujours : alors que le serpent et le scorpion donnent la mort, le poisson est le

---

seulement de pain, mais de tout ce qui vient de la bouche du Seigneur. » (Dt 8,3)

[31] « *Jésus leur répondit : Moi, je suis le pain de la vie. Celui qui vient à moi n'aura jamais faim ; celui qui croit en moi n'aura jamais soif.* » (Jn 6,35)

symbole du salut (cf les 2 pêches miraculeuses) et de la foi (cf ICHTUS Jésus Christ Fils de Dieu Sauveur), et l'œuf est le symbole de la vie à venir, et donc de la résurrection…

Un bel exemple de prière confiante et persévérante est celle d'Abraham qui intercède pour Sodome (où se trouve son neveu Loth (1° lect.) Passant par étapes de 50 à 10, il ne va plus loin car c'est le chiffre minimum (le minian) pour qu'on puisse parler de prière communautaire. Même si son intercession ressemble beaucoup à un marchandage, il témoigne d'une audace extraordinaire, et non d'une peur de Dieu. Nous-mêmes, chrétiens, pouvons l'être infiniment plus, depuis que le Christ nous a révélé la grâce, l'amour infini de la miséricorde de Dieu. Comme l'écrit saint Paul : « *Dieu vous a donné la vie avec le Christ : il nous a pardonné toutes nos fautes. Il a effacé le billet de la dette qui nous accablait en raison des prescriptions légales pesant sur nous : il l'a annulé en le clouant à la croix* » (2° lect). Notre audace peut aller jusqu'à l'extrême : « *tout ce que vous demanderez en mon nom*[32], *je le ferai, afin que le Père soit glorifié dans le Fils.* » (Jn 14,13)

Finalement, quel est le but ultime de la prière ? Jésus nous l'enseigne aussi : « *Si donc vous, qui êtes mauvais, vous savez donner de bonnes choses à vos enfants, combien plus le Père*

---

[32] « *En mon nom* » signifie que nous ne devons pas demander n'importe quoi, mais demander ce que nous savons être le désir du Christ.

du ciel donnera-t-il l'Esprit Saint à ceux qui le lui demandent ! » C'est aussi ce que dira saint Séraphin de Sarov à l'un de ses disciples : « **le vrai but de la vie chrétienne consiste en l'acquisition du Saint-Esprit de Dieu** ». Autrement dit, ce que nous devons demander à Dieu… c'est Lui-même ! Rien ni personne ne pourra jamais assouvir notre faim d'absolu. C'est pourquoi Jésus a dit dans la synagogue de Capharnaüm : *« Celui qui vient à moi n'aura jamais faim ; celui qui croit en moi n'aura jamais soif. »* (Jn 6,35) Ce qui est vrai de la deuxième Personne de la Trinité l'est aussi de la troisième. L'Esprit nous transforme, nous divinise, nous christifie. C'est tellement vrai qu'il devient lui-même l'acteur de notre prière : *« l'Esprit Saint vient au secours de notre faiblesse, car nous ne savons pas prier comme il faut. L'Esprit lui-même intercède pour nous par des gémissements inexprimables. Et Dieu, qui scrute les cœurs, connaît les intentions de l'Esprit puisque c'est selon Dieu que l'Esprit intercède pour les fidèles. »* (Rm 8,26-27) Seul l'Esprit peut sanctifier le Nom du Père, faire advenir son Règne, nous donner de faire sa volonté, d'accueillir son pardon et de pardonner nous-mêmes, et nous rendre forts contre les tentations et contre Satan lui-même. Nous avons la grâce extraordinaire d'avoir le Saint Esprit comme patron. Alors, ne nous contentons pas de le prier pendant la neuvaine de Pentecôte, mais soyons sans cesse attentifs à ses appels !

Pour conclure, frère et sœurs, reconnaissons que nous ne sommes pas des as de la prière. Et que **nous devrons sans** cesse apprendre à mieux prier. Sainte Thérèse d'Avila a écrit que l'oraison est « *un commerce d'amitié où l'on s'entretient fréquemment avec celui dont on se sait aimé.* » Et aussi : « *l'oraison ne consiste pas beaucoup à penser mais beaucoup à aimer* ». Dans le Château intérieur, elle décrit différents degrés d'union au Seigneur à travers l'oraison, nous invitant à aller toujours plus profondément en nous-mêmes. Pour effectuer cette plongée en Dieu et en nous-mêmes, laissons agir en nous l'Esprit, puisque chacun d'entre nous est pour lui *un temple* (1Co 3,16-17). A la rentrée de septembre, nous inaugurerons les soirées de l'Esprit Saint, tous les vendredis soirs. A travers la louange, les enseignements, les témoignages, l'intercession et l'adoration, nous lui laisserons la première place. Nous découvrirons ainsi que demande et l'action de grâce peuvent aller de pair. « *Ne soyez inquiets de rien, mais, en toute circonstance, dans l'action de grâce priez et suppliez pour faire connaître à Dieu vos demandes.* » (Ph 4,6) « *Viens Esprit Saint, viens en nos cœurs, Viens en nous, père des pauvres. Viens, dispensateur des dons...* ». AMEN.

20° dimanche : Pensez-vous que je sois venu mettre la paix sur la terre ?

Frères et sœurs, **comment parvenir au ciel ?** Nous le désirons tous, car c'est le lieu de notre béatitude, caractérisée en particulier par la paix. Nous aspirons d'autant plus à la paix qu'elle est souvent absente : tant de conflits font rage sur notre planète, mais aussi en nous-mêmes ! Qui pourra nous donner la paix ? Le Christ, que le prophète Isaïe avait présenté comme le Prince de la paix ? Il nous dit aujourd'hui : *« Pensez-vous que je sois venu mettre la paix sur la terre ? Non, je vous le dis, mais bien plutôt la division »*... Il y a là une contradiction apparente, qui pourrait donner du grain à moudre à ceux qui estiment que les religions sont facteurs de guerres ! En réalité, le Fils de Dieu est bien venu pour nous donner la paix du Ciel, mais il nous demande notre coopération. **Pour aboutir à la paix du ciel, nous devons passer d'abord par la terre, par l'eau et par le feu. Ces 3 éléments symbolisent respectivement l'humilité, la conversion, et la mission.**

Pour commencer, **nous devons être ancrés dans la terre. Humilité vient du latin « humus »**. Nous devons reconnaître que nous sommes de *« pauvres pécheurs »*, comme nous le disons dans l'Ave Maria. Saint Jacques écrit dans sa lettre : *« D'où viennent les guerres, d'où viennent les conflits entre vous ? N'est-ce pas justement de tous ces désirs qui mènent leur combat en vous-mêmes ? Vous êtes pleins de convoitises* *et vous n'obtenez rien, alors vous tuez ; vous êtes jaloux et vous n'arrivez pas à vos fins, alors vous entrez en conflit et vous faites la guerre. Vous n'obtenez rien parce que vous ne demandez pas ; vous demandez, mais vous ne recevez rien ; en effet, vos demandes sont mauvaises, puisque c'est pour tout dépenser en plaisirs. Adultères que vous êtes ! Ne savez-vous pas que l'amour pour le monde rend ennemi de Dieu ? Donc celui qui veut être ami du monde se pose en ennemi de Dieu.* » (Jc 4, 1-4) L'humilité nous permet de reconnaître nos péchés. Si le prophète Jérémie a été persécuté, c'est parce qu'il appelait ses concitoyens à la conversion, et qu'ils la refusaient (1° lect.)

Se reconnaître pécheur est nécessaire, mais pas suffisant pour atteindre le ciel. Il faut ensuite se convertir. Le baptême signifie une plongée dans l'eau, afin d'en ressortir purifié pour mener une vie nouvelle. Certes, le baptême est un sacrement, mais celui-ci n'a de sens que s'il correspond à une façon de vivre. Sans cesse, nous devons accepter de plonger, de mourir au *vieil homme* qui est en nous pour renaître à *l'homme nouveau*. Cette renaissance s'accompagne parfois de souffrance, comme nous avons souffert en sortant du ventre de notre mère. Jésus lui-même a d'abord été baptisé par Jean dans le Jourdain, mais il a dû passer ensuite par le baptême de sa mort et de sa résurrection. C'est celui-ci qu'il évoque alors qu'il se dirige pour la dernière fois vers Jérusalem : « *Je dois recevoir un baptême, et quelle angoisse est la mienne jusqu'à ce qu'il soit accompli* » ! Nous-mêmes sommes appelés à recevoir ce baptême, à l'instar de Jacques et Jean à qui Jésus a demandé : « *Pouvez-vous boire la coupe que je vais boire, être baptisé du baptême dans lequel je vais être plongé ?* » (Mc 10,38) La vie à la suite du Christ passe par une continuelle mort à nous-mêmes, si bien que l'auteur de l'épître aux Hébreux écrit : « *nous qui sommes entourés d'une immense nuée de témoins, et débarrassés de tout ce qui nous alourdit – en particulier du péché qui nous entrave si bien –, courons avec endurance l'épreuve qui nous est proposée* »... et plus loin : « *vous n'avez pas encore résisté jusqu'au sang dans votre lutte contre le péché* » (2° lect.)

L'humilité nous permet de nous reconnaître pécheurs et la conversion de combattre le péché, mais ce n'est toujours pas suffisant. **Nous ne voulons pas atteindre le ciel seuls, égoïstement, nous voulons comme le Seigneur «** *que tous les hommes soient sauvés* **et parviennent à la pleine connaissance de la vérité.** » (1 Tm 2,4) Donc, en plus de la terre et de l'eau, nous avons besoin du feu de l'Esprit, celui qui nous rend missionnaires. Jésus dit à ses disciples : « *Je suis venu apporter un feu sur la terre, et comme je voudrais qu'il soit déjà allumé* » ! Ce feu, il va l'allumer avec sa mort et sa résurrection, et il va le transmettre aux apôtres le jour de la Pentecôte, lorsque des « *langues de feu* » se poseront sur chacun d'eux (Ac 2,3). A partir de ce jour, ils vont témoigner de la Bonne Nouvelle, avec la même consigne qu'ils avaient reçus lors du premier envoi en mission : « *dans toute maison où vous entrerez, dites d'abord : "Paix à cette maison." S'il y a* *là un ami de la paix, votre paix ira reposer sur lui ; sinon, elle reviendra sur vous.* » (Lc 10,5-6) Mais l'annonce de la paix elle-même, paradoxalement, créé des divisions : « *désormais cinq personnes de la même famille seront divisées : trois contre deux et deux contre trois ; ils se diviseront : le père contre le fils et le fils contre le père, la mère contre la fille et la fille contre la mère, la belle-mère contre la belle-fille et la belle-fille contre la belle-mère.* » Notre mission est d'inviter nos frères à l'humilité, à la conversion, et à la mission, mais cet appel rencontre des résistances. Nous les rencontrons en nous-mêmes, alors comment nous étonner de les rencontrer chez les autres ? Le Fils de Dieu y a fait face avant nous, mais il les a vaincues, aussi ne devons-nous pas avoir peur.

Ainsi, frères et sœurs, **le Seigneur veut nous offrir le ciel, mais Il nous demande de passer par la terre, l'eau et le feu.** A chaque fois que nous récitons le Notre Père, qui est « *aux cieux* », nous lui adressons 7 demandes afin que sa volonté soit faite « *sur la terre comme au ciel* ». Désirons de tout notre cœur que la paix du ciel règne dans nos cœurs et sur notre terre. AMEN.

21° dimanche : Comment être sauvés ?

Frères et sœurs, **comment pouvons-nous être sauvés ?** Pendant des siècles, la peur de l'enfer était si forte que cette question était au cœur de l'existence des chrétiens. Aujourd'hui où la peur a quasiment disparu, la question a disparu elle aussi chez beaucoup. Beaucoup se contentent de gérer la réalité présente , soit parce qu'ils ne croient pas en une vie après la mort, soit parce qu'ils croient que « nous irons tous au paradis », comme l'a chanté Polnareff. Un grand théologien comme Origène n'a-t-il pas parlé de l'apocatastase, qui signifie que toutes les créatures seront sauvées, et même le diable ? Au regard de la miséricorde infinie du Seigneur, qui se révèle dans toute la bible mais particulièrement avec le Christ, cette opinion est tentante. Mais justement, il s'agit d'une tentation, ou plutôt d'une erreur, que l'Eglise a fermement rejetée. La possibilité que l'homme ne soit pas sauvé est une des facettes de l'Amour de Dieu, qui a donné à l'homme et aux anges la liberté. « *Dieu veut que tous les hommes soient sauvés* » (1 Tm 2,4) mais Il ne veut forcer personne à entrer dans son Royaume. L'enfer, qui vient d'enfermement, est une possibilité laissée à notre liberté. Dans l'Apocalypse, saint Jean évoque 4 fois la « *seconde mort* »[33], qu'il compare à un « *océan de feu* » (Ap 21,8). Le salut, lui, ressemble à une grande et belle liturgie, dans laquelle les élus chanteront « *le cantique de l'agneau* » (15,3) Cependant, lorsque quelqu'un lui demande :

---

[33] Ap 2, 11 ; 20, 6.14 ; 21, 8

« Seigneur, n'y a-t-il que peu de gens qui soient sauvés ? », Jésus ne répond pas à la question. L'important n'est pas de connaître le nombre des sauvés, mais d'en faire partie nous-mêmes. C'est pourquoi Jésus dit : « *efforcez-vous d'entrer par la porte étroite* » et il ajoute solennellement : « *car, je vous le déclare, beaucoup chercheront à entrer et n'y parviendront pas* ». Quelle est cette porte étroite ? Jésus le dit dans l'évangile de Jean: «*Moi, je suis la porte. Si quelqu'un entre en passant par moi, il sera sauvé.* » (Jn 10,9)[34] Alors, comment entrer par la porte étroite ? Le Seigneur nous demande 3 attitudes : l'obéissance à ses commandements, le courage, et la mission.

Pour commencer, nous devons nous efforcer d'obéir aux commandements du Seigneur. Le verbe« efforcez-vous » employé par Jésus a la même racine que le mot « agonie » qui renvoie à son expérience de Gethsémani (il se dirige vers Jérusalem pou y vivre sa Passion). Autrement dit, le salut est un don de Dieu, mais il exige aussi un véritable combat spirituel. Certes, l'homme est sauvé par la Foi, comme l'a martelé Luther, mais à condition de ne pas oublier que cette Foi doit être bien vivante : « *dans le Christ Jésus, ce qui importe, c'est la foi agissant par la charité.* » (Ga 5,6) Jésus nous prévient : « *Quand le maître de la maison se sera levé et aura fermé la porte, si vous, du dehors, vous vous mettez à*

---

[34] Saint Paul l'écrit à Timothée: « il n'y a qu'un seul médiateur entre Dieu et les hommes : un homme, le Christ Jésus. » (1 Tm 2,5)

frapper à la porte, en disant : 'Seigneur, ouvre-nous', il vous répondra : 'Je ne sais pas d'où vous êtes.' Alors vous vous mettrez à dire : 'Nous avons mangé et bu en ta présence, et tu as enseigné sur nos places.' Il vous répondra : 'Je ne sais pas d'où vous êtes. Éloignez-vous de moi, vous tous qui faites le mal.' » (év.) L'expression « *nous avons mangé et bu en ta présence* » nous alerte que même la participation à l'eucharistie n'est pas un sauf-conduit pour le Royaume ; elle nous en donne l'avant-goût et nous redonne des forces, mais à la fin de notre vie, nous serons jugés sur une seule chose, comme l'avait compris saint Jean de la croix : sur l'amour, c'est-à-dire sur le bien et sur le mal que nous aurons commis. « *Il ne suffit pas de me dire : 'Seigneur, Seigneur !', pour entrer dans le Royaume des cieux ; mais il faut faire la volonté de mon Père qui est aux cieux.* » (Mt 7,21)[35]

Même si nous nous efforçons de notre mieux d'accomplir la volonté du Seigneur, il nous arrive de nous tromper, ou même de pécher. La tentation est grande alors de nous décourager. L'auteur de l'épître aux Hébreux écrit : « *Mon fils, ne néglige pas les leçons du Seigneur, ne te décourage pas quand il te fait des reproches. Quand le Seigneur aime quelqu'un, il lui donne de bonnes leçons ; il corrige tous ceux*

---

[35] Il ajoute : « Ce jour-là, beaucoup me diront : 'Seigneur, Seigneur, n'est-ce pas en ton nom que nous avons été prophètes, en ton nom que nous avons chassé les démons, en ton nom que nous avons fait beaucoup de miracles ?' Alors je leur déclarerai : 'Je ne vous ai jamais connus. Écartez-vous de moi, vous qui faites le mal !' »

qu'il accueille comme ses fils »*(2° lect.)* La correction du Seigneur peut produire d'abord de la tristesse, « mais plus tard, quand on s'est repris grâce à la leçon, celle-ci produit un fruit de paix et de justice ». La correction du Seigneur peut être une épreuve extérieure ou intérieure. Parfois, elle signifie seulement qu'Il nous « abandonne » à nos propres forces, afin que la « désolation » que nous éprouvions nous donne le désir de nous convertir ou de changer de direction. Et Il nous donne ensuite la force de le faire. Sainte Thérèse d'Avila a dit : « la sainteté, ce n'est pas de ne jamais chuter, c'est de toujours savoir se relever ». La petite Thérèse a mis 10 ans avant de pouvoir le faire. Entre les âges de 4 et 14 ans, elle ne cessait de pleurer dès qu'elle prenait conscience de ses fautes. Mais lors de la nuit de Noël 1886, elle reçut la grâce de la force et du courage, qu'elle décrit ainsi : « en cette nuit lumineuse où Il se fit faible et souffrant pour mon amour, Jésus me rendit forte et courageuse, Il me revêtit de ses armes (Ep 6,11) et depuis cette nuit bénie, je ne fus vaincue en aucun combat, mais au contraire je marchai de victoires en victoires et commençai pour ainsi dire une course de géant !» (Ms A 44-45).

S'efforcer d'être sauvé en accomplissant la volonté du Seigneur et en tirant parti de ses échecs et des épreuves de la vie est bien, mais pas suffisant. Nous ne pouvons pas nous contenter de notre salut personnel, sans vouloir celui des autres. Si Israël a été élu par le Seigneur, c'est pour être le médiateur du salut de tous les peuples, comme Il l'a déclaré *par tous les prophètes, en particulier Isaïe :* « *de toutes les nations, ils ramèneront tous vos frères, jusqu'à ma montagne sainte, à Jérusalem* » (1° lect.) Jésus le déclare également : « *Alors on viendra de l'orient et de l'occident, du nord et du midi, prendre place au festin dans le royaume de Dieu* ». C'est notre mission de ramener tous nos frères vers le Christ. Nous pouvons le faire par nos paroles, nos actes, nos prières... Reprenons l'exemple de la petite Thérèse[36]. Sa première décision après sa conversion de la nuit de Noël fut de prier pour un condamné à mort, Pranzini, qui n'avait manifesté aucune repentance et refusé de voir un prêtre. Grâce à ses prières accompagnées de sacrifices, juste avant son exécution, il se retourna et embrassa le crucifix. Plus tard, Thérèse continua de prier pour celui qu'elle appela « *son premier enfant* ». Et elle ne cessa jamais de chercher le salut des âmes, entrant au Carmel afin de prier pour les pécheurs.

Ainsi, frères et sœurs, **le Seigneur veut sauver tous les hommes, mais Il ne veut pas le faire sans nous**. Il demande que nous nous efforcions d'accomplir sa volonté, en sachant

---

[36] « Comme ses apôtres, je pouvais Lui dire : « Seigneur, j'ai pêché toute la nuit sans rien prendre. » (Lc 5,4-10) Plus miséricordieux encore pour moi qu'Il ne le fut pour ses disciples, Jésus prit Lui-même le filet, le jeta et le retira rempli de poissons... Il fit de moi un pêcheur d'âmes, je sentis un grand désir de travailler à la conversion des pécheurs, désir que je n'avais (pas) senti aussi vivement... Je sentis en un mot la charité entrer dans mon cœur, le besoin de m'oublier pour faire plaisir, et depuis lors je fus heureuse !... »

tirer parti des épreuves que nous rencontrons, et en suscitant chez nos frères le même désir du salut. Dans notre société matérialiste et sans Espérance, cette mission est plus importante que jamais. Témoignons donc de notre Foi, mais toujours avec humilité car le Christ nous a prévenus : « *il y a des derniers qui seront premiers, et des premiers qui seront derniers.* » Nul ne sait qui sera sauvé, seul Dieu jugera. Et plus encore, lui seul peut nous sauver, comme Jésus le dira à ses disciples quand ils lui demanderont, après le refus de l'homme riche de le suivre : « *mais alors, qui peut être sauvé ?* », et qu'il répondra : « *ce qui est impossible pour les hommes est possible pour Dieu.* » (Lc 18,26) Seigneur, sauve-nous ! Kyrie eleison !

22° dimanche : Qui s'abaisse sera élevé

Frères et sœurs, **sommes-nous humbles ?** Sommes-nous prêts à nous abaisser pour être élevés par le Seigneur, comme il nous y invite ? L'humilité est la base de la vie spirituelle, « *le fondement de toutes les autres vertus* », selon saint Augustin. Alors que certaines vertus, comme le courage, sont prisées de tous, l'humilité a mauvaise presse dans notre société, qui la confond souvent avec la médiocrité, la timidité ou même le dénigrement de soi. En réalité, l'humilité est une vertu d'une beauté extraordinaire, mais discrète. Ben Sirac exhorte ainsi son disciple : « *accomplis toute chose dans l'humilité, et tu seras aimé plus qu'un bienfaiteur* ». Au contraire, « *la condition de l'orgueilleux est sans remède, car la racine du mal est en lui* » (1° lect.). **Dans un premier temps, nous allons méditer sur ce que l'humilité signifie, en prenant conscience que nous sommes des ppp, pauvres pécheurs pardonnés. Dans un second temps, nous verrons comment nous pouvons la faire grandir en nous, à travers notre relation au Seigneur, aux autres, et à nous-mêmes.**

Pour commencer, **méditons sur ce qu'est l'humilité. Elle signifie que nous sommes de pauvres pécheurs pardonnés**. Pauvres, d'abord, rappelle notre condition de créatures. Notre monde hyper technologisé, dans lequel les courants transhumanistes se développent, tend à nous faire oublier que nous sommes fragiles et dépendants de beaucoup de choses. Nous avons été créés le 6ème jour, le même jour que les animaux sauvages (Gn 1), et nous avons été tirés de la glaise (Gn 2). La pyramide de Maslow a mis en lumière nos besoins multiples, classés en 5 catégories : physiologiques, de sécurité, d'appartenance et d'amour, d'estime et d'accomplissement de soi. Vers la fin de sa vie, Abraham Maslow ajouta un dernier niveau, qu'il appela self-transcendence (« dépassement de soi-même »), ouverture à la transcendance marquée notamment par le besoin de se donner pour une cause plus grande que soi. Ces besoins s'inscrivent dans le cadre d'une hiérarchie et sont continuellement présents, mais certains se font plus sentir que d'autres à un moment donné. Par exemple, une personne démunie de tout est capable de mettre en péril sa vie pour se nourrir (dans ce cas, on observe que les besoins physiologiques ont plus d'importance que les besoins de sécurité). Quelles que soient les limites de cette théorie scientifique, elle met en lumière notre dépendance.

Non seulement nous sommes pauvres, mais nous sommes aussi pécheurs (la Vierge Marie étant la seule créature à faire exception). Notre examen de conscience doit nous aider à en prendre sans cesse conscience, non pour nous culpabiliser de façon malsaine, mais pour nous rendre humbles. Chaque vendredi, nous lisons pendant les laudes le psaume 50 : « *Oui, je connais mon péché, ma faute est toujours devant moi... Moi, je suis né dans la faute, j'étais pécheur dès le sein de ma mère.* » (v.5&7) Mais au lieu d'être anéanti, le psalmiste ajoute : « *Mais tu veux au fond de moi la vérité ; dans le secret, tu m'apprends la sagesse. Purifie-moi avec l'hysope, et je serai pur ; lave-moi et je serai blanc, plus que la neige »* (v.8-9). L'humilité est mère de l'Espérance. C'est aussi ce que révèle le livre des Proverbes : « *le juste tombe sept fois mais se relève, alors que les méchants s'effondrent dans le malheur.* » (Pr 24,16) La conscience de notre péché va de pair avec notre confiance en la miséricorde du Seigneur, qui nous offre toujours son pardon. C'est parce que notre société a rejeté la foi en Dieu qu'elle refuse la notion de péché. Nous-mêmes ne sommes pas forcément meilleurs que les incroyants, mais nous avons la grâce de croire que nous sommes des pauvres pécheurs pardonnés.

Après avoir médité sur la nature de l'humilité, cherchons comment la faire grandir en nous. D'emblée, il faut dire que le sacrement de la réconciliation est l'un des meilleurs moyens, car il nous situe en vérité dans notre rapport à Dieu, aux autres, et à nous-mêmes. C'est pourquoi le premier commandement *(« tu aimeras le Seigneur de tout ton cœur, de toute ton âme et de tout ton esprit »*, et *« tu aimeras ton prochain comme toi-même »*) est une excellente base pour procéder à notre examen de conscience.

Commençons par notre rapport au Seigneur. La prière nous situe à notre juste place par rapport à Lui. Affirmer que Dieu est plus grand que moi est une chose, l'expérimenter dans la prière en est une autre. Le curé d'Ars a dit : « *Qui peut contempler l'immensité de Dieu, sans s'humilier dans la poussière à la seule pensée qu'Il a créé le ciel à partir de rien ?*

Et qu'il pourrait réduire le ciel et la terre en un rien de nouveau en prononçant un seul mot ? Face à Lui, nous ne sommes rien » !

Poursuivons par notre rapport aux autres. Pour grandir dans l'humilité, commençons par les estimer *supérieurs à nous-mêmes*, comme l'écrit saint Paul (Ph 2,3). Comme Thomas a Kempis l'écrit dans L'Imitation de Jésus-Christ : « *S'il y a quelque bien en vous, croyez qu'il y en a plus dans les autres, afin de conserver l'humilité. Vous ne hasardez rien à vous mettre au-dessous de tous, mais il vous serait très nuisible de vous préférer à un seul. L'homme humble jouit d'une paix inaltérable, la colère et l'envie troublent le cœur du superbe* ». Par ailleurs, l'humilité se nourrit de l'obéissance. Alors que cette vertu n'a pas bonne presse dans notre société qui exalte une fausse image de la liberté, saint Benoît affirme au contraire dans sa règle que « *le premier degré d'humilité est l'obéissance sans délai* ». Enfin, acceptons de bonne grâce les humiliations. Le père Gabriel de Ste Marie-Madeleine explique : « *Beaucoup demandent à Dieu de les rendre humbles en priant ardemment pour cela, mais très peu désirent être humiliées. Pourtant, il est impossible d'obtenir la vertu de l'humilité sans les humiliations ; car de même que par l'étude nous pouvons acquérir des connaissances, c'est par le chemin de l'humiliation que nous pouvons atteindre l'humilité* ». Le père Libermann, fondateur des spiritains, écrit : « *Les croix sont exquises, mais les humiliations valent encore mieux. Les croix sont de l'or pur, mais les humiliations sont des perles et des pierres précieuses* ». Il écrit à un de ses amis : « *Si les hommes vous méprisent, vous négligent et vous humilient, c'est le plus grand bonheur qui puisse vous arriver; faites-vous de ces humiliations et mépris une nourriture de suavité et d'amour devant Dieu; remplissez-en votre âme, et Dieu vous rassasiera de son amour et vous remplira de sa sainteté* ».

Dans notre rapport à nous-mêmes, enfin, nous pouvons faire nôtre la prière que saint Philippe Néri faisait chaque jour à son réveil : « *Seigneur, méfie-toi de Philippe* » ! La devise inscrite sur le fronton du temple de Delphes, reprise par Socrate puis par sainte Thérèse d'Avila et d'autres saints, était : « *Connais-toi toi-même* ». Connaissons en particulier nos limites et de nos faiblesses, en nous souvenant de la parole que le Seigneur a adressée à saint Paul : « *Ma grâce te suffit, car ma puissance donne toute sa mesure dans la faiblesse.* » (2 Co 12,9)

En conclusion, frères et sœurs, **demandons au Seigneur la grâce de l'humilité**. En reconnaissant que nous sommes de pauvres pécheurs pardonnés, cultivons en nous cette vertu si belle à travers le sacrement de réconciliation, et dans nos relations à Dieu, aux autres, et à nous-mêmes. C'est ainsi que le Seigneur, lui qui est « *doux et humble de cœur* » (Mt 11,29), nous élèvera auprès de Lui dans la gloire du Ciel. AMEN.

23° dimanche : Suivons le vrai Sage

Frères et sœurs, **sommes-nous des sages ?** La sagesse est un art de vivre qui permet de trouver le bonheur. Elle comporte plusieurs niveaux. Le 1er, simplement humain, se trouve dans toutes les civilisations (par exemple à travers les proverbes, les contes…) Le 2nd, biblique, se trouve d'abord dans l'Ancien Testament, et repose sur deux certitudes. La 1ère : Dieu est le seul Sage, le seul Maître du bonheur. Quant à nous, même si nous pensons être de grands sages, *« nos réflexions sont incertaines, et nos pensées, instables »* (1° lect.). La 2nde : Dieu ne garde pas le secret du bonheur pour Lui seul, Il nous le communique : *« qui aurait connu ta volonté, si tu n'avais pas donné la Sagesse et envoyé d'en haut ton Esprit Saint ? C'est ainsi que les sentiers des habitants de la terre sont devenus droits ; c'est ainsi que les hommes ont appris ce qui te plaît et, par la Sagesse, ont été sauvés »* (1° lect.) Le 3ème niveau de la sagesse nous mène plus haut encore, jusqu'au Christ. Il se décompose en 2 nouveaux niveaux. Le 1er rejoint la sagesse humaine : Jésus nous donne aujourd'hui 2 exemples, d'abord celui d'un homme qui veut bâtir une tour, ensuite celui d'un roi qui part en guerre. Dans les 2 cas, s'ils ne se préparent pas bien, ils iront droit à l'échec. Le 2nd niveau, paradoxalement, ressemble à la folie, avec notamment aujourd'hui les conditions pour devenir son disciple. N'est-ce pas d'ailleurs le reproche que la famille même de Jésus lui a fait, un jour : *« elle vint pour se saisir de lui, car ils affirmaient : "Il a perdu la tête." »* (Mc 3,21) ? Mais comme l'écrira saint Paul aux Corinthiens : *« ce qui est folie de Dieu est plus sage que les* *hommes.* » (1 Co 1,25) Pourquoi le Christ est-il le vrai Sage ? Pourquoi devrions-nous le suivre ? C'est ce que nous allons voir maintenant en reprenant chacune de ses 3 demandes.

« Si quelqu'un vient à moi sans me préférer à son père, sa mère, sa femme, ses enfants, ses frères et sœurs et même à sa propre vie, il ne peut pas être mon disciple. » Aucun être humain ne peut combler ma soif d'absolu. Je peux aimer de tout mon cœur mes parents, mon conjoint, mes enfants, mes frères et sœurs, mais je ne peux pas les adorer. Eux-mêmes ont été créés par Dieu, et sont appelés à retourner à Dieu. Les adorer, les placer sur un piédestal, répondre à tous leurs caprices, ce serait les aimer mal, en leur faisant porter un poids qu'ils sont incapables de porter. Bien les aimer, c'est les aimer à la lumière de Dieu, en les aidant à accomplir leur vocation, ce à quoi le Seigneur les appelle. L'amour peut être étouffant, par exemple lorsque les parents projettent un avenir pour leur enfant qui est leur rêve et non le sien, ou lorsqu'un couple s'enferme sur lui-même en refusant l'ouverture aux autres.

De même que je peux mal aimer mes proches, je peux mal m'aimer moi-même. Le Christ m'appelle à le préférer à ma propre vie, parce qu'il sait mieux que moi ce dont j'ai besoin et ce qui va me faire grandir. Plutôt que de m'enfermer dans mes projets étriqués, il m'appelle à lui faire confiance, même si je ne saisis pas immédiatement le sens et la portée de ses appels. Mère Térésa aimait sa vie de religieuse enseignante.

Cependant, elle a préféré le Christ à sa propre vie, acceptant de tout quitter pour partir dans les rues de Calcutta avec sa Foi pour seule richesse et seule sécurité.

« *Celui qui ne porte pas sa croix pour marcher derrière moi ne peut pas être mon disciple.* »

La croix fait peur, c'est naturel. Au départ, elle est un instrument de supplice. Mais n'oublions pas que le Seigneur en a fait le signe de son Amour infini, et qu'il ne nous tente jamais au-delà de nos forces ; avec la tentation, il nous donne le moyen d'en sortir et la force de la supporter (1 Co 10, 13). Lui-même porte nos croix avec nous, comme le souligne l'histoire du poète brésilien Adémar de Barros[37]. L'important est donc, non pas de choisir nous-mêmes nos croix (ce serait

---

[37] *Une nuit, un homme fit un rêve. Il rêva qu'il marchait au bord de la mer en compagnie du Seigneur. Sur le fond du ciel, il voyait se dérouler les scènes de sa vie. Il remarquait, dans chaque scène, deux traces parallèles de pas dans le sable. L'une était la sienne; l'autre celle du Seigneur. À la dernière scène, il se retourna pour voir ces empreintes sur la grève. Il s'aperçut alors qu'à divers moments de sa vie, il n'y avait qu'une trace de pas. Et que ces moments de marche solitaire correspondaient aux heures les plus tristes et les plus sombres de sa vie. Intrigué, il dit à son compagnon: "Seigneur, tu m'as assuré de toujours marcher à mes côtés si j'acceptais de me joindre à Toi. Mais je m'aperçois qu'aux périodes les plus dures de ma vie, il n'y a plus qu'une empreinte dans le sable. Pourquoi m'as-tu abandonné au moment où j'avais le plus besoin de Toi ?" Le Seigneur se tourne alors vers lui et lui répond: "Mon enfant, mon très cher enfant, tu sais que Je t'aime et que je ne saurais t'abandonner. Il faut que tu comprennes ceci: si tu ne vois qu'une trace de pas aux moments les plus difficiles de ton existence, c'est qu'alors, tout simplement, Je te portais dans mes bras..."*

du masochisme et de l'orgueil), mais de recevoir celles que la vie nous envoie, confiants en la présence du Seigneur qui les porte avec nous.

Mère Teresa, après avoir commencé sa vie auprès des pauvres de Calcutta, a voulu leur ressembler le plus possible en mangeant très peu. Un jour où elle était partie à jeun, elle s'est sentie mal et s'est évanouie. Elle a compris ensuite que sa décision ne venait pas de Dieu, et elle s'est mise à prendre un solide petit-déjeuner avant de partir dans les rues.

« De même, celui d'entre vous qui ne renonce pas à tous ses biens ne peut pas être mon disciple. »

La troisième exigence du Christ, après le préférer à quiconque et porter ma croix à sa suite, est donc de renoncer à tous mes biens. Là encore, cette demande est libératrice. Comme le dit un proverbe, *les biens sont de bons serviteurs, mais de mauvais maîtres*. Pourquoi vient-elle seulement en dernier ? Peut-être parce que pour certains, il est plus facile de renoncer à ses liens (affectifs), et peut-être même à sa vie, qu'à ses biens. Ainsi, le jeune homme riche avait sans doute accepté de quitter les siens mais, lorsque Jésus lui a proposé de renoncer à ses biens pour le suivre, il s'est éloigné tout triste… Au contraire, les apôtres ont accepté de quitter leurs filets et tous leurs biens, et ils ont mené une vie extraordinairement passionnante.

Dans sa lettre à Philémon, Paul lui demande de renoncer à un bien à la fois précieux et commun à l'époque : son esclave, Onésime, qu'il a enfanté à la vie divine dans sa prison. Demande très exigeante quand on sait qu'Onésime s'était enfui de chez son maître, avant de faire la connaissance de Paul et de la foi chrétienne... Il est demandé à Philémon, non seulement de lui pardonner, mais même de l'accueillir « *non plus comme un esclave, mais, bien mieux qu'un esclave, comme un frère bien-aimé* » (2° lect.) !

Ainsi, frères et sœurs, **le Christ nous appelle à le préférer à quiconque, à porter notre croix en marchant à sa suite, et à renoncer à tous nos biens.** Seuls ceux qui acceptent ces exigences sont vraiment ses disciples, et vraiment sages. Mais ceux-là savent qu'ils ne le sont jamais totalement, et que c'est chaque jour qu'ils doivent à nouveau préférer le Christ à leurs proches, à leur propre vie et à tous leurs biens, et prendre les croix qui se présentent sur leur chemin de l'Amour. Il est naturel de s'attacher, mais nous ne devons jamais devenir esclaves. « *Qu'importe que l'oiseau soit retenu par un fil léger ou une corde ? Le fil qui le retient a beau être léger, l'oiseau y reste attaché comme à la corde, et, tant qu'il ne l'aura pas rompu, il ne pourra pas voler* » (S. Jean de la Croix)... Les disciples sages, que peuvent-ils espérer ? Dans un autre évangile, Jésus déclare aux apôtres que « *personne n'aura quitté, à cause de moi et de l'Évangile, une maison, des frères, des sœurs, une mère, un père, des enfants ou une terre, sans qu'il reçoive, en ce temps déjà, le centuple : maisons, frères,* *sœurs, mères, enfants et terres, avec des persécutions, et, dans le monde à venir, la vie éternelle.* » (Mc 10,29-30). Même si nous ne quittons pas tous nos biens comme les apôtres, frères et sœurs, soyons des sages, préférons le Christ à TOUT et il nous donnera de goûter un bonheur toujours plus grand. AMEN.

24° dimanche : Il y aura de la joie dans le ciel

Frères et sœurs, c'est par ces mots que je commence toujours mes homélies du dimanche. Aujourd'hui, je nous pose cette question : le sommes-nous réellement ? **Quel type de fraternité vivons-nous ?** Notre nation a choisi pour devise une triade: « liberté, égalité, fraternité ». Parmi ces trois valeurs, la troisième est de loin la moins considérée. Autant la liberté et l'égalité sont continuellement revendiquées, autant la fraternité apparaît comme une utopie. Dans notre société tellement fracturée, qui ose encore y aspirer ? Nous, les chrétiens. Même dans l'Eglise, cependant, force est de constater que la fraternité est souvent bafouée : l'indifférence et les divisions la mettent trop souvent à mal. Il y a quelques jours dans son avion de retour d'Afrique, le pape François a répondu à des questions sur les «critiques» actuelles qui fusent contre son pontificat, non seulement aux Etats-Unis, mais «un peu partout» a-t-il reconnu, y compris «à la curie romaine». Il y a «toujours eu beaucoup de schismes dans l'Eglise». Mais «moi, je n'ai pas peur des schismes. Je prie pour qu'il n'y en ait pas parce qu'il y va de la santé spirituelle de beaucoup de gens. Je prie pour qu'il y ait du dialogue et de la correction quand quelqu'un se trompe». **De tout temps, la fraternité a été difficile. Pourtant, nous avons été créés pour elle, et nous ne pouvons être heureux et**

sauvés sans elle. C'est pourquoi le Fils de Dieu s'est incarné : **pour faire de nous ses frères et ses sœurs, et par la même créer la fraternité entre nous.** Il nous y aide notamment par les 3 paraboles que nous venons d'entendre et qu'il adresse aux pharisiens et aux scribes qui récriminent contre lui parce qu'il *«fait bon accueil aux pécheurs, et mange avec eux »*. Les pharisiens, afin de tenir à distance le péché, se sont « séparés » des pécheurs (c'est d'ailleurs le sens de leur nom). Ils considèrent ces derniers comme méprisables. Ils ressemblent au fils aîné de la 3ème parabole, qui refuse d'accueillir son cadet et parle de lui à son père comme de *« ton fils »*... Ce matin, **méditons sur la fraternité à un quadruple niveau : celui du sang, celui de la foi, celui de l'humanité, celui de la création.**

Premièrement, méditons sur **la fraternité biologique**. Etre né d'un même père et d'une même mère n'est pas un gage de relations étroites. Souvenons-nous de Caïn, qui a tué son frère et a ensuite répondu au Seigneur qui lui demandait *« où est ton frère ? »* : *« Suis-je le gardien de mon frère ? »* (Gn 4,9-10). Souvenons-nous de Jacob, obligé de fuir Esaü à qui il a volé la bénédiction de leur père et qui veut le tuer. Souvenons-nous de Joseph, vendu par ses frères... Ce dernier cas marque un immense progrès par rapport aux précédents, car il se termine par une prise de conscience du péché et une réconciliation entre les frères. Dans le Nouveau testament, on trouve de beaux exemples de fraternité biologique, notamment ceux d'André et Simon, ainsi que Jacques et Jean parmi les apôtres. L'histoire de l'Eglise nous offre d'autres exemples : Côme et Damien, Cyril et Méthode, les sœurs Martin, et tant d'autres... Alors que beaucoup de familles se déchirent, souvent pour des questions d'argent ou de jalousie, d'autres ont su devenir des églises domestiques.

Deuxièmement, **la fraternité concerne ceux qui partagent une même foi**. Un jour où *« la mère et les frères »* de Jésus vinrent pour lui parler mais n'y parvenaient pas, il déclara : *« Qui est ma mère, et qui sont mes frères ? »* Puis, étendant la main vers ses disciples, il dit : *« Voici ma mère et mes frères. Car celui qui fait la volonté de mon Père qui est aux cieux, celui-là est pour moi un frère, une sœur, une mère. »* (Mt 12,48-50) Par notre baptême, nous sommes devenus frères et sœurs de Jésus. Mais cette fraternité n'a de consistance que si nous agissons à la manière divine, c'est-à-dire en faisant la volonté du Père. Si nous n'agissons pas ainsi, le Seigneur nous dira, au jour de notre jugement : *« Je ne vous ai jamais connus. Écartez-vous de moi, vous qui commettez le mal ! »* (Mt 7,23)

Troisièmement, **la fraternité concerne ceux qui partagent une même humanité**. Nous pouvons en vérité parler de nos frères juifs, musulmans, bouddhistes ou même athées. Les 2 premières paraboles nous invitent à justement ne pas les oublier (même si elles concernent aussi nos frères biologiques et dans la foi). Si Jésus fréquente les pécheurs, ce n'est pas parce qu'il se sent mieux avec eux, mais parce qu'il veut les sauver. Le Seigneur ressemble à un berger pour qui chaque brebis compte, car il connaît chacune, ou à une maîtresse de maison pour laquelle chaque pièce d'argent compte, car c'est avec cet argent qu'elle fait vivre sa famille. Il ne peut supporter que certains de ses enfants se perdent, Il « *veut que tous les hommes soient sauvés* » (1Tm 2,4). C'est ainsi qu'il est allé chercher Saul de Tarse, qui était devenu « *blasphémateur, persécuteur, violent* » (2° lect.). L'ancien pharisien peut ainsi écrire : « *le Christ Jésus est venu dans le monde pour sauver les pécheurs ; et moi, je suis le premier des pécheurs. Mais s'il m'a été fait miséricorde, c'est afin qu'en moi le premier, le Christ Jésus montre toute sa patience, pour donner un exemple à ceux qui devaient croire en lui* » et c'est ainsi que Paul ira chercher à son tour les brebis perdues : « *je me suis fait tout à tous pour en sauver à tout prix quelques-uns.* » (1Co 9,22)

Quatrièmement, **la fraternité concerne toutes les autres créatures**. N'oublions pas que le Seigneur a confié à l'homme le jardin d'Eden « *pour qu'il le travaille et le garde* » (Gn 2,15) Son péché lui a rendu en partie hostile la création, la terre produisant « *épines et chardons* » (Gn 3,15) mais cependant, « *la création tout entière gémit, elle passe par les douleurs d'un enfantement qui dure encore* » *(*Rm 8,22). Saint François aimait parler à frère soleil, sœur lune, frère vent, sœur eau... Aujourd'hui plus que jamais, nous devons recréer des liens de fraternité avec les autres créatures. En les détruisant, nous nous détruisons nous-mêmes.

Pour conclure, frères et sœurs, **rendons grâce au Seigneur qui est notre Père à tous, un Père qui aime infiniment chacun d'entre nous. Comme en témoigne l'écart entre la première lecture et l'évangile, il a fallu du temps au croyant pour passer de l'image d'un Dieu punisseur à celle du Père de la parabole, plein de miséricorde.** Conscients que chacun d'entre nous est une brebis perdue que le Seigneur est venu sauver, **sachons vivre en frères** dans nos familles, notre paroisse, nos relations, et même dans notre environnement naturel. C'est ainsi qu'il y aura une joie immense dans le ciel, mais aussi dans nos cœurs. AMEN.

25° dimanche : Dieu veut que tous les hommes soient sauvés

Frères et sœurs, **voulons-nous, comme notre Seigneur,** *« que tous les hommes soient sauvés et arrivent à connaître pleinement la vérité »* (2° lect.) ? La vérité nous rend libres et nous sauve. Mais notre société ne nous aide pas dans ce sens. Elle a érigé un culte à la déesse tolérance, sur l'autel de laquelle on préfère souvent sacrifier la vérité. D'autres sociétés ou communautés ont sombré dans l'excès inverse, et sont devenus des essaims de fanatiques fondamentalistes, avec lesquels la vérité est tout autant sacrifiée. Nous-mêmes sommes conscients de ne pas posséder la Vérité, car elle est une Personne, le Christ, qui nous veut au contraire nous saisir. Comment pouvons-nous le faire connaître ? D'abord avec le cœur, par la prière. Ensuite, par l'utilisation de toutes nos facultés, en particulier de notre intelligence. Enfin, par le bon emploi de notre argent et de tous nos biens.

Pour commencer, **nous pouvons prier**. Jésus prenait régulièrement des temps de prière, parfois pendant des nuits entières. Pas étonnant donc qu'avant d'envoyer ses disciples en mission, il leur dise : « *La moisson est abondante, et les ouvriers sont peu nombreux. Priez donc le maître de la moisson d'envoyer des ouvriers pour sa moisson.* » (Mt 9, 37-38) De même, saint Paul était un homme de prière. Celle-ci est tellement au cœur de cet homme d'action infatigable qu'il demande aux Thessaloniciens : « *Priez sans cesse.* » (1 Th 5, 17)

Comment prier ? Saint Paul nous répond dans sa lettre à Timothée : « *J'insiste avant tout pour qu'on fasse des prières de demande, d'intercession et d'action de grâce pour tous les hommes* » (2° lect.). Demander pour soi l'Esprit Saint, intercéder pour mes frères dans le besoin, rendre grâce au Seigneur pour tous ses bienfaits, voilà autant de manières de prier. L'essentiel est de le faire avec le désir que ma prière serve au salut de tous les hommes...

Peut-être doutons-nous parfois de l'efficacité de la prière ? Alors souvenons-nous de la petite Thérèse de Lisieux : juste après sa conversion de la nuit de Noël 1886, elle pria pour le salut d'un assassin, Pranzini, qui allait être exécuté sans avoir accepté de rencontrer un prêtre pour recevoir les derniers sacrements. Juste avant d'être guillotiné, Pranzini demanda à baiser un crucifix... Elle décida alors d'entrer au Carmel « *pour sauver des âmes* ».

Prier avec notre cœur est essentiel, mais pas suffisant. **Le Seigneur nous appelle à nous servir de toutes nos autres facultés, et en particulier de notre intelligence.** Dans l'évangile, le maître fait l'éloge de son gérant, non parce qu'il a été malhonnête, mais parce qu'il a été habile. Selon certains paléontologues, le premier homme était un homo habilis, capable de se servir de ses mains pour fabriquer des outils.

L'homme a reçu de son Créateur un cerveau plus développé que celui des animaux, mais il oublie parfois de s'en servir. Einstein lui-même disait que nous ne nous servons que de 10% de nos facultés. Le drame, c'est que ce ne sont pas forcément les chrétiens qui se montrent les plus habiles. Jésus est explicite : *« les fils de ce monde sont plus habiles entre eux que les fils de la lumière »*. Il suffit d'observer notre monde : sur un plan purement technologique, les armes d'aujourd'hui sont de véritables merveilles, fruits du génie humain. Ce qui est vrai dans le domaine militaire l'est aussi dans l'économie : que d'imagination et de créativité déployées pour créer de nouveaux produits et acquérir de nouveaux marchés ! C'est parce qu'il développa l'idée du travail à la chaîne et qu'il donna aux ouvriers un salaire proportionnel au prix de ses voitures qu'Henry Ford parvint à les vendre comme des petits pains. Songeons aussi au sport : l'équipe qui gagnera la coupe du monde de rugby devra être puissante physiquement, mais aussi faire preuve de stratégies astucieuses en fonction de chaque adversaire.

Et pour que tous les hommes soient sauvés et parviennent pleinement à la connaissance de la vérité, montrons-nous autant d'habileté ? Prenons exemple sur les saints. Eux ont su être à l'écoute de l'Esprit pour créer des chemins nouveaux en vue d'atteindre les cœurs de leurs contemporains. Saint François de Sales, par exemple, avait été chargé par son évêque d'évangéliser le Chablais, une région du diocèse d'Annecy qui était passée du catholicisme au protestantisme. Mais comment faire, sachant que personne ne voulait ou n'osait venir l'écouter lorsqu'il allait sur les places publiques ? François eut l'idée géniale de rédiger et glisser sous les portes des tracts sur lesquels il exposait les points fondamentaux de la foi catholique et répondait aux objections de ses adversaires. En quelques mois, il parvint à convertir les cœurs de la majorité des habitants de la région, qui redevint essentiellement catholique.

En plus de notre cœur avec lequel nous pouvons prier, et de notre intelligence avec laquelle nous pouvons nous montrer habiles, **le Seigneur nous a aussi donné de l'argent et d'autres biens matériels.** Les employons-nous pour le salut de tous les hommes ? Jésus nous met en garde : « *Vous ne pouvez pas servir à la fois Dieu et l'Argent.* » Autrement dit, l'argent est un bon serviteur, mais un mauvais maître. Lorsqu'on lui est asservi, on devient comme ces gens du temps d'Amos qui, dans une des périodes les plus prospères de l'histoire d'Israël, écrasaient les pauvres et anéantissaient les humbles du pays (1e lect.).

Alors, comment en faire un bon serviteur ? Trois choix me sont offerts : le donner, l'investir, ou le dépenser. En donnant mon argent, je peux me faire des amis, qui m'accueilleront un jour dans les demeures éternelles. D'une manière mystérieuse, les pauvres que j'aide ici-bas, sans même les connaître, me reconnaîtront lorsque j'arriverai au ciel. Deuxièmement, je peux aussi investir mon argent. Souvenons-nous de la parabole des talents : tout ce que j'ai reçu, je dois le faire fructifier. Saint Maximilien Kolbe, qui n'avait aucun bien personnel, investit des sommes énormes pour construire une usine et diffuser un journal à la gloire de la Vierge Marie. Enfin, je peux également dépenser une partie de mon argent. N'oublions pas que nous sommes appelés à jouir de la création, comme le Seigneur l'avait dit à Adam : *« Tu peux manger les fruits de tous les arbres du jardin »* (Gn 2,16). *« Ne sois pas trop sévère pour toi-même »* déclare aussi le Siracide (Si 4,22). La vertu de tempérance nous donne de jouir de la création sans la détruire, pour pouvoir en rendre grâce au Seigneur et mieux servir notre prochain.

Ainsi, **pour que *« tous les hommes soient sauvés et arrivent à connaître pleinement la vérité »*, le Seigneur nous demande notre coopération : par la prière, par notre intelligence, par tous nos biens**. Cette semaine, prenons des temps de prière pour entrer en cœur à cœur avec Dieu. A travers nos demandes, nos intercessions et nos actions de grâce, Il activera notre intelligence pour nous rendre habiles à évangéliser, et Il nous aidera à discerner comment employer au mieux les biens dont Il nous a rendus les gérants. AMEN.

26° dimanche : L'enfer ou le paradis

Frères et sœurs, **choisissons-nous l'enfer ou le paradis** ? La question peut vous surprendre, puisqu'il semble évident que le paradis vaut mieux que l'enfer. Certes, mais c'est à nous de choisir entre les deux, car s'il y a des personnes en enfer, ce n'est pas parce que Dieu les y a envoyées, mais parce qu'elles s'y sont placées elles-mêmes, elles se sont ENFERmées. Je ne parle pas de l'enfer que l'on peut subir du fait de circonstances extérieures (lorsqu'on est plongé dans la guerre, par exemple), mais de celui que l'on crée soi-même en se séparant de Dieu, des autres et de soi-même. L'enfer n'est donc pas une punition de Dieu, mais une des facettes de son Amour, qui nous laisse toujours libre de l'accueillir ou de le rejeter. Tant que nous sommes sur la terre, nous pouvons nous convertir et sortir de nos enfermements ; mais une fois que nous serons morts, il sera trop tard. C'est ce que nous révèle la parabole du riche et de Lazare. Après une visite dans un bidonville de São Polo le 3 juillet 1980, le pape Jean-Paul II avait déclaré que **la société moderne constitue une gigantesque reconstitution de cette parabole**[38]. Elle est la seule des évangiles où deux des personnages sont nommés. Le premier est Lazare - de l'hébreu El'Azar, qui

---

[38] Cette parabole renvoie à un évènement qui s'est réellement passé : lorsque Jésus a ressuscité son ami Lazare, les chefs des prêtres, loin de se convertir, ont décidé de le faire mourir. Ce n'est pas un hasard si le riche est décrit au départ comme portant du pourpre et du lin, dans le texte grec, ce que la traduction liturgique a remplacé par des vêtements de luxe : c'étaient les vêtements des grands prêtres.

signifie « *Dieu aide* ». Contrairement au riche, qui se croit « quelqu'un » et ne se définit que par rapport à ce qu'il possède, il possède aux yeux de Dieu une dignité et un « poids » particuliers. « *Amor meus, pondus meus* » disait saint Augustin : sur la balance du jugement dernier, seul l'amour que j'aurai donné comptera. Le deuxième protagoniste de cette parabole à être nommé, c'est Abraham, cité 7 fois. Qu'est-il reproché au riche ? A-t-il tué ? A-t-il volé ? A-t-il commis l'adultère ? Rien de tout cela n'est écrit. Alors, quel mal a-t-il commis ? Nous l'ignorons, mais nous savons le bien qu'il a omis de réaliser. N'oublions pas que le jour de notre mort, le Christ nous jugera non seulement en fonction du mal que nous aurons commis ou non, mais sur le bien que nous aurons accompli… ou non ! A chaque fois que nous récitons le confiteor, nous déclarons : « *j'ai péché en pensées, en paroles, par actions, et par omissions* ». Il y a là une gradation, qui manifeste que le péché par omission est plus grave encore que tous les autres. Comme la parabole le manifeste, **le riche n'a pas fait le bien que le Seigneur nous demande à tous, à savoir de L'aimer, d'aimer notre prochain et de nous aimer nous-même.**

Premièrement, le riche n'a pas su écouter Dieu. Or, quand on aime quelqu'un, on l'écoute. Lorsqu'il demande à Abraham que Lazare aille avertir ses frères pour qu'ils ne viennent pas, eux aussi, dans le même lieu de torture que lui, Abraham répond : « *Ils ont Moïse et les Prophètes : qu'ils les écoutent !* » Le riche sait que cela ne sera pas suffisant pour eux, comme cela n'a pas été suffisant pour lui, c'est pourquoi il implore : *« Non, père Abraham, mais si quelqu'un de chez les morts vient les trouver, ils se convertiront »*. En cela, il se trompe, et Abraham le lui déclare clairement : *« S'ils n'écoutent pas Moïse ni les Prophètes, quelqu'un pourra bien ressusciter d'entre les morts : ils ne seront pas convaincus »*. La conversion est une décision du cœur, qu'aucun miracle ne peut entraîner de manière certaine. Dieu nous a parlé par Moïse (qui a transmis la Loi), les Prophètes, les Sages, et finalement par son Fils lui-même, mais nous pouvons choisir de les ignorer ...

Deuxièmement, le riche n'a pas aimé son prochain, le pauvre Lazare qui gisait devant son portail. Plus précisément, il n'a pas voulu le voir, choisissant la politique de l'autruche, car nous constatons à la fin de la parabole qu'il le connaissait : *« père, je te prie d'envoyer Lazare... »*. Lui a-t-il fait du mal ? L'a-t-il battu, insulté ? Non, il ne lui a rien fait, et c'est là le problème : il ne lui a pas donné de nourriture, de vêtements, de sourires... On parle souvent des droits de l'homme, mais on devrait parler aussi souvent de ses devoirs. Dans la parabole du jugement dernier (Mt 25), il est frappant de constater que le Christ ne fait qu'un seul reproche à ceux qu'il place à sa gauche : *« ce que vous avez omis de faire à l'un de ces petits qui sont les miens, c'est à moi que vous ne l'avez pas fait »*.

Troisièmement, le riche n'a pas su s'aimer soi-même. Cette affirmation peut sembler paradoxale, et pourtant, l'égoïste qui ne se refuse rien ne s'aime pas vraiment lui-même. L'amour de soi passe par le respect de soi, qui passe lui-même par une vie vertueuse. Avant même de vivre des vertus théologales (la foi, l'espérance, la charité), il faut commencer par exercer les vertus cardinales, qui concernent tous les hommes, qu'elle que soit leurs religions et leurs croyances : tempérance, force, justice et prudence. Le riche de l'évangile n'a exercé aucune de ses vertus... en particulier, pas celle qui le concerne au premier chef, la tempérance. D*u latin temperare: garder la mesure, l'équilibre,* elle est la vertu qui nous permet de discipliner nos désirs et nos passions. Elle est l'inverse de l'excès. L'évangile nous dit que le riche « *portait des vêtements de luxe et faisait chaque jour des festins somptueux* ». Il ressemble aux autres riches décrits par le prophète Amos « *vautrés sur leurs divans* » et qui « *boivent le vin à même les amphores* » et qui « *ne se tourmentent guère du désastre d'Israël* » (1° lect.) Le Seigneur ne nous interdit pas de profiter de la création, au contraire. « *Tu peux manger les fruits de tous les arbres du jardin* » (Gn 2,16) avait-il dit à Adam. Mais Il nous appelle à la mesure. Cet appel est particulièrement actuel, dans notre société d'abondance dans laquelle 2 % de la *population* détient la moitié de la *richesse mondiale*, et 20% de la population accapare 80% des richesses. Le pape François, depuis son encyclique sur la création, ne cesse de nous appeler non seulement à la justice mais aussi à la sobriété. Que de problèmes de santé seraient résolus ou améliorés si nous adoptions ce comportement !

Que de ressources seraient ainsi dégagées pour aider ceux qui vivent dans la pauvreté !

Finalement, si le riche va en enfer, terme qu'on peut associer avec enfermement, c'est justement parce qu'il s'était enfermé dans ses richesses durant sa vie terrestre. Au lieu de se servir de l'Argent trompeur pour se faire de Lazare un ami qui l'aurait accueilli dans les demeures éternelles (cf l'évangile de dimanche dernier, placé quelques versets auparavant), il a plutôt vécu selon la maxime de Sartre : « *l'enfer, c'est les autres* ». Il n'a pas voulu aimer Dieu, aimer son prochain, et s'aimer soi-même. Abraham, lui, a aimé le Seigneur en acceptant de lui obéir jour après jour, il a aimé son prochain, comme on le voit lorsqu'il offre généreusement l'hospitalité à un mystérieux voyageur (Gn 18), et il s'est aimé lui-même, au sens où il a mené la vie ascétique des nomades du désert... Et nous-mêmes ? Sommes-nous enfermés en nous-mêmes, esclaves de nos richesses, ou nous servons-nous d'elles pour mieux aimer Dieu, notre prochain et nous-mêmes, avec justice et sobriété ? **Il est parfois difficile de le faire, c'est pourquoi il nous faut accepter de combattre,** comme Paul exhorte Timothée à le faire : « *mène le bon combat, celui de la foi, empare-toi de la vie éternelle* » ($2^°$ lect.) Prenons exemple sur saint Vincent de Paul, que nous avons fêté vendredi. Cette semaine, prenons chaque soir le temps de faire notre examen de conscience et de réciter un confiteor. En reconnaissant peut-être que nous aurons péché par omission, demandons au Seigneur non seulement de nous pardonner, mais aussi de nous aider à être toujours plus attentifs et généreux envers Lui, notre prochain et nous-mêmes. C'est ainsi que nous aurons dès ici-bas un avant-goût du paradis, avant d'en jouir pleinement après notre mort ! AMEN.

27° dimanche : La foi comme une graine de moutarde

Frères et sœurs, **que faisons-nous de notre foi ?** Dans quelques minutes, nous serons invités à réciter le credo, qui représente le dépôt de la foi catholique, un ensemble de vérités pour lesquels des hommes ont lutté et même donné leur vie depuis 2000 ans. Ces mots écrits avec le sang de certains, les prononcerons-nous machinalement, ou avec tout notre cœur ? Et surtout, pendant tout le reste de la semaine, allons-nous poser des actes de foi, ou vivre comme des athées, sans que le Christ puisse intervenir dans nos vies ? Certes, la foi ne fonctionne pas sur un mode binaire, comme si on pouvait seulement l'avoir ou ne pas l'avoir. On peut croire un peu, beaucoup, passionnément, à la folie... Mais l'essentiel n'est pas la « quantité » de foi que nous avons, mais ce que nous en faisons. La vraie question est donc : notre foi est-elle vivante, ou morte ? On peut croire avec sa tête, mais sans que ça ne change rien à notre façon de vivre. Comme l'écrit saint Jacques : « *la foi, si elle n'est pas mise en œuvre, est bel et bien morte* » (2,17)... Si les apôtres demandent à Jésus : « *augmente en nous la foi* », c'est parce qu'ils ont conscience que la leur est trop petite. Le Seigneur répond en déplaçant leur question : « *Si vous aviez de la foi, gros comme une graine de moutarde, vous auriez dit à l'arbre que voici : 'Déracine-toi et va te planter dans la mer', et il vous aurait obéi* ». Pour les Juifs, l'arbre est un symbole de l'homme vivant, alors que la mer renvoie à la mort. Autrement dit : avec votre foi, qu'elle soit petite ou grande, vous pouvez vaincre la mort. Pour donner de la consistance à sa parole, Jésus emploie l'image d'une **graine de moutarde. Qu'est-ce qui la caractérise ? Le potentiel de croissance d'abord ; la saveur ensuite ; le pouvoir de guérison enfin.**

Pour commencer, **la graine de moutarde évoque un immense potentiel de croissance.** Alors qu'elle est la plus petite des plantes potagères, elle peut devenir un grand arbre… Toute l'histoire sainte en témoigne : « *ce qu'il y a de faible dans le monde, voilà ce que Dieu a choisi, pour couvrir de confusion ce qui est fort ; ce qui est d'origine modeste, méprisé dans le monde, ce qui n'est pas, voilà ce que Dieu a choisi, pour réduire à rien ce qui est ; ainsi aucun être de chair ne pourra s'enorgueillir devant Dieu* » (1Co 1,27-29) Abraham était un homme déjà très âgé et stérile lorsqu'il fut appelé à devenir le père des croyants. David était un jeune berger, le plus jeune de la fratrie, lorsqu'il fut choisi par Dieu et qu'il partit combattre le géant Goliath. Marie était une jeune fille adolescente lorsqu'elle fut appelée par l'ange à devenir la mère du Fils de Dieu. A la mort de Jésus, l'Eglise n'était constituée que de quelques disciples, la plupart l'ayant abandonné avant sa Passion, et elle a enfanté depuis des milliards d'enfants. La rencontre de saint François et du sultan à Damiette sembla un échec, mais elle a sans doute permis la présence des Franciscains en Terre Sainte depuis 800 ans…

La foi est une graine qui recèle ainsi d'un immense potentiel de croissance, mais encore faut-il l'arroser, c'est-à-dire poser des actes de foi ! Un muscle qui n'est jamais utilisé s'atrophie rapidement. C'est ainsi que Paul écrit à Timothée, qu'il avait ordonné évêque pour diriger l'Eglise d'Ephèse : « *Fils bien-aimé, je te rappelle que tu dois réveiller en toi le don de Dieu que tu as reçu quand je t'ai imposé les mains. Car ce n'est pas un esprit de peur que Dieu nous a donné, mais un esprit de force, d'amour et de raison.* » (2° lect.) Alors que la présomption vise des buts trop élevés, le manque de foi empêche de faire ce dont on est capable. Souvenons-nous du roi Acaz, qui refuse de demander un signe au Seigneur alors que le Seigneur Lui-même lui demande de le faire[39].

Deuxièmement, **la graine de moutarde évoque la saveur**. Elle peut relever des aliments fades. Cette saveur est celle de la sagesse (de sapere, goûter en latin). Notre foi donne de la saveur à notre vie. Saint Luc écrit de Jésus enfant qu'il « *grandissait en sagesse, en taille et en grâce, devant Dieu et devant les hommes* » (Lc 2,52). En l'écoutant dans leur synagogue, les habitants de Nazareth s'étonnent : « *Quelle est cette sagesse qui lui a été donnée, et ces grands miracles qui se réalisent par ses mains ?* » (Mc 6,2) Et lorsque les gardes qui doivent l'arrêter refusent de le faire, ils disent à ceux qui les ont envoyés : « *Jamais un homme n'a parlé de la sorte !* » (Jn 7,46)... Si Zachée, la Samaritaine ou la femme pécheresse se sont convertis, c'est parce que le Christ a donné de la saveur à leur vie auparavant insipide. Si beaucoup de nos contemporains perdent le goût de la vie,

---

[39] *Le Seigneur parla encore ainsi au roi Acaz :* « *Demande pour toi un signe de la part du Seigneur ton Dieu, au fond du séjour des morts ou sur les sommets, là-haut.* » *Acaz répondit :* « *Non, je n'en demanderai pas, je ne mettrai pas le Seigneur à l'épreuve.* » (Is 7,10-12)

l'actualité nous l'a rappelé plusieurs fois ces dernières semaines, c'est peut-être parce qu'ils n'ont pas pu mettre dans le plat de leur vie les graines de moutardes de la sagesse du Christ.

Enfin, **la graine de moutarde évoque un pouvoir de guérison.** Depuis l'antiquité au moins, on l'utilise dans des cataplasmes qu'on applique sur la poitrine pour soigner les bronchites et autres affections respiratoires. Elle est aussi un excellent dépuratif et, grâce à sa vitamine C, elle donne du tonus et renforce les défenses immunitaires… Jésus a guéri beaucoup de corps. N'oublions pas que le mot salut a la même racine que le mot santé. L'impératif latin « salve », qui signifie : « porte-toi bien», a donné le mot salut. Mais le Christ veut guérir surtout les âmes. A Lourdes, on assiste chaque année à des guérisons physiques, mais combien de guérisons spirituelles ont lieu ? Notre archevêque a demandé à toutes les paroisses de Paris d'organiser des soirées de guérison – nous le ferons nous-mêmes dans quelques mois – parce qu'il a pris conscience que beaucoup de nos contemporains sont malades dans leur corps ou dans leur âme, et parfois dans les deux…

Une des causes majeures des blessures dont souffrent certains est l'incapacité à pardonner un mal qu'ils ont subi. Or justement, la demande des apôtres à Jésus d'augmenter leur foi surgit juste après qu'il leur a demandé : « *Si ton frère a commis un péché, fais-lui de vifs reproches, et, s'il se repent, pardonne-lui. Même si sept fois par jour il commet un péché contre toi, et que sept fois de suite il revienne à toi en disant :*

"Je me repens", *tu lui pardonneras.* » (Lc 17,3-4) Le pardon est une condition sine qua non pour guérir certaines maladies de l'âme. Si je ne peux le donner avec mes seules forces, je le peux avec l'aide de Dieu : « *Père, pardonne-leur, ils ne savent pas ce qu'ils font* » (Lc 23,34)

Ainsi, frères et sœurs, **alors que certaines personnes autour de nous désirent croire mais n'y parviennent pas, rendons grâce au Seigneur qui nous a donné la foi. Mais ne la laissons pas inactive**. On a retrouvé dans des tombeaux des graines qui n'avaient pas changé d'état depuis des milliers d'années. Plantons dans la terre la graine de notre foi, c'est-à-dire accomplissons des actes de foi. Une foi semblable à une graine de moutarde, pleine de force et de sagesse, et capable de guérir. C'est ainsi que nous pourrons réaliser des miracles nous aussi. Ne demandons pas au Seigneur de déraciner un arbre, ça ne servirait à rien et les incendies trop nombreux qui ravagent les forêts nous ont rappelé leur valeur immense. Demandons Lui plutôt des miracles qui permettront de faire grandir son Royaume, en nous-mêmes et autour de nous. Et **même si nous accomplissons de grandes choses dans ce but, ne tombons jamais dans l'orgueil. Considérons plutôt que** *« nous sommes de simples serviteurs et que nous n'avons fait que notre devoir »*[40]. AMEN.

---

[40] La 2ème partie de l'évangile conforte l'image de la graine de moutarde, en nous rappelant que le Seigneur est le Maître de l'univers, sous-entendu le Tout-Puissant en qui nous pouvons avoir confiance. Mais elle la complète en nous invitant à l'humilité, nous qui sommes des serviteurs « quelconques », a/creios en grec, c'est-

à-dire « *non-nécessaires* », au sens où Dieu n'a pas besoin de nous pour faire fonctionner l'univers et pour le sauver. C'est par pure grâce qu'Il nous fait participer à son œuvre de création et de rédemption.
Prenons quelques exemples : Souvenons-nous d'abord de Moïse. Il aurait pu refuser l'appel du Seigneur au buisson ardent, notamment parce qu'il se sentait incapable de bien parler, mais il l'accepta parce qu'il connaissait la puissance de Dieu. Moïse était un homme très humble, l'homme le plus humble que la terre ait porté » (Nb 12,3) mais il savait être audacieux, au point d'aller donner des « ordres » au Pharaon, l'homme le plus puissant de la terre, alors que lui-même n'était qu'un ancien fuyard menacé de mort...
Souvenons-nous ensuite de saint François, que nous avons célébré vendredi. S'il a été audacieux à l'extrême, jusqu' à renoncer à toute forme de richesse aussi bien pour lui que pour son ordre, c'est parce qu'il était profondément humble, lui qui appelait le Seigneur « mon Dieu et mon Tout » et ses frères les « mineurs », c'est-à-dire les tout-petits.
Enfin, faisons mémoire de deux papes. Jean Vingt-Trois, d'abord, a eu l'audace de convoquer le concile Vatican II parce qu'il était profondément humble. Au début de son pontificat, alors que sa nouvelle charge l'accablait au point de perdre le sommeil, il avait entendu le Seigneur lui demander : « Qui gouverne la barque de l'Eglise : toi ou Moi ? » et il avait retrouvé le sommeil. Quant à Benoît XVI, en renonçant à sa charge, lui qui s'était qualifié dès le premier de son pontificat d' « humble ouvrier dans la vigne du Seigneur », il a reconnu qu'il était un « serviteur quelconque », qu'un autre pourrait remplacer. Tous ces exemples nous incitent à être audacieux, et à ne pas rejeter trop vite des appels sous prétexte que nous ne nous sentons pas à la hauteur.

28° dimanche : Et les neuf autres, où sont-ils ?

Frères et sœurs, **savons-nous dire merci** ? Il n'est pas si facile de remercier, et c'est pourquoi c'est une des premières choses qu'on enseigne à un enfant. Il n'est pas si facile non plus d'être remercié, c'est aussi une chose que nous devons apprendre. Dans les deux cas, le remerciement, qu'il soit donné ou reçu, fait beaucoup de bien. Le manque de reconnaissance peut entraîner un manque de motivation, voire même de la colère et du ressentiment. Combien de conflits pourraient être évités dans les familles, dans les entreprises, dans toutes les institutions humaines, si on apprenait à donner et accueillir un simple mot : merci ! **Il existe trois sortes de merci**. Le premier est purement humain, entre deux personnes. Le deuxième est religieux, entre le croyant et Dieu. Le troisième est spécifiquement chrétien, entre le disciple du Christ et le Seigneur.

Pour commencer, **nous devons parfois nous remercier les uns les autres**. Remercier est d'abord un acte de justice, qui consiste à reconnaître le bienfait reçu. Pourquoi est-ce si difficile, alors que cela semble si naturel ? Nietzsche écrit qu' *« une âme délicate est gênée de savoir qu'on lui doit des remerciements, une âme grossière, de savoir qu'elle en doit ».* D'abord, remercier demande de l'humilité, car l'orgueil aveugle et voudrait me faire croire que je n'ai pas besoin des autres pour grandir et avancer. Remercier exige aussi la confiance, car un autre obstacle peut être la peur : si l'autre prend conscience que j'ai une dette envers lui, il risque de me demander de lui rendre service à mon tour. Finalement, remercier peut être plus qu'un acte de simple justice : c'est aussi un acte de charité, qui crée ou développe une relation avec l'autre. Combien d'amitiés se sont créées grâce à un simple merci, auquel on ne s'attendait pas, ou pas avec une telle intensité ?

Remercier autrui de m'avoir aidé est nécessaire, mais pas suffisant : je dois aussi remercier Dieu. Toutes les grandes religions contiennent ce précepte, car l'homme est beaucoup plus enclin à se tourner vers Dieu pour lui demander quelque chose que pour le remercier. Comme l'écrivait Maître Eckhart, un mystique rhénan du XIVème siècle, *« si tu remerciais Dieu pour toutes les joies qu'il te donne, il ne te resterait plus de temps pour te plaindre »*. Un bel exemple est celui de Naaman, le Syrien, qui revient en arrière pour remercier celui qui l'a guéri, d'abord le prophète Elisée, puis le Seigneur d'Israël lorsqu'il a compris qu'Il était le véritable auteur du miracle (1° lect.). Naaman a su rejeter son orgueil, en acceptant d'accomplir non un grand exploit, mais le simple geste de se laver dans le Jourdain comme l'y invitait Elisée puis sa servante. Il a compris ce qu'était la grâce, c'est pourquoi il peut *rendre* grâce.

Remercier ainsi lorsque Dieu m'a fait du bien, c'est facile, mais comment faire lorsque je suis dans l'épreuve ? La petite Thérèse disait que *« tout est grâce »*. Même une épreuve peut me permettre de grandir, si je la vis uni au Seigneur. C'est pourquoi saint Paul écrivait à Timothée: *« Si nous sommes morts avec lui, avec lui nous vivrons. Si nous supportons l'épreuve, avec lui nous régnerons »* (2° lect[41].). Et saint Pierre écrit : « *Tressaillez de joie, même s'il faut que vous soyez attristés, pour un peu de temps encore, par toutes sortes d'épreuves ; elles vérifieront la qualité de votre foi qui est bien plus précieuse que l'or (cet or, voué pourtant à disparaître, qu'on vérifie par le feu). Tout cela doit donner à Dieu louange, gloire et honneur quand se révélera Jésus Christ »* (1P 1,6-7).

Le chrétien remercie aussi Dieu, mais il le fait par le Christ et dans l'Esprit Saint. Méditons sur l'évangile, avec ces 10 lépreux qui viennent supplier Jésus d'avoir pitié d'eux. Ces hommes étaient non seulement atteints dans leur chair, mais aussi exclus de la société et de la communauté religieuse, car on considérait que leur maladie était la punition de leurs péchés ou de celui de leurs ancêtres. Pourquoi Jésus ne les guérit-il pas directement, comme il l'avait fait plus tôt en touchant un lépreux et en lui disant : « *Je le veux, sois purifié* » (Lc 5, 13) ? Sans doute pour éprouver leur foi, et pour nous révéler que la foi ne fonctionne pas sur un mode binaire (on l'a ou on ne l'a pas), mais qu'elle comporte des degrés. Les 10 lépreux ont accompli un bel acte de foi en venant jusqu'à Jésus et en lui obéissant ensuite, mais 9 d'entre eux ne sont pas allés jusqu'au bout du chemin de foi, qui doit

---

[41] Et à la fin de sa lettre, il déborde d'action de grâce, ajoutant : « *J'ai échappé à la gueule du lion ; le Seigneur me fera encore échapper à tout ce qu'on fait pour me nuire. Il me sauvera et me fera entrer au ciel, dans son Royaume. A lui la gloire pour les siècles des siècles.* » (2 Tm 4, 17 18)

nous mener jusqu'à une relation d'amour avec le Christ. C'est lui le Grand Prêtre par excellence, c'est lui le nouveau Temple, c'est à lui que nous devons offrir des sacrifices – non d'animaux, mais de louange. Seul le Samaritain est entré dans le culte nouveau, *glorifiant Dieu à pleine voix* et *rendant grâce à Jésus*. Alors qu'ils étaient tous restés à distance de lui avant leur guérison, comme la Loi les y obligeait, seul le Samaritain *revient sur ses pas* (signe de sa conversion), et *se jette ensuite à ses pieds, face contre terre* (signe de son adoration), ayant ainsi aboli la distance qui sépare l'homme de Dieu. Les neuf autres ont été *purifiés*, mais lui seul a été *sauvé*. En lui disant « *relève-toi* » (*anastas*), Jésus emploie le verbe même qui sera utilisé pour sa résurrection.

Nous-mêmes sommes ramenés à cet évangile à chaque fois que nous participons à l'Eucharistie, qui signifie précisément « *action de grâce* ». D'abord, avant d'entrer dans l'Eglise par le baptême, nous étions des étrangers, que Dieu a adoptés et naturalisés comme citoyens du Ciel. Mais sur cette terre, nous serons toujours des étrangers, désirant de tout cœur entrer dans ce Ciel, qui est notre patrie[42]. Ensuite, nous sommes des lépreux, touchés par le péché. Après le mot d'accueil du célébrant, nous disons *kyrie eleison*, *Seigneur prends pitié*, comme les lépreux de l'évangile. Puis le Christ nous guérit spirituellement par sa Parole et par son Corps. Comment nous répondons-lui ? Les quelques secondes de silence après la communion sont précieuses pour rendre grâce au Seigneur,

---

[42] « *Toute terre étrangère leur est une patrie, et toute patrie leur est une terre étrangère.* » (Épître à Diognète)

mais elles ne suffisent pas, c'est pourquoi c'est toute notre vie qui doit devenir action de grâce. Nous sommes appelés à devenir des hommes et des femmes eucharistiques. Comment ? D'abord par la prière. Depuis un mois, tous les vendredis soirs, un groupe de paroissiens se réunit pour louer le Seigneur. Mais même si nous n'y participons pas, nous pouvons aussi prendre des temps de louange dans notre prière personnelle. En plus de la prière, toute notre vie peut devenir action de grâce. En particulier, le service peut nous unir à celui qui nous a donné sa vie dans la joie. Lorsque nous servons nos frères, il ne suffit pas d'accomplir des gestes, nous pouvons y ajouter le sourire et la joie.

Ainsi, frères et sœurs, **apprenons à être reconnaissants, c'est-à-dire d'abord à reconnaître ce que nous avons reçu des autres, de Dieu et du Christ, et à leur exprimer notre gratitude.** Les neuf lépreux de l'évangile ont été obéissants, mais ils n'ont pas su reconnaître en Jésus la présence de Dieu. Pourquoi ? Parce que la reconnaissance nécessite l'humilité, nous l'avons vu, et seul le Samaritain, qui même guéri serait resté un exclu auprès des Juifs, était suffisamment pauvre de cœur pour ouvrir les yeux de son cœur. Cette semaine, frères et sœurs, **soyons assez humbles pour vivre en hommes et femmes eucharistiques. Et pendant cette messe des peuples, rendons grâce au Seigneur pour la diversité de nos cultures et de nos traditions, qui sont autant de richesses.**

29° dimanche : Le Fils de l'homme, quand il viendra, trouvera-t-il la foi sur la terre ?

Frères et sœurs, **comment vaincre le mal ?** Que nous le voulions ou non, nous y sommes tous confrontés, à un moment ou à un autre. **Le Seigneur nous invite à une triple attitude : lutter, prier, et nous entraider.** Méditons sur chacune, à partir des personnages que les lectures nous présentent.

Pour commencer, **nous devons lutter, à l'instar de Josué.** Celui qui fera entrer le peuple en Terre promise et engagera de terribles batailles face à ses habitants a d'abord fait preuve de sa bravoure dans le désert, en particulier lors du combat contre les Amalécites. Amalec, dans tout l'Ancien testament, symbolise le mal. Pour le vaincre, il faut être prêt à lutter jusqu'à donner sa vie. Ce mal peut être un ennemi extérieur, comme avec Amalec, mais aussi intérieur : « *Vous n'avez pas encore résisté jusqu'au sang dans votre lutte contre le péché* » (Héb 12,4). Quand il est extérieur, il faut prendre des armes qui tuent, comme lorsqu'il fallut résister aux nazis qui voulaient asservir le monde. Mais quand il est intérieur, il faut prendre d'autres armes, celles que décrit saint Paul : « *prenez l'équipement de combat donné par Dieu ; ainsi, vous pourrez résister quand viendra le jour du malheur, et tout mettre en œuvre pour tenir bon. Oui, tenez bon, ayant autour des reins le ceinturon de la vérité, portant la cuirasse de la justice, les pieds chaussés de l'ardeur à annoncer l'Évangile de la paix, et* *ne quittant jamais le bouclier de la foi, qui vous permettra d'éteindre toutes les flèches enflammées du Mauvais. Prenez le casque du salut et le glaive de l'Esprit, c'est-à-dire la parole de Dieu »* (Ep 6,13-17) Ce glaive de la Parole de Dieu, Paul en décrit toute la puissance dans sa seconde lettre à Timothée (2° lect.): « *Toute l'Écriture est inspirée par Dieu ; elle est utile pour enseigner, dénoncer le mal, redresser, éduquer dans la justice ; grâce à elle, l'homme de Dieu sera accompli, équipé pour faire toute sorte de bien* ». C'est pourquoi, en tant que disciple du Christ, « *proclame la Parole, interviens à temps et à contretemps, dénonce le mal, fais des reproches, encourage* ». Comment ? « *Toujours avec patience et souci d'instruire* ». Et dans quel but ? « *Communiquer la sagesse, en vue du salut par la foi que nous avons en Jésus Christ* ». Souvenons-nous comment Jésus a résisté à Satan dans le désert : à chacune des tentations, il a répondu par la Parole de Dieu. Au moment de la conquête du Nouveau monde, les conquistadors tuaient avec leurs épées, alors que les missionnaires donnaient la vie avec le glaive de la Parole... Pour éradiquer le mal dans le monde, et d'abord en nous-mêmes, nous devons aiguiser notre glaive, c'est-à-dire approfondir notre connaissance de la Parole de Dieu, qui nous communiquera la sagesse. Notre monde regorge de connaissances, mais manque terriblement de cette sagesse, qui est le don le plus élevé de l'Esprit Saint.

Lutter contre le mal est nécessaire, mais pas suffisant. Il faut aussi prier. Pendant que Josué combattait sur le terrain,

Moïse se tenait sur le sommet de la colline avec la main levée. « *Quand Moïse tenait la main levée, Israël était le plus fort. Quand il la laissait retomber, Amalec était le plus fort* » (1° lect.) L'action et la contemplation doivent toujours aller de pair. Saint Ignace de Loyola disait: « *Agis comme si tout dépendait de toi, en sachant qu'en réalité tout dépend de Dieu* ». N'oublions pas que les missionnaires ont deux saints patrons : non seulement François Xavier, qui a parcouru des distances immenses pour évangéliser, mais aussi Thérèse de Lisieux, qui n'est jamais sortie de son couvent. Elle entretenait une belle relation épistolaire avec deux missionnaires, et elle priait pour eux et leurs confrères. Peu après avoir commencé sa mission dans les rues de Calcutta avec ses compagnes, Mère Teresa a demandé à une femme qui n'avait pas pu les rejoindre à cause de sa santé d'œuvrer avec elles pour la mission par sa prière. Celle-ci a un pouvoir immense, comme Jésus le révèle dans l'évangile. A l'aide d'une parabole, il nous incite à faire preuve de confiance et de persévérance. Si un juge « *dépourvu de justice* », « *qui ne craignait pas Dieu et ne respectait pas les hommes* », a répondu aux appels d'une pauvre veuve, « *comment Dieu ne ferait-Il pas justice à ses élus, qui crient vers lui jour et nuit* » ? Ce que Jésus ajoute peut nous surprendre et sembler contredire notre expérience : « *Les fait-il attendre ? Je vous le déclare : bien vite, il leur fera justice* ». Non seulement il nous semble que le Seigneur n'exauce pas toujours « *bien vite* » nos demandes et qu'Il nous fait attendre, mais aussi que parfois Il ne les exauce pas du tout. En réalité, « *faire justice* » signifie que le Seigneur nous donne ce qui est juste, qui n'est pas forcément ce que nous attendions. C'est pourquoi, lorsque nous prions, imitons Jésus qui dit à Gethsémani : *« Mon Père, s'il est possible, que cette coupe passe loin de moi ! Cependant, non pas comme moi, je veux, mais comme toi, tu veux. »* (Mt 26,39) Prions pour nous-mêmes, mais aussi pour les autres, sans craindre de demander leur prière pour nous parfois, comme le pape François le fait souvent.

Lutter et prier sont nécessaires pour vaincre le mal, mais pas encore suffisants : nous devons aussi nous entraider. Sans Aaron et Hour, Moïse n'aurait pas pu accomplir sa mission jusqu'au bout. *« Aaron et Hour lui soutenaient les mains, l'un d'un côté, l'autre de l'autre. Ainsi les mains de Moïse restèrent fermes jusqu'au coucher du soleil »*. Lorsque Jésus a accompli sa mission avec ses disciples, ils ont été soutenus par la prière de sa mère, mais aussi par *« Jeanne, femme de Kouza, intendant d'Hérode, Suzanne, et beaucoup d'autres, qui les servaient en prenant sur leurs ressources »* (Lc 8,3)... Pendant la première guerre mondiale, pendant que tous les hommes en âge de combattre étaient au front, et que les religieux ou religieuses priaient dans leurs couvents, une multitude de femmes servaient à l'arrière, faisant fonctionner les usines et les tracteurs afin que les soldats puissent avoir des armes, des munitions, des vêtements, de la nourriture... Dans les monastères eux-mêmes, alors que les frères de chœur se consacrent davantage à la prière, les frères convers sont plus dirigés vers les taches matérielles (sans être dévalorisés par rapport aux premiers).

Ainsi, frères et sœurs, **nous ne pourrons vaincre le mal que si nous luttons comme Josué, nous prions comme Moïse, et nous nous entraidons comme Aaron et Hour. Prenons exemple sur le Christ, qui est venu sur la terre pour nous délivrer du mal.** Jésus est le nouveau Josué (les 2 noms ont la même racine, Yeshouah, Dieu sauve), il est le nouveau Moïse (qui donnera la nouvelle loi, celle de l'Evangile), et il est le serviteur par excellence, plus grand qu'Aaron et Hour. Durant son agonie à Gethsémani, il a lutté jusqu'à transpirer des gouttes de sang, il a prié son Père, et il a continué de vouloir aider ses disciples en les incitant à la prière eux aussi. Nous aussi, nous pouvons unifier en nous ces 3 dimensions. « *Priez sans cesse* » nous demande le Seigneur (1Th 5,17). Cette prière continuelle nécessite une lutte parfois très rude, et elle doit naturellement être accompagnée par le service concret de nos frères (même si elle constitue en elle-même une façon de les servir). **Ce triple engagement n'est possible que notre foi est vivante et ferme. C'est pourquoi Jésus demande en conclusion de sa parabole :** « *le Fils de l'homme, quand il viendra, trouvera-t-il la foi sur la terre* » ? Seigneur, donne-nous toujours la foi. Même si elle est petite comme une graine de moutarde, elle nous permettra de lutter contre le mal, en nous-mêmes et dans le monde. AMEN.

30° dimanche : Quand il redescendit chez lui, c'est lui qui était devenu un homme juste

Frères et sœurs, **sommes-nous des justes** ? Dans l'Ancien Testament, et encore aujourd'hui chez nos frères juifs, Dieu seul est saint, et le mieux que l'on puisse dire d'un homme, c'est qu'il est juste. Pour remercier tous ceux qui avaient aidé des Juifs pendant la seconde guerre mondiale, les Israéliens ont créé en 1963 au Yad Vashem, à Jérusalem, l'Avenue des Justes plantée d'arbres à leur nom, puis le Jardin des Justes où les listes de noms sont gravées sur des murs, pays par pays. Il s'agit de la plus haute distinction civile de l'état d'Israël... Mais au fond, qu'est qu'un juste ? Les personnes reconnues « *Justes parmi les Nations* » - ou leurs ayant-droit - ont reçu de Yad Vashem un diplôme d'honneur ainsi qu'une médaille sur laquelle est gravée cette phrase du Talmud : « *Quiconque sauve une vie sauve l'univers tout entier* ». Les personnes ainsi distinguées doivent « *avoir procuré, au risque conscient de leur vie, de celle de leurs proches, et sans demande de contrepartie, une aide véritable à une ou plusieurs personnes juives en situation de danger* ». Cela signifie-t-il qu'ils étaient parfaits ? Non, car un seul homme a été parfait, Jésus Christ. Cela signifie plutôt que Dieu les a justifiés, c'est-à-dire ajustés à sa volonté, comme le forgeron redresse une pièce de métal tordue. On ne naît pas juste, contrairement à ce que Rousseau pensait, on le devient avec la grâce de Dieu. C'est pourquoi, au début de chacune de nos eucharisties nous disons ou chantons : « *Seigneur, prends pitié ! Kyrie eleison !* » Mais pour que cette demande puisse être accueillie favorablement par le Seigneur, **nous devons cultiver en nous une double attitude : l'humilié d'une part, la confiance d'autre part.**

Pour commencer, il nous faut être humbles. « *L'humilité, c'est la vérité* » disait sainte Thérèse d'Avila. L'évangile va nous aider à le comprendre, avec ses deux protagonistes. Les pharisiens, au temps de Jésus, sont admirables. Non seulement ils obéissent aux 613 commandements de la Loi de Moïse, mais ils y ajoutent d'autres pratiques de piété, notamment le jeûne deux fois par semaine. Celui de la parabole peut bien être fier de lui. Là où le bât blesse, c'est que même s'il *rend grâce* à Dieu pour ce qu'Il accomplit dans sa vie, il se glorifie lui-même. Pire, il le fait en méprisant les autres, en particulier le publicain qui est à ses côtés. Bref, il s'élève au-dessus des autres, c'est pourquoi le Seigneur va le rabaisser... Dans les quatre évangiles, les pharisiens sont les adversaires les plus acharnés de Jésus. C'est avec eux qu'il a les paroles les plus dures, parce qu'il cherche à briser la carapace de leur cœur. Il ira jusqu'à leur déclarer solennellement: « *Amen, je vous le déclare : les publicains et les prostituées vous précèdent dans le royaume de Dieu.* » (Mt 21,31) Quel affront pour les chefs du peuple !

Les publicains, eux, étaient mal aimés de ce même peuple. Chargés par les romains de prélever les impôts, ils versaient à l'occupant les sommes exigées, et pouvaient demander ensuite à leurs concitoyens autant qu'il leur plaisait. Celui de la parabole a conscience de son péché. Mais au lieu de se centrer sur lui-même comme le pharisien, et de se lamenter dans une attitude de remords stérile, il confesse humblement son péché. N'osant même pas lever les yeux vers le ciel, il se frappe la poitrine en disant : « *Mon Dieu, prends pitié du pécheur que je suis !* » Finalement, en rentrant chez lui, il est « *devenu juste* », non par ses propres mérites, mais parce qu'il a su accueillir la miséricorde infinie du Seigneur. Parce qu'il s'est abaissé devant Lui, le Seigneur l'a élevé jusqu'au Ciel.

L'attitude du publicain rejoint celle du psalmiste : « *Le Seigneur est proche du cœur brisé, il sauve l'esprit abattu* ». C'est aussi le sens des paroles de Ben Sirac le Sage : « *La prière du pauvre traverse les nuées [...] Il ne s'arrête pas avant que le Très-Haut ait jeté les yeux sur lui [...] et rendu justice* » (1° lect.). En célébrant la Toussaint, dans quelques jours, nous réentendrons les béatitudes, avec d'abord celle des pauvres de cœur. Elle est la première parce qu'elle conditionne l'existence de toutes les autres : ce n'est que si je suis pauvre de cœur que je peux laisser le Seigneur me combler. Le pharisien est riche de cœur, il se satisfait de son sort et n'a besoin ni des autres, ni de Dieu.

Humilité ne signifie pas désespoir. L'humilité doit être accompagnée par la confiance. Un petit enfant qui a commis une bêtise sait que ses parents vont lui pardonner, s'il la confesse humblement.

Voyons-le maintenant à travers les exemples que nous ont laissés deux saints qui nous sont familiers, Paul et Thérèse. Avant sa rencontre avec le Christ, Saul ressemble au pharisien de l'évangile. Il est persuadé d'être juste, et méprise ceux qui semblent ne pas respecter la Loi de Moïse, à savoir les disciples de Jésus qu'il met en prison. Après le chemin de Damas, il devient un autre homme : il gardera sans cesse conscience de la gravité de ses actes passés. Plusieurs fois, dans ses lettres, il se nomme « *l'avorton* », et déclare ne pas être digne d'être devenu un apôtre. Et il écrit aux Philippins : « *Ne soyez jamais intrigants ni vantards, mais ayez assez d'humilité pour estimer les autres supérieurs à vous-mêmes.* » (Ph 2,3) Pourtant, il a une confiance infinie en la miséricorde de Dieu, et il a l'audace d'écrire à Timothée : « *Je n'ai plus qu'à recevoir la récompense du vainqueur : dans sa justice, le Seigneur, le juge impartial, me la remettra en ce jour-là, comme à tous ceux qui auront désiré avec amour sa manifestation dans la gloire* » (2° lect.).

Prenons un 2ème exemple : celui de la petite Thérèse. Bien qu'elle ait vécu d'une manière extraordinaire depuis son plus jeune âge (elle affirme que depuis l'âge de 3 ans, elle n'a fait que chercher la Vérité), elle sait qu'elle aurait pu aussi prendre des chemins de traverse. Dans ses Manuscrits autobiographiques, elle écrit : "*Je reconnais que sans Jésus, j'aurais pu tomber aussi bas que Marie Madeleine*". Elle a conscience d'avoir été protégée par le Seigneur, d'abord dans sa famille, puis au Carmel. Pour autant, cette reconnaissance humble est associée à la plus grande confiance dans la miséricorde divine. Le 11 juillet 1897, quelques mois avant sa mort, elle insiste auprès de Mère Agnès : « *On pourrait croire que c'est parce que je n'ai jamais péché que j'ai eu une si grande confiance dans le Bon Dieu. Dites bien ma Mère : si j'avais commis tous les crimes possibles, je garderais toujours la même confiance. Car je sais bien que cette multitude d'offenses n'est qu'une goutte d'eau, dans un brasier ardent ».*

Ainsi, frères et sœurs, **à la fois l'Ecriture et les exemples des saints nous invitent à une double attitude : l'humilité et la confiance.** On prête à Talleyrand cette parole : « *quand je me regarde, je me désole ; quand je me compare, je me console ».* En tant que chrétien, je pourrais dire plutôt: « *quand je me regarde, je me désole ; quand je regarde vers Dieu, Il me console ».* Finalement, à **qui devrions-nous ressembler … plutôt au pharisien ou plutôt au publicain ? Aux deux** : le premier est un modèle en ce qui concerne la droiture de vie, le second un modèle en ce qui concerne l'attitude du cœur. Nous devons tendre vers la perfection, comme le Seigneur lui-même nous y invite - « *vous donc, soyez parfaits comme votre Père céleste est parfait »* (Mt 5,48) - mais garder toujours conscience de nos limites et de nos péchés. Pour cela, **le sacrement de Réconciliation peut nous aider** : avant la Toussaint, pourquoi ne pas aller le recevoir ? Devant Dieu et celui qui le représentera, nous pourrons nous abaisser humblement et dire avec confiance : « *Mon Dieu, prends pitié du pécheur que je suis ! »* Lorsque nous rentrerons chez nous, le Christ nous aura élevés jusqu'à lui, nous serons devenus des justes.

31° dimanche : Le Fils de l'homme est venu chercher et sauver ce qui était perdu

Frères et sœurs, **voulons-nous être sauvés ?** Jésus nous dit aujourd'hui qu'il est venu chercher et sauver ce qui était perdu. Perdu dans un monde qui conduit à la mort spirituelle, la seule qu'il faut craindre. Les évangiles révèlent que Jésus a fait des apôtres des pêcheurs d'hommes, afin de les sortir de l'océan du péché et de la mort. Puis, avant de multiplier les pains, il a été saisi de compassion envers la foule, qui rassemblait ceux qui étaient *« comme des brebis sans berger »* (Mc 6,34). Et avant la parabole du fils prodigue, il nous a offert celle du berger qui laisse ses 99 brebis pour aller chercher la 100ème qui s'est égarée (Lc 15). Avons-nous conscience d'être immergés dans une société dans laquelle nous pouvons nous noyer, comme dans un océan ? Que chacun d'entre nous est la brebis égarée ? Le Fils de Dieu s'est incarné pour nous sauver, mais il ne peut le faire que si nous le voulons. Son désir doit rencontrer notre désir. Aujourd'hui, prenons exemple sur Zachée. En tant que chef des collecteurs d'impôts, cet homme était perdu dans un métier qui l'avait conduit à l'injustice. Mais il a su saisir sa chance en entendant parler de la venue de Jésus, et ainsi, le salut est arrivé pour sa maison. Lui dont le nom Zakkaï signifie *« pur, irréprochable »* **va devenir fidèle à son identité en franchissant 3 étapes, que nous allons franchir avec lui. D'abord, il monte sur un arbre. Ensuite, il redescend pour accueillir Jésus chez lui. Enfin, il agit avec justice et générosité.**

« *Il cherchait à voir qui était Jésus, mais il ne le pouvait pas à cause de la foule, car il était de petite taille* ». **Pour commencer, nous devons monter sur un arbre pour quitter la foule et voir Jésus. Le désir de voir Dieu est profondément inscrit en l'homme.** Certes, l'Ancien Testament déclare qu' « *on ne peut pas voir Dieu sans mourir* » (Ex 33,20). Et le deuxième commandement interdit de façonner des images de Dieu (Ex 20,1-4). Pourtant, notre désir demeure, tout simplement parce que nous pressentons qu'en contemplant le Seigneur, nous deviendrons semblables à Lui[43]. Alors, sommes-nous dans l'impasse ? Non, car avec le Christ, tout a changé : « *Qui me voit, voit le Père* » (Jn 14,9) répond Jésus à Philippe qui lui avait demandé : « *Seigneur, montre-nous le Père ; cela nous suffit.* » (Jn 14,8) Le Christ est l'icône de Dieu. En voulant le voir, Zachée a cherché à voir Dieu, même sans le savoir. Et Jésus lui-même l'a vu, et a posé sur lui un regard que l'on peut deviner plein d'amour, bien différent de celui de la foule qui jugeait Zachée comme un « collabo » (et nous savons en France la haine que ce type de jugement peut engendrer). Un regard qui a fait jaillir une source dans son cœur...

Pour voir Jésus, nous devons nous-mêmes nous retirer du monde et de nos préoccupations quotidiennes. Beaucoup

---

[43] C'est ce qu'écrit saint Jean : « *Bien-aimés, dès maintenant, nous sommes enfants de Dieu, mais ce que nous serons n'a pas encore été manifesté. Nous le savons : quand cela sera manifesté, nous lui serons semblables car nous le verrons tel qu'il est.* » (1 Jn 3,2)

restent sans cesse « le nez dans le guidon », sans aucun recul sur leur existence. Dans ces conditions, les moindres contrariétés deviennent de terribles problèmes. Au contraire, lorsque nous nous recueillons, nous quittons le bruit de la foule - pas forcément d'individus mais de pensées et de soucis qui nous agitent - et nous voyons apparaître l'essentiel. Pour admirer une tapisserie ou une peinture, il ne faut pas être trop prêt, et se reculer jusqu'à la juste distance. Cette prise de recul demande parfois du courage. Zachée n'a pas eu peur qu'on se moque de lui parce qu'il montait dans un arbre comme les enfants. Nous-mêmes, n'avons-nous parfois pas peur de dire à notre conjoint, à nos enfants, à nos amis ou collègues : je vais prier ? Il est souvent plus facile de rester dans la foule afin de ne pas se faire remarquer et d'éviter les remarques désobligeantes... Il est aussi plus facile de rester dans nos pensées et nos soucis afin d'éviter la venue des questions les plus profondes et les plus importantes, qui peuvent nous remettre en question...

La deuxième étape pour Zachée est de descendre de son arbre pour recevoir Jésus chez lui. Saint Luc souligne qu'il le fait *« vite »*, et *« avec joie »*. Après l'échange des regards lointains vient le temps de la rencontre plus intime. Comme on aime quelqu'un, on ne peut pas en rester à un regard de loin, on souhaite regarder l'autre les yeux dans les yeux, tout proche. Dans la prière, ce temps correspond à celui de la contemplation, qui suit le recueillement et la méditation. Lorsqu'on médite sur les évangiles après s'être recueilli, si l'on entend l'appel du Christ, il faut vite « descendre » de la méditation pour entrer dans le cœur à cœur amoureux avec le Seigneur. Souvenons-nous des paroles de Jésus : « *Si quelqu'un m'aime, il gardera ma parole ; mon Père l'aimera, nous viendrons vers lui et, chez lui, nous nous ferons une demeure.* » (Jn 14,23)[44]

Sainte Elisabeth de la Trinité a cherché à vivre pleinement cette spiritualité qui correspond parfaitement à son nom, qui signifie « *maison (beth) de Dieu (El)* ». Comme sa mère refusa qu'elle entre avant 21 ans au Carmel, elle la vécut d'abord dans le monde. Une fois au carmel, elle écrivit de nombreuses lettres pour inciter les autres à en vivre aussi. Elle conseillait notamment à sa sœur de profiter de ses voyages dans le train pour faire oraison...

La 3ème étape pour Zachée est de changer ses relations avec les autres. Quand on rencontre Dieu en vérité, on est transformé, et le renouvellement de l'amour de Dieu ne peut qu'entraîner celui du prochain. Zachée fait preuve à la fois de justice (en réparant ses torts) et de charité (en donnant 4 fois plus et en distribuant la moitié de ses biens aux pauvres). Il devient alors un véritable « *fils d'Abraham* », dont la générosité s'est manifestée plusieurs fois, notamment lorsqu'il accueillit les 3 mystérieux voyageurs auprès du chêne

---

[44] Ou encore : « *Voici que je me tiens à la porte, et je frappe. Si quelqu'un entend ma voix et ouvre la porte, j'entrerai chez lui ; je prendrai mon repas avec lui, et lui avec moi.* » (Ap 3,20)

de Mambré (Gn 18). Zachée s'est véritablement converti, en se détournant de l'injustice et en se tournant à la fois vers Dieu et vers les autres. Nous-mêmes, nous pouvons vérifier la qualité de notre relation au Seigneur par la qualité de notre relation aux autres. Comme écrit saint Jean, « *celui qui n'aime pas son frère, qu'il voit, est incapable d'aimer Dieu, qu'il ne voit pas.* » (1 Jn 4,20) C'est pourquoi, après avoir fait prié, il est bon de prendre une bonne résolution... et de la mettre en pratique !

Ainsi, **si nous voulons être sauvés, frères et sœurs, nous devons franchir les 3 étapes que Zachée a franchies.** D'abord, nous devons monter sur un arbre pour voir Dieu, i.e. nous extraire parfois de la foule des individus qui nous entourent et des pensées et soucis qui nous habitent, afin de nous recueillir et de méditer sur les évangiles. Ensuite, nous devons accueillir le Seigneur dans la maison de notre cœur, vite et avec joie, pour le contempler dans une relation d'intimité avec lui. Enfin, nous devons pratiquer la justice et la charité envers nos prochains, particulièrement les pauvres. **Ne désespérons jamais ni de nous-mêmes, ni des autres**, à l'image du Seigneur dont la miséricorde envers nous est sans limite: « *tu as pitié de tous les hommes, parce que tu peux tout. [...] Ceux qui tombent, tu les reprends peu à peu, tu les avertis, tu leur rappelles en quoi ils pèchent, pour qu'ils se détournent du mal et croient en toi, Seigneur.* » (1° lect.) Le Seigneur espère sans cesse la conversion de ses enfants, avec patience, une qualité qui nous manque souvent, comme elle manquait aux Thessaloniciens qui pensaient le retour du Christ imminent et que Paul dut reprendre (2° lect.) Alors, en plus de « *travailler à notre salut avec crainte et tremblement* » (Ph 2,12), œuvrons aussi au salut de nos frères, à l'exemple de saint Paul, ce pharisien converti comme Zachée après sa rencontre avec le Christ, qui s'est fait tout à tous « *pour en sauver à tout prix quelques-uns* » (1Co 9,22).

32° dimanche : Il est le Dieu des vivants

Frères et sœurs, **croyez-vous à la résurrection des morts ? Si oui, en quoi cela transforme-t-il votre vie ?** Il n'est pas donné à tous, ni de croire à la résurrection, ni d'en vivre. Déjà au temps de Jésus, les Saducéens, au contraire des Pharisiens, n'y croyaient pas. Aujourd'hui encore, non seulement les athées et les agnostiques mais aussi certains chrétiens croyants la refusent. Pour beaucoup de nos contemporains, la vie s'arrête au moment de la mort. Pour d'autres, elle se poursuit sous une autre forme, dans ce monde-ci avec la réincarnation de l'âme dans une autre enveloppe charnelle, ou dans un autre monde avec la fusion de l'âme dans le Grand Tout. Les musulmans croient à la résurrection, lui donnant le sens d'une jouissance éternelle des plaisirs de cette vie, ou d'un châtiment éternel. Pour nous, la résurrection sera le commencement d'une vie nouvelle, dans laquelle nous serons « *semblables aux anges* »[45], avec des cœurs purs et dans des corps glorifiés. Qu'est-ce qui prouve que nous ayons raison ? Rien. Nous n'avons aucune preuve scientifique de la résurrection, mais seulement des signes.

---

[45] Jésus évoque ainsi la condition des ressuscités : « *ils sont semblables aux anges* » (Lc 20,36), ce qui confirme non seulement qu'ils sont éternels, mais qui signifie aussi qu'ils ne se reproduisent plus. Bien-sûr, le lien entre les époux de la terre demeurera, mais ce sera le lien de l'amour. Dans un couple, c'est d'ailleurs ce lien qui est central, la sexualité n'étant qu'une expression, magnifique certes, mais « seconde » par rapport à ce lien. Un couple ne peut pas avoir des relations sexuelles 24h/24, mais il peut s'aimer 24h/24.

Ces signes sont présents dans les 3 « livres » où Dieu nous parle, celui de la Création, celui des Ecritures, et celui de nos vies. Ouvrons successivement chacun de ces 3 livres.

Pour commencer, **ouvrons le livre de la Création.** Elle est la première à nous donner des signes de la résurrection. La nuit peut parfois paraître longue, mais elle est toujours suivie du jour. L'hiver peut parfois paraître long, mais il est toujours suivi du printemps. Le grain de blé tombé en terre peut paraître mort, mais il donne un jour beaucoup de grains. La chenille qui s'enferme dans son cocon peut sembler anéantie, mais elle donne bientôt naissance à un splendide papillon. A chaque fois, une certaine fin ou « mort » est nécessaire à la naissance de quelque chose de plus beau.

Ce qui est manifeste dans la Création l'est aussi chez l'être humain. L'embryon dans le sein de sa mère peut craindre de mourir en sortant de l'utérus, le seul monde qu'il connaît, mais sa naissance lui donne d'accéder à un monde plus grand et plus beau. Certes, il doit passer d'un monde clos, où il se sent protégé et nourri sans effort, à un monde ouvert, où il devra lutter pour vivre. Sa première respiration à l'air libre, d'après les spécialistes, est très douloureuse. Il doit accepter de mourir à sa vie d'embryon pour naître à la vie dans la société.

Après avoir observé la Création, **ouvrons le livre des Ecritures, la Bible.** Au début de leur histoire, les Juifs croient que les morts descendent au shéol, un lieu coupé de Dieu où ils retournent à la poussière, sans aucune idée de jugement et de bonheur ou malheur éternels. Dieu exerce son jugement sur cette terre, en récompensant les justes et en punissant les impies. Cependant, au fur et à mesure que les épreuves font mûrir le peuple Juif et que la Révélation progresse, il apparaît que Dieu exercera son jugement ultime après la mort seulement. Au moment de l'exil notamment, les prophètes Isaïe et Ezéchiel déclarent que le shéol sera un lieu de souffrance pour les injustes. Puis, lors d'une nouvelle grande épreuve pour le peuple Juif, la persécution du roi séleucide Antiochus IV en 168 av. JC, certains vont plus loin et affirment que les hommes ressusciteront. Le prophète Daniel écrit ainsi que « *beaucoup de gens qui dormaient dans la poussière de la terre s'éveilleront : les uns pour la vie éternelle, les autres pour la honte et la déchéance éternelles.* » (Dn 12, 2)

C'est à cette époque que se situe l'épisode relaté dans la première lecture. Sept frères avaient été arrêtés avec leur mère. A coups de fouet et de nerf de bœuf, le roi Antiochus voulut les contraindre à manger du porc, viande interdite. Mais les sept frères firent preuve d'un courage héroïque, parce qu'ils croyaient en la résurrection. Comment ne pas admirer leur courage et être stupéfaits en entendant leurs paroles, celles du troisième par exemple : « *C'est du Ciel que je tiens ces membres, mais à cause de sa Loi je les méprise, et c'est par lui que j'espère les retrouver.* »

Ainsi, l'Ancien Testament lui-même nous invite déjà à croire à la résurrection. Jésus invite les saducéens à accueillir cette foi en leur rappelant la rencontre de Dieu et de Moïse au buisson ardent (relatée dans l'Exode, l'un des 5 livres qu'ils considèrent comme révélés). En se révélant comme « *Dieu d'Abraham, Dieu d'Isaac, Dieu de Jacob* », le Seigneur rappelle les alliances qu'Il a conclues avec chacun d'entre eux. Or, lorsque Dieu s'engage, Il le fait non pour un temps, mais pour l'éternité, puisqu'il est Lui-même éternel. C'est le propre de l'amour de s'inscrire dans cette dimension d'éternité. « *L'amour est fort comme la Mort* » (Ct 8,6). Si le Seigneur s'est engagé envers Abraham, Isaac et Jacob, Lui qui est fidèle n'a pu les abandonner ensuite à la mort.

Ouvrons enfin le livre de nos existences, même s'il n'est pas achevé et que nous continuons de l'écrire. Pour commencer, nous pouvons y reconnaître dans les pages déjà écrites des « morts » et des « résurrections » que nous avons vécues. Des moments de désolation profonde qui se sont transformées en moments de bonheur : une guérison après une maladie, une réconciliation après un conflit, une découverte après une période de doute et d'incompréhension…

La foi en la résurrection conforte notre espérance, mais aussi notre sens de la responsabilité. Avant de ressusciter, nous serons jugés. Cela entraîne que, premièrement, nous devons prier pour les défunts, qui n'étaient peut-être pas encore parfaitement purifiés au moment de leur mort. Deuxièmement, nous devons nous convertir pour y parvenir nous-mêmes. Jésus parle de *« ceux qui ont été jugés **dignes** d'avoir part au monde à venir et à la résurrection d'entre les morts »*. Il signifie ainsi qu'au jour de notre mort, nous devrons passer en jugement, et que la résurrection bienheureuse ne sera pas un dû, mais un don, que Dieu accordera à ceux et celles qui s'en seront montrés dignes. Comment en être dignes ? Jésus le dit également : « *ils sont fils de Dieu, en étant héritiers de la résurrection.* » Autrement dit, les héritiers de la résurrection sont ceux qui vivent à la manière des fils de Dieu, c'est-à-dire à la manière du Christ. Et il ajoute ensuite : le Seigneur « *n'est pas le Dieu des morts mais des vivants ; tous vivent en effet pour lui* », qu'on pourrait aussi traduire par « *tous vivent en effet par lui* ». Ceux qui ressusciteront pour une vie bienheureuse sont ceux qui vivent à la fois pour Dieu, renonçant à leur égoïsme, et par Dieu, renonçant à leur orgueil…

Ainsi, frères et sœurs, **les 3 « livres » de la Création, de la Révélation et de nos existences nous donnent de multiples signes pour affirmer notre foi en la résurrection des morts. Cette semaine, contemplons la beauté de Dieu dans le livre de la Création, méditons sur la splendeur de la Vérité dans le livre des Ecritures, et poursuivons l'écriture du livre de nos existences en priant pour nos frères et sœurs défunts et en nous convertissant pour bien nous préparer au jour de notre mort.** Un jour, nous nous retrouverons tous autour du Christ et de son Père, avec Abraham, Isaac, Jacob et tous ceux qui les auront rejoints dans le Royaume. AMEN.

33° dimanche : Que ton Règne vienne !

« *Que ton Règne vienne* ». Cette prière que nous faisons si souvent à Dieu, frères et sœurs, à chaque fois que nous récitons le Notre Père, la faisons-nous avec tout notre cœur ? Désirons-nous plus que tout que le règne de Dieu advienne ? Face aux prouesses extraordinaires de notre humanité, notamment dans le domaine de la technique, nous pourrions être tentés de nous considérer comme tout-puissants et d'oublier tout le chemin qui reste à parcourir jusqu'au Règne de Dieu. Souvenons-nous de la tour de Babel. A l'époque de Jésus, c'était le Temple, que le roi Hérode avait agrandi et embelli, qui était l'orgueil des Juifs et le symbole de leur religion (le mur des Lamentations en est le vestige), comme il y a quelques années les *twin towers* étaient l'orgueil de nos amis américains et le symbole du capitalisme. Mais leur destruction, à près de 2000 ans d'intervalle, le premier par les Romains et les secondes par les Islamistes, peut nous permettre de prendre conscience de la fragilité de nos existences. L'incendie de Notre Dame, notre « orgueil » en tant que Français, nous l'a rappelé l'an dernier. Ni le Temple, ni les tours, ni Notre Dame ni même la terre ne sont indestructibles. Quand le monde finira-t-il, nous ne le savons pas, et Jésus lui-même dit que *« nul ne connaît l'Heure, pas même le Fils »* (Mt 24,36), mettant ses disciples en garde contre les faux messies qui annonceront cette fin. L'important n'est pas de connaître le moment, mais de s'y préparer, car la fin des temps approche inéluctablement, comme en témoignent les signes évoqués par Jésus : *les guerres, les désordres, les grands tremblements de terre, les famines, les épidémies, les phénomènes effrayants...* toutes des réalités qui peuvent nous anéantir en un instant et que nous ne connaissons que trop bien. Alors, devons-nous avoir peur et construire des bunkers où nous réfugier en cas de catastrophe, comme certains aux Etats-Unis ? Ou nous affairer sans rien faire, comme les Thessaloniciens ? Non, **le Seigneur nous appelle à ne pas nous laisser** *terrifier* **et à œuvrer pour que son Règne vienne. Comment ? D'une part en travaillant**, à travers notre devoir d'état et dans l'Eglise, et **d'autre part en témoignant** de la Bonne Nouvelle de ce Règne, qui est déjà au milieu de nous (cf Lc 17,21).

Pour commencer, **il nous faut travailler à l'avènement du Règne de Dieu.** N'oublions pas que la paresse est l'un des 7 péchés capitaux, et que le travail est un bien qui nous permet de développer nos talents, nous met en relation les uns avec les autres, nous permet d'améliorer notre monde... A chaque fois que nous prions notre Père et que nous demandons : *« Que ton Règne vienne »*, pour que notre prière soit sincère, il nous faut y associer nos propres efforts. *« Aide-toi, le Ciel t'aidera ».* Peu après la mort et la résurrection du Christ, les chrétiens de Thessalonique, que Saint Paul a évangélisés lors de son deuxième voyage missionnaire, se laissent aller. Ils sont tellement sûrs que le retour du Christ est imminent qu'il leur semble inutile de travailler. Paul doit taper des poings sur la table : il leur rappelle qu'ils doivent retrousser leurs manches pour travailler à l'avènement du Règne de Dieu. Pour cela, il leur demande 2 attitudes. **Le courage** d'abord : il les appelle à prendre modèle sur lui, qui a travaillé « *dans la peine et la fatigue, nuit et jour, pour n'être à la charge d'aucun d'entre* » eux (2° lect.). « *Le calme* » ensuite, fruit de **la confiance**, et contraire à l'agitation paresseuse de ceux qui « *mènent une vie déréglée, affairés sans rien faire* ». Paroles tellement actuelles, dans notre société où certains cherchent avant tout à travailler le moins possible et à prendre avant tout « du bon temps » !

Quel travail devons-nous accomplir ? Avant tout, notre devoir d'état. Que nous soyons écoliers, étudiants ou travailleurs professionnels, nous pouvons accomplir notre devoir d'état de manière à faire progresser le Royaume. Les efforts que je déploie à l'école me permettent de mieux comprendre le monde que j'aurai à transformer. Les efforts que je déploie à la fac ou en grande école me seront utiles dans ma future activité professionnelle. Les efforts que je déploie dans mon métier me permettent d'offrir un bon produit ou un bon service aux autres. Que je sois médecin ou vendeur de vêtements, aucun métier n'est inutile et chacun peut contribuer à l'amélioration de la société.

En plus de son devoir d'état, tout chrétien peut aussi travailler à l'avènement du Royaume de Dieu dans l'Eglise, dont c'est le but premier. Que ce soit par des services réguliers ou ponctuels, chacun peut y apporter sa contribution. Et si une personne est trop occupée ou trop âgée pour accomplir une mission visible, elle peut au moins prier pour ceux qui œuvrent sur le terrain. C'est pourquoi tous les grands ordres religieux ont à la fois une branche apostolique et une branche contemplative.

Le travail est nécessaire à l'avènement du Royaume de Dieu, mais pas suffisant : même si nous travaillons d'arrache-pied, nous savons que le Royaume nous sera donné *in fine* par le Seigneur, comme *la Jérusalem nouvelle, qui descendra du ciel, d'auprès de Dieu* (Ap 21,2). C'est pourquoi **nous devons aussi témoigner de notre Foi.** Témoignons de la Bonne Nouvelle du Règne qui viendra et qui est déjà au milieu de nous. Voilà le paradoxe de la vie chrétienne, ce Règne que nous attendons et pour lequel nous travaillons, et qui pourtant est déjà présent, en la personne du Christ et de tous ceux qui le suivent. Là encore, le **courage** et la **confiance** sont nécessaires. Elles sont entrelacées l'une dans l'autre. Le Christ l'avait annoncé à ses disciples: « *Vous serez détestés de tous, à cause de mon nom. Mais pas un cheveu de votre tête ne sera perdu.* » Les martyrs, comme les 12 apôtres ou comme Cécile que nous fêterons le 22 novembre, ont versé leur sang pour témoigner de leur foi. Comme Jésus le leur avait annoncé, *on porta la main sur eux, ils furent livrés aux synagogues et jetés en prison, et comparurent devant des rois et des gouverneurs, à cause de son Nom*. En 2019, on estime que 245 millions de chrétiens, soit un sur 9 dans le monde, sont fortement persécutés, que plus de 4000 ont déjà été tués depuis le début de l'année, et que des dizaines de milliers sont en prison ou dans des camps de travail, comme en Corée du Nord. En France, nous n'avons pas à craindre des persécutions sanglantes. Mais nous pouvons craindre d'être mal perçus, dans notre société déchristianisée où la laïcité a été érigée par certains comme une nouvelle religion.

D'autres peuvent avoir peur de témoigner parce qu'ils ne connaissent pas suffisamment bien le contenu de leur Foi. Le Christ leur répond : *« C'est moi qui vous donnerai un langage et une sagesse à laquelle tous vos adversaires ne pourront ni résister ni s'opposer »*. **Prenons exemple sur les apôtres** qui n'étaient pas des savants – les pharisiens les méprisaient même comme des gens *« quelconques et sans instruction »* (Ac 4,13)... Jeanne d'Arc, elle aussi, avait peu d'instruction, mais lors de son procès, elle sut pourtant répondre avec sagesse à tous ses accusateurs, des théologiens chevronnés. **Cela ne signifie pas, bien sûr, que nous ne devons pas approfondir notre Foi**, notamment grâce aux différentes formations que nous proposent la paroisse et le diocèse ! C'est d'ailleurs ce qu'ils ont fait eux-mêmes en suivant Jésus jour après jour...

Ainsi, frères et sœurs, **le Seigneur nous rappelle aujourd'hui que nos vies, comme le monde lui-même, sont fragiles. En même temps, il nous assure de sa présence continuelle à nos côtés, avec son Esprit. Puisque le temps nous est compté, travaillons à l'avènement du règne de Dieu, et témoignons du Christ et de son Règne. Ne sombrons jamais dans la paresse ou dans le désespoir car le Christ nous a prévenus:** *« C'est par votre persévérance que vous garderez votre vie »*. **Notre Père, que ton Règne vienne !**

Carême

Mercredi des Cendres : Laissons-nous réconcilier avec Dieu

Frères et sœurs, **sommes-nous prêts à nous convertir ?** Dans quelques instants, au moment où les cendres[46] imposées sur

---

[46] Que signifient les cendres que nous allons recevoir sur nos fronts dans quelques minutes ? Premièrement, les cendres sont un signe d'humilité qui nous rappelle que nous sommes des créatures. Nous sommes poussière et nous retournerons à la poussière. Nous ne vivons que parce que Dieu nous donne son souffle, comme il l'a fait en créant Adam et Eve à partir de la glaise. Le piège que le serpent leur a tendu, et dans lequel ils se sont laissés prendre, était de leur faire croire qu'ils pouvaient être comme des dieux en désobéissant au Seigneur. Cette tentation est toujours actuelle. Toute notre société va dans ce sens, avec le désir de maîtrise de la vie de son début jusqu'à sa fin et les efforts des transhumanistes qui refusent la mort. Nous chrétiens, nous ne refusons pas le progrès, au contraire, mais nous voulons qu'il ne dénature pas l'être humain. Nous devons rester à notre place de créatures.

Deuxièmement, les cendres sont un signe de pénitence. Car non seulement nous sommes des créatures, mais aussi nous sommes pécheurs. Souvenons-nous des habitants de Ninive : après la proclamation de Jonas, *« ils crurent en Dieu. ... Le roi se leva de son trône, quitta son manteau, se couvrit d'une toile à sac, et s'assit sur la cendre. »* (Jon 3,5-6) Ce carême peut nous aider à mieux prendre conscience de nos péchés, non pour en être écrasés, mais pour en être délivrés, comme les Hébreux furent délivrés de l'esclavage de Pharaon. Dans son message de Carême de 2018, Mgr Santier racontait ce que lui avait dit un ami pianiste : « dans la pénombre, mon piano est magnifique, mais dès qu'il y a de la lumière, on découvre des imperfections dues à la poussière et aux marques de doigts ». Cette anecdote aide à comprendre ce qu'est le péché : tant que l'on ne se sait pas dans la Lumière de l'Amour de Dieu, on ne notre front nous rappelleront que nous sommes poussière et que nous retournerons à la poussière, nous entendrons cette parole : « *Convertissez-vous, et croyez à l'évangile* ». Peut-être avons-nous parfois une répugnance à aller nous confesser, en nous disant que n'avons pas commis de grands péchés... Si nous raisonnons ainsi, c'est que nous avons oublié le plus grand de tous les commandements : « *Tu aimeras le Seigneur, ton Dieu, de tout ton cœur, de toute ton âme, de toute ta force et de tout ton esprit ; et ton prochain comme toi-même* » (Lc 10,27) Ce commandement nous donne un objectif que nous n'aurons jamais atteint complètement. Toujours, nous aurons à nous convertir pour aimer davantage Dieu, nos frères et nous-mêmes... Toujours, nous aurons à nous tourner vers Dieu, car nous sommes sans cesse portés à

---

peut le reconnaître... Pendant ce Carême, nous serons invités à recevoir le sacrement du pardon.

Troisièmement, cependant, les cendres sont un signe d'espérance, qui nous rappelle que nous sommes fils de Dieu. Le feu peut parfois couver sous la cendre, et reprendre lorsqu'on souffle sur elle. Les cendres fertilisent la terre, et la vie peut « renaitre de ses cendres ». Oui, nous sommes poussière, mais nous avons reçu en nous le feu de l'amour divin, et pendant ce Carême, le Seigneur veut envoyer sur nous le souffle de son Esprit pour attiser son Amour. C'est le désir le plus profond du Christ, comme il l'avait dit à ses disciples : « *Je suis venu apporter un feu sur la terre, et comme je voudrais qu'il soit déjà allumé !* » (Lc 12,49) Nous savons que le feu qui couve sous la cendre est très fragile, et qu'il peut s'éteindre totalement si l'on y verse de l'eau par exemple. Souvenons-nous qu'à la fin des temps, « *à cause de l'ampleur du mal, la charité de la plupart des hommes se refroidira.* » (Mt 24,12) Dans sa description de l'enfer, Dante Alighieri imagine le diable assis sur un trône de glace...

nous en détourner, poussés par notre nature blessée par le péché, par le monde, et par l'Adversaire... Alors, comment nous convertir à ce triple amour ? Jésus lui-même vient de nous répondre dans l'évangile, en nous indiquant 3 pistes, qu'on pourrait appeler les 3 p : **la prière pour grandir dans l'amour de Dieu ; le partage pour grandir dans l'amour des autres ; les privations pour grandir dans l'amour de nous-mêmes**. Ces 3 p se rassemblent et conduisent au P de Pâques, qui signifie passage : de la mort à la vie, de la haine et de l'indifférence à l'amour. Voici la récompense dont Jésus vient de nous parler plusieurs fois dans l'évangile : la vie et l'amour, auxquels nous aspirons tous. Puisque c'est Dieu qui est la Vie et l'Amour, notre récompense, c'est Lui-même ! Voyons comment nous pouvons recevoir cette récompense, en apprenant à aimer davantage le Seigneur, notre prochain, et nous-mêmes.

Commençons par le Seigneur. « *Dieu premier servi* » disait Jeanne d'Arc. Tous ici, nous L'aimons, sinon pourquoi serions-nous ici ce soir ? Mais aimons-nous vraiment de tout notre cœur Celui qui « *est tendre et miséricordieux, lent à la colère et plein d'amour, renonçant au châtiment* » envers nous (1° lect.) ? Voyons quelles sont les caractéristiques de l'amour entre deux personnes. Premièrement, ils sont prêts à passer des heures dans l'intimité ensemble, ils voudraient ne jamais se quitter. Deuxièmement, ils cherchent à se connaître sans cesse mieux l'un l'autre. Troisièmement, ils aiment aussi se faire des cadeaux... Est-ce ainsi que nous agissons vis-à-vis du

Seigneur ? D'abord, quel temps consacrons-nous à la prière, à ce cœur à cœur amoureux où alternent les paroles et le silence ? Ensuite, cherchons-nous à mieux connaître le Seigneur en formant notre Foi par des lectures ou par la participation à des cours ou à des conférences ? Enfin, sommes-nous désireux de recevoir les cadeaux de Dieu que sont les sacrements ? Le Carême est un temps pour ré atiser le feu de notre amour pour Lui. Un homme et une femme mariés depuis de longues années, s'ils ne font pas d'efforts particuliers, risquent de sombrer dans la routine et de mener une vie de solitudes jointes, sans véritable communication et en oubliant les cadeaux. En fait, l'amour est comme un feu qui peut se développer sans cesse, pour peu qu'on veuille bien le nourrir. Le bois sec brûle d'ailleurs mieux que le bois vert. Certains couples célèbrent leurs 50 ou 60 ans de mariage avec un amour encore plus grand qu'au premier jour, même s'il a pris une forme différente. Mère Teresa, avant de mourir, a révélé que sa prière avait été sèche pendant de longues années. Elle ne ressentait plus la ferveur des débuts de sa vie religieuse. Pourtant, elle a toujours continué à prier avec fidélité, parce qu'elle savait que l'amour est bien plus qu'un sentiment, qu'il passe par des actes concrets.

En deuxième lieu, **celui qui aime Dieu aime aussi son prochain**, c'est pourquoi Jésus a déclaré qu'ils ne formaient qu'un seul commandement. « *Si quelqu'un dit : "J'aime Dieu" et qu'il déteste son frère, c'est un menteur : celui qui n'aime pas son frère, qu'il voit, ne saurait aimer le Dieu qu'il ne voit pas.* » (1 Jn 4,20) nous rappelle saint Jean. Souvenons-nous qu'à la fin de notre vie, le Seigneur nous jugera sur la manière avec laquelle nous nous serons comportés avec les autres, et en particulier avec les plus pauvres. « *J'ai eu faim, et tu m'as donné à manger ; j'ai eu soif, et tu m'as donné à boire* » (cf Mt 25,35). L'expression « *faire l'aumône* » qui est utilisée dans l'évangile a été dénaturée. Pour beaucoup de nos contemporains, elle signifie seulement donner une petite pièce à un pauvre dans la rue ou envoyer un chèque à une association. Certes, ces actions sont bonnes, à condition toutefois de n'être pas seulement des moyens pour se donner bonne conscience. Ce qui importe vraiment, c'est de donner avec Amour, comme saint Paul l'écrivait aux Corinthiens : « *Quand je distribuerais tous mes biens en aumônes, si je n'ai pas la charité, cela ne me sert de rien.* » (1 Co 13,3) L'amour implique notamment l'humilité, Jésus vient de nous le dire : « *quand tu fais l'aumône, que ta main gauche ignore ce que donne ta main droite, afin que ton aumône reste dans le secret* ». Saint Vincent de Paul en avait tellement conscience qu'il déclarait à propos des pauvres qu'il servait de tout son cœur : « *Ils sont nos maîtres* ». Et à la fin de sa vie, félicité par la reine sur l'extraordinaire travail qu'il avait accompli, il avait pu répondre sans fausse modestie : « *J'ai si peu fait* »... Il était véritablement devenu le serviteur inutile félicité par le Maître de l'évangile (Lc 17,10).

En troisième lieu, **celui qui aime Dieu et son prochain ne peut que s'aimer lui-même.** A la lumière de l'Esprit qui l'habite, il prend conscience de sa valeur inestimable, en tant que fils ou fille aimée de Dieu et serviteur de ses frères. Cet amour de soi n'est ni orgueil, ni égoïsme. Comme le disait sainte Thérèse d'Avila, « *l'humilité, c'est la vérité* ». Le plus bel exemple nous est donné par la Vierge Marie elle-même. Après avoir accepté de devenir la mère du Sauveur, elle chante son magnificat avec notamment ces paroles : Dieu « *s'est penché sur son humble servante, désormais toutes les génération me diront bienheureuse. Le Seigneur fit pour moi des merveilles, saint est son Nom* » (Lc 1,48-49) Le jeûne, et plus largement les privations, peuvent nous aider à grandir dans l'amour de nous-mêmes. En me privant de quelque chose qui me tient à cœur, voire même dont j'ai besoin, je suis amené à faire davantage confiance à Dieu et à grandir ainsi dans la Foi. Je peux alors éprouver ce que saint Paul écrivait : « *Je peux tout en Celui qui me fortifie* » (Ph 4,13).

Ainsi, la prière, le partage et les privations sont des moyens privilégiés pour vivre le Carême. La prière, et plus largement les sacrements et la formation de mon intelligence, feront grandir mon amour pour Dieu. Le partage m'aidera à grandir dans l'amour des autres. Et les privations me donneront de grandir dans l'amour de moi-même. En réalité, cependant, **ces trois chemins se rejoignent.** Nos privations nous dégageront du temps et des ressources pour Dieu et pour les autres. Nos partages nourriront nos prières d'actions de grâces et d'intercessions, et motiveront nos privations. Et nos prières elles-mêmes alimenteront notre désir de partager avec les autres et nous fortifieront pour supporter nos privations. **Prenons exemple sur le Christ** : il priait souvent son Père, parfois pendant des nuits entières, et il a étudié la

Torah pendant son enfance; il a donné tout ce qu'il possédait, la Vérité, et finalement sa Vie elle-même ; il s'est beaucoup privé, non seulement pendant son jeûne au désert, mais aussi ensuite, lorsqu'il n'avait « *pas de pierre où reposer la tête* »…

Pour conclure, frères et sœurs, laissons-nous réconcilier avec Dieu. « *C'est maintenant le moment favorable, c'est maintenant le jour du salut* » (2° lect). **Prions les uns pour les autres, afin que ce Carême soit pour nous tous un temps de grâce qui nous permette de grandir dans l'amour de Dieu, des autres et de nous-mêmes.** Prions pour que nous ne tombions pas dans le volontarisme, et que nous réalisions tous nos efforts de Carême dans le souffle de l'Esprit ! Et lorsque nous chuterons, n'oublions pas que nous sommes nous-mêmes des ppp, **pauvres pêcheurs pardonnés**, et que le Seigneur nous attend au confessionnal comme un Père « *tendre et miséricordieux* » !

1° dimanche : Arrière, Satan !

Frères et sœurs, **qui est notre véritable Maître ? Sommes-nous toujours à l'écoute du Seigneur, dociles à sa volonté ? Ou préférons-nous parfois écouter l'Adversaire, celui qui est le Menteur par excellence ?** Les lectures de ce jour nous rappellent que notre vie chrétienne nécessite un véritable combat spirituel. Sans cesse, il nous faut choisir entre 2 voies : celle des fils et filles de Dieu, qui font confiance à leur Père… ou celle des disciples de Satan qui veulent devenir des dieux par leurs propres forces. 2 fois dans les 3 tentations, le diable commence en disant : « *si tu es Fils de Dieu* ». N'oublions pas que juste avant, Jésus a été baptisé, et que le Père a fait entendre sa voix : « *Toi, tu es mon Fils bien-aimé ; en toi, je trouve ma joie.* » (Lc 3,22) Là où Adam, le premier homme, avait succombé aux tentations du serpent, Jésus va vaincre[47]. Pourquoi ? Parce qu'**il s'est laissé** « *conduire* » **par l'Esprit**, dont il était « *rempli* », **et éclairer par la Parole de Dieu** (qu'il cite sans cesse). Le serpent, appelé ici « *diable, diabolos* », celui qui divise, qui veut séparer Jésus de son Père du Ciel et de ses frères de la terre, le tente de 3 manières, qui touchent son rapport d'abord à la création (désir d'avoir et de plaisir), ensuite aux autres (désir de pouvoir), enfin à son Père lui-même (désir de gloire). **Cherchons à mieux comprendre**

---

[47] Entre le baptême et les tentations au désert, cependant, Luc a inséré la généalogie de Jésus, qu'il fait remonter jusqu'à Adam. Pourquoi ne l'a-t-il pas placée au début de son évangile, comme l'a fait Matthieu ? Pour signifier que Jésus vient pour sauver toute l'humanité, les vivants et les morts.

chacune de ces 3 tentations qui révèlent « *toutes les formes de tentations* » *auxquelles nous sommes confrontés nous aussi*, et voyons comment nous pouvons y faire face.

En premier lieu, **Satan tente Jésus, et donc l'homme, par rapport à la création.** C'est la tentation de l'avoir et du plaisir. Alors qu'il a faim, le tentateur s'approche et lui dit : « *Si tu es le Fils de Dieu, ordonne que ces pierres deviennent des pains.* » Au lieu de se soumettre au diable et à sa faim, Jésus se défend grâce à l'Ecriture. Se souvenant de ses ancêtres dans le désert, il cite le Deutéronome : « *Ce n'est pas seulement de pain que l'homme doit vivre, mais de toute parole qui sort de la bouche de Dieu* » (cf Dt 8,3). Plus tard, il déclarera à ses disciples : « *Ma nourriture, c'est de faire la volonté de celui qui m'a envoyé et de mener son œuvre à bonne fin.* » (Jn 4,34) Un jour, oui, il multipliera les pains... Mais ce sera pour combler non sa propre faim, mais celle des autres.

Au moment de la Passion, Jésus sera à nouveau tenté dans son corps. Au moment de la flagellation d'abord. Puis sur la croix, il lui sera proposé 3 fois d'accomplir un miracle : « *sauve-toi toi-même, si tu es le messie* » lui diront à la fois le malfaiteur à côté de lui, les soldats et les chefs des Juifs. Mais Jésus, là encore, refusera d'accomplir un miracle qui lui aurait permis d'échapper à la souffrance corporelle. Plus largement, cette tentation est caractéristique de notre société de consommation, qui détruit la planète à son profit pour trouver de la jouissance. Pour y faire face, nous pouvons cultiver la tempérance, une des 4 vertus cardinales. Certains aussi prononcent le vœu de pauvreté…

Deuxièmement, **Satan tente Jésus par rapport aux autres hommes**. Il l'incite à les dominer plutôt qu'à les servir. **C'est la tentation du pouvoir**. L'emmenant sur une très haute montagne et lui faisant voir tous les royaumes du monde avec leur gloire, le diable tente Jésus par un marchandage: « *Tout cela, je te le donnerai, si tu te prosternes pour m'adorer.* » Or le Seigneur ne marchande pas, Il donne gratuitement, et c'est librement que l'homme peut ou non lui répondre. Un jour, oui, le Christ règnera sur l'univers, comme nous le célébrons lors de la solennité du Christ-Roi. Mais en attendant, « *le Fils de l'homme n'est pas venu pour être servi, mais pour servir* » (Mt 20,28). Face à cette deuxième tentation, Jésus cite à nouveau le Deutéronome, et plus précisément la parole qui suit le Shéma Israël, la profession de foi juive : « *C'est devant le Seigneur ton Dieu que tu te prosterneras, à lui seul tu rendras un culte.* »

Sur la croix, Jésus aura sur la tête une couronne royale, mais elle sera faite d'épines. Et au lieu de dominer sur les autres, il continuera de les servir, notamment en donnant Marie sa mère au disciple qu'il aimait, et en adressant une parole de salut au bon larron à côté de lui. Face à cette tentation du pouvoir, la meilleure réponse est celle de la chasteté, un vœu qui ne concerne pas seulement le corps, mais la relation avec les autres (castus est l'inverse de l'inceste). « *Aimer purement, c'est consentir à la distance »*, autrement dit à l'absence de pouvoir et de contrôle, écrit Simone Weil dans *La pesanteur et la grâce.*

Enfin, **Satan tente l'homme par rapport à Dieu lui-même**. C'est la tentation la plus spirituelle, celle de la gloire, qui concerne particulièrement les croyants, et qui mène au fondamentalisme. Au lieu de dire *« que ta volonté soit faite »*, elle consiste à demander à Dieu de se plier à ma volonté. Le diable a compris la leçon de ses 2 échecs précédents, il utilise lui-même l'Ecriture, après avoir emmené Jésus au sommet du Temple de Jérusalem, le lieu le plus sacré en Israël: *« Si tu es le Fils de Dieu, jette-toi en bas ; car il est écrit : Il donnera pour toi des ordres à ses anges, et : Ils te porteront sur leurs mains, de peur que ton pied ne heurte une pierre »* Jésus lui répond : *« Il est écrit : Tu ne mettras pas à l'épreuve le Seigneur ton Dieu. »* C'est Dieu qui parfois nous éprouve, non pour nous faire du mal mais pour nous purifier, comme l'or au creuset. Jésus ne se place pas au-dessus de son Père, il ne le met pas à son service, il fait exactement l'inverse. Tous les miracles que Jésus accomplira seront destinés à glorifier le Père, et non à se glorifier lui-même.

A Gethsémani, il dira : *« Père, si tu le veux, éloigne de moi cette coupe ; cependant, que soit faite non pas ma volonté, mais la tienne. »* (Lc 22,42) Puis il « se jettera » dans la mort... Mais ce ne sera pas pour manifester sa puissance dans un accès de vaine gloire, mais pour manifester la toute-puissance de l'Amour de son Père. Pour faire face à cette tentation, le meilleur remède est donc l'obéissance.

Ainsi, frères et sœurs, **Satan nous tente en nous invitant à nous soumettre la création, les autres, et Dieu lui-même.** Dans notre société, ces trois tentations sont omniprésentes. Les déesses de la sexualité et de la consommation nous incitent à ne pas refréner nos désirs. Ensuite, le désir idolâtrique du pouvoir peut nous pousser à voir en l'autre non un frère, mais un adversaire à éliminer. Enfin, l'athéisme nous invite à nous considérer nous-mêmes comme des dieux, en allant au-delà du bien et du mal. Pendant ce Carême, conscients que nous sommes tous tentés de façons différentes, en fonction de ce que nous sommes apprenons à rejeter toutes les tentations en nous mettant à l'école du Christ. Il y est parvenu en se mettant à l'écoute de la Parole de Dieu et en se laissant conduire par l'Esprit Saint. **Nous-mêmes, pourquoi ne pas nous mettre davantage à l'écoute de la Parole de Dieu, après avoir invoqué l'Esprit Saint,** par exemple en recevant chaque jour l'évangile du jour sur notre portable ? Illuminés et nourris par cette Parole, dont l'efficacité sera démultipliée par les trois moyens que le Christ nous a rappelés le mercredi des Cendres (les Privations par rapport à l'avoir et au plaisir), le Partage vis-à-vis du pouvoir, et la Prière contre la vaine gloire), nous serons plus unis au Christ, et c'est avec lui que nous pourrons goûter la joie de vaincre les forces du mal et d'être de véritables fils et filles de Dieu.

2° dimanche : Il fut transfiguré devant eux

Frères et sœurs, **comment être transfigurés** ? Alors que nous éprouvons parfois le poids de notre finitude, avec son lot de difficultés qui nous font « faire la grimace », si bien que nous sommes au sens propre « défigurés », **comment parvenir au bout de nos chemins**, celui du carême qui nous mène à la joie de Pâques, celui de nos vies qui nous mène à la joie de la résurrection[48] ? **Il nous faut suivre le Christ, d'abord transfiguré sur le Mont Thabor, puis défiguré sur le Mont Golgotha**. D'une part, nous devons monter avec lui sur la montagne, c'est-à-dire accueillir avec reconnaissance les « beaux » moments qu'il nous offre : moments où nous ressentons la présence et l'amour de Dieu pour nous, moments de bonheur intense. Mais **d'autre part, nous devons aussi accepter de redescendre dans la plaine de nos vies, où nous attendent des épreuves et même, finalement, l'ascension de notre propre Golgotha**.

Pour commencer, **le Seigneur nous invite à accueillir avec reconnaissance les beaux moments** de béatitude qu'il veut nous offrir en nous emmenant sur la montagne, comme il l'a fait avec Pierre, Jacques et Jean. L'événement que nous

---

[48] *« Bien-aimés, dès maintenant, nous sommes enfants de Dieu, mais ce que nous serons ne paraît pas encore clairement. Nous le savons : lorsque le Fils de Dieu paraîtra, nous serons semblables à lui parce que nous le verrons tel qu'il est. »* (1 Jn 3, 2)

venons d'entendre, relaté par les trois évangiles synoptiques, se situe environ huit jours après la confession de foi de Pierre à Césarée. Après s'être écrié « *tu es le Messie»* (Mc 8,29), le chef des apôtres s'est fait reprendre fermement par Jésus, à qui il avait reproché vivement de casser le moral des troupes en annonçant sa Passion à venir. Et Jésus a ajouté : *« Si quelqu'un veut marcher derrière moi, qu'il renonce à lui-même, qu'il prenne sa croix, et qu'il me suive.»* (Mc 8,34) Nous pouvons imaginer le désarroi et les doutes qui ont dû agiter les Douze. Ainsi, celui qu'on attendait comme libérateur d'Israël allait souffrir et mourir ? Ils sont dans la « nuit de la Foi », une expression chère aux mystiques parce qu'ils l'ont tous traversée. Le sommeil accablant qui les saisit symbolise cette nuit pendant laquelle Dieu travaille leurs cœurs[49].

Pourquoi Jésus emmène-t-il ses amis sur la montagne ? Parce que dans la bible, elle est le symbole de la rencontre avec Dieu. C'est là que Moïse a reçu les tables de la Loi ; c'est là qu'Elie a entendu le Seigneur lui parler dans la brise légère. Ce sont justement ces 2 personnages qui apparaissent sur le Thabor. Pourquoi sont-ils là ? D'abord parce que, selon la Loi, il fallait que deux personnes soient présentes pour rendre un témoignage à quelqu'un. De plus, ils représentent respectivement la Loi et les Prophètes, soit les deux grandes parties de l'Ancien Testament : tout ce qu'ils ont dit et fait

---

[49] Dans la bible, le sommeil est souvent associé à cette action de Dieu en profondeur : c'est pendant le sommeil d'Adam qu'Il crée Eve (Gn 2), pendant le sommeil d'Abraham qu'il établit une alliance avec lui (Gn 15)...

était destiné à préparer la venue du Christ. Enfin, ils ont vécu comme Jésus un jeûne de 40 jours, et ils font partie des quelques personnages de l'Ancienne Alliance à avoir presque vu Dieu (Moïse de dos[50], et Elie s'est voilé le visage devant lui dans la brise légère[51]). Désormais, ils peuvent s'entretenir avec lui face à face. Jésus est le nouveau Moïse, qui nous donne la Loi des Béatitudes, et le nouvel Elie (à la suite de Jean Baptiste), qui nous appelle sans cesse à la conversion.

Sur le Thabor, Jésus révèle à Pierre, Jacques et Jean qui il est réellement. La blancheur éclatante de ses vêtements symbolise sa divinité[52], et c'est pourquoi nous revêtons un vêtement blanc le jour de notre baptême. Le Christ est « *le plus beau des enfants des hommes* » (Ps 44), de cette beauté qui sauvera le monde (Dostoïevski). Sa beauté n'est pas celle que montre notre société, qui voue un culte idolâtrique au corps et en fait un objet de consommation, c'est la beauté de la grâce, qui vient non de spots extérieurs mais de l'unité intérieure et qui préfigure celle de nos corps glorifiés après la résurrection... La voix du Père qui se fait entendre, et la nuée qui rappelle celle qui accompagnait la tente de la rencontre dans le désert et qui symbolise l'Esprit Saint, constituent l'apothéose de cette épiphanie. Notons, comme saint Luc l'a fait, que c'est pendant qu'il prie que Jésus est transfiguré. La

---

[50] Ex 33,18-33

[51] 1R19,12-13

[52] Cf les anges vêtus de blanc au moment de la résurrection (Jn 20,12)

prière est le moment où l'homme cesse de se situer dans le faire pour passer dans l'être et dans le laisser-faire. Jésus a beau être pleinement homme, il est aussi une Personne divine[53].

En plus d'accueillir, il nous faut tenir... Nous expérimentons tous des moments de béatitude comme les apôtres sur le Thabor, mais ils sont accompagnés de beaucoup de moments d'épreuve. « *Le plus grand nombre de nos années n'est que peine et misère.* » (Ps 90,10) C'est ainsi qu'après cet évènement exceptionnel, les apôtres doivent redescendre. Si Pierre veut dresser 3 tentes, c'est pour que cet événement dure toujours. Après avoir traversé une nuit de la foi, il jouit maintenant de la lumière divine qui l'éclaire et le réchauffe. Mais c'est alors que la voix du Père se fait entendre. Comme au jour du baptême, elle redit : « *Celui-ci est mon Fils bien-aimé.* » Mais elle ajoute cette fois : « *Écoutez-le.* » Écoutez celui qui vient de vous annoncer qu'il lui faudrait passer par la souffrance et la mort avant de ressusciter. N'ayez pas les pensées des hommes, ne soyez pas du côté de Satan, celui qui veut contrecarrer les projets divins (cf Mc 8,33)...

Après avoir ainsi soutenu une nouvelle fois son Fils, le Père disparaît, ainsi que Moïse et Elie. Jésus reste seul avec ses apôtres. C'est ainsi que s'accomplit toute vocation humaine. Même si Dieu manifeste son soutien à ses envoyés, Il les

---

[53] Comme le concile de Chalcédoine l'a déclaré solennellement en 451

laisse assumer leurs missions dans le clair-obscur de leurs vies quotidiennes. C'est pourquoi Jésus redescend de la montagne, « au raz des pâquerettes », afin d'y retrouver l'immense foule des hommes souffrants et égarés qu'il est venu sauver. Pourquoi défend-il à ses trois compagnons de *« raconter à personne ce qu'ils avaient vu, avant que le Fils de l'homme soit ressuscité d'entre les morts »* (Mc 9,9) ? Parce que sans le mystère de la Croix qu'il leur a annoncé, celui de la Transfiguration risque d'être interprété comme un simple prodige… Les trois apôtres eux-mêmes ont eu du mal à le comprendre, eux qui se demandaient *« entre eux ce que voulait dire : "ressusciter d'entre les morts" »* (Mc 9,10)

Pourquoi avoir choisi ce moment et ces trois apôtres pour se révéler ainsi ? Parce que la Passion est proche, comme il l'a annoncé à Césarée, et que ces trois mêmes apôtres seront bientôt avec lui sur un autre mont - celui des Oliviers où se situe le jardin de Gethsémani - au moment où il sera non plus trans- mais dé-figuré par l'angoisse, non plus le plus beau des enfants des hommes mais *« sans beauté ni éclat pour attirer les regards »* (Is 53,2). Ce jour-là, ils auraient pu se souvenir du Thabor pour garder leur courage, mais ils ne verront même pas le visage angoissé et suant le sang de leur maître, car ils dormiront à nouveau. Ce sommeil-là, contrairement à celui du Thabor, sera celui de leur péché, car Jésus leur aura demandé auparavant de veiller…

Ainsi, frères et sœurs, **le Père dit à chacun d'entre nous :** **«** *Écoutez mon Fils* **».** **Ne l'écoutez pas seulement lorsqu'il vous promet le bonheur, mais aussi lorsqu'il vous appelle à prendre votre croix pour le suivre**[54]... Pendant ce Carême, marchons dans la direction que le Seigneur nous indique, même si elle est difficile, avec l'espérance de notre Transfiguration, lorsque le Seigneur « *transformera nos pauvres corps à l'image de son corps glorieux* » (2° lect.) Prenons exemple sur Abraham, qui a marché vers la terre promise avec la force de la Promesse reçue de Dieu (1° lect.). Et **si nous sommes tentés de nous arrêter, souvenons-nous de tous les moments où nous avons vécu dans la lumière et une joie profonde : leur souvenir nous transfigurera à nouveau, et nous serons fortifiés pour redescendre dans les plaines de nos vies quotidiennes. AMEN.**

---

[54] Prenons exemple sur Abraham. Alors que Dieu lui avait promis une terre et une descendance, il n'avait encore reçu ni l'une ni l'autre. Pourtant, lorsque le Seigneur renouvela sa promesse, il « *eut foi dans le Seigneur, qui estima qu'il était juste* » (1° lect.), si bien qu'Il contracta avec lui une alliance dans le sang des animaux, qui signifiait que chacun des contractants était prêt à se sacrifier pour l'autre.

3° dimanche[55] : Donne-moi à boire

Frères et sœurs, **sommes-nous de bons missionnaires ?** Dans notre monde, beaucoup d'hommes et de femmes ont soif, comme les Hébreux dans le désert (1° lect.). Aujourd'hui, près de la moitié de l'humanité vit dans des régions où l'eau manque au moins un mois par an. Et la situation devrait s'aggraver, selon les scientifiques... L'eau de la création manque, mais que dire de celle de l'Esprit ? Beaucoup d'êtres humains ont soif de Dieu, parfois sans le savoir. C'est notre rôle, en tant que baptisés, de les aider à étancher leur soif Comment ? Dans l'évangile de ce dimanche, Jésus nous répond. Dans son dialogue avec la Samaritaine, il nous propose un « **rite** » **missionnaire, qui comprend les trois grandes étapes de toute mission. D'abord, entrer en Relation ; ensuite, aider l'autre à s'Interroger sur son existence ; enfin, Témoigner de notre Foi... Tout cela sous la conduite de l'Esprit Saint !**

Pour commencer toute mission, il faut entrer en Relation. Saint Jean écrit dans sa première lettre : *Dieu nous a aimés le premier* (Jn 4,19). C'est Dieu qui a fait le premier pas vers l'homme, non l'inverse. Alors qu'Adam et Eve avaient péché et se cachaient, honteux de leur nudité, Il est venu jusqu'à eux pour les couvrir de peaux de bête et pour leur promettre la venue d'un Sauveur (Gn 3). Puis, lorsque les Hébreux

---

[55] Année A, pour les catéchumènes

étaient esclaves de Pharaon, c'est lui qui prit l'initiative de leur envoyer Moïse. Plus tard encore, le Fils de Dieu s'incarna sans que nous ayons mérité une telle grâce... Comme Saint Paul l'écrit aux Romains (2° lect.): « *La preuve que Dieu nous aime, c'est que le Christ est mort pour nous alors que nous étions encore pécheurs.* »

Ici, Jésus entre en relation avec une personne avec laquelle il aurait été politiquement correct de n'avoir aucune relation. D'abord, c'est une femme, et un homme n'aborde pas une femme aussi simplement dans la société de l'époque. Qui plus est, c'est une Samaritaine, et les Juifs - pour des raisons à la fois historiques et religieuses - ne veulent rien avoir en commun avec son peuple. Pourtant, Jésus aborde cette femme, et loin de lui parler de haut, il lui demande humblement un service : « *Donne-moi à boire.* » Demander un service, c'est reconnaître qu'on a besoin de l'autre, c'est donc reconnaître sa dignité. Tout au long de son ministère, Jésus entrera en relation avec les pécheurs, ce que les pharisiens lui reprocheront sans cesse (cf l'exemple de Zachée, par exemple).

La relation une fois établie, elle pourrait demeurer superficielle. Mais le Seigneur nous invite à aller plus loin, et à **pousser l'autre à s'interroger sur le sens de son existence.** Pour cela, il faut d'abord qu'il prenne conscience de la vanité de sa vie. « *Vanité des vanités, dit Qohélet ; vanité des vanités, tout est vanité.* » (Qo 1,2) Cette parole est celle d'un sage, Qohélet appelé aussi l'Ecclésiaste, qui a su observer le monde en profondeur. Si ce livre a été intégré par les Juifs dans le canon des Ecritures, c'est pour mettre en relief que sans Dieu, la vie n'a pas de sens. Notre désir est infini, mais se heurte aux limites de notre condition humaine.

Jésus cherche à ce que la Samaritaine prenne conscience de son insatisfaction. Il parle d'abord de manière symbolique : « *Tout homme qui boit de cette eau aura encore soif ; mais celui qui boira de l'eau que moi je lui donnerai n'aura plus jamais soif* ». Ensuite, il parle plus clairement : « *Va, appelle ton mari, et reviens.* » *La femme répliqua :* « *Je n'ai pas de mari.* » *Jésus reprit :* « *Tu as raison de dire que tu n'as pas de mari, car tu en as eu cinq, et celui que tu as maintenant n'est pas ton mari ...* » Jésus ne juge pas cette femme, il lui manifeste seulement qu'il la connaît. Elle se sent reconnue et aimée. C'est pourquoi elle n'aura pas peur de dire à ses compatriotes : « *Venez voir un homme qui m'a dit tout ce que j'ai fait* ». La Samaritaine ressemble étonnamment à tant de personnes de notre société, ces hommes et ces femmes qui se séparent si facilement de leurs conjoints parce qu'ils éprouvent vite de la déception face à leurs imperfections. Ils sont en recherche d'une perfection qu'ils ne pourront trouver que dans le Christ lui-même. C'est pourquoi Jésus a dit auparavant : « *Si tu savais le don de Dieu, si tu connaissais celui qui te dit : 'Donne-moi à boire', c'est toi qui lui aurais demandé, et il t'aurait donné de l'eau vive.* » Traditionnellement, l'eau vive est un symbole de l'Esprit Saint. Ce que l'homme doit rechercher, ce ne sont pas les biens matériels ou les biens affectifs passagers, c'est l'eau vive de l'Esprit que seul le Christ est capable de lui donner.

Ce qu'il enseigne à la Samaritaine, Jésus l'enseigne également à ses disciples. Alors qu'ils s'étonnent qu'il ne mange pas, se demandant si quelqu'un lui aurait apporté à manger, il leur déclare : « *Ma nourriture, c'est de faire la volonté de celui qui m'a envoyé et d'accomplir son œuvre* ». Il les appelle ainsi à passer d'une faim corporelle à une faim spirituelle, celle de faire la volonté de Dieu. C'est ce que nous demandons dans chaque Notre Père : « *Que ta volonté soit faite* », demandant seulement ensuite : « *Donne-nous aujourd'hui notre pain de ce jour* ».

Il ne suffit pas de susciter le désir de Dieu, il faut encore l'assouvir. C'est l'étape du **T**émoignage de notre Foi. Autrement, on en reste à l'action des sectes. Dans le désert, Dieu a étanché la soif de son peuple. Le rocher sur lequel Moïse a frappé avec son bâton, et dont de l'eau a jailli (1° lect.), c'est le symbole du Christ (cf 1Co 10,4) qui a été transpercé sur la Croix et dont de l'eau et du sang ont jailli du côté, préfigurations du baptême et de l'eucharistie.

Jésus ne s'est pas contenté de susciter le désir de Dieu chez la Samaritaine. Il l'a ensuite assouvi en l'enseignant. D'abord, il parle clairement, sans tomber dans un syncrétisme politiquement correct : « *Vous adorez ce que vous ne connaissez pas ; nous adorons, nous, celui que nous connaissons, car le salut vient des Juifs* ». Ensuite, il manifeste que cette vérité n'est pas synonyme d'étroitesse d'esprit et d'exclusion, au contraire : « *l'heure vient - et c'est maintenant - où les vrais adorateurs adoreront le Père en esprit et vérité : tels sont les adorateurs que recherche le Père* ». Jésus ne s'est pas contenté de ces quelques paroles ; ensuite, il a poursuivi sa catéchèse en restant deux jours entiers auprès des Samaritains que la femme avait attirés jusqu'à lui. Celle qu'il avait commencé à évangéliser est devenue très vite elle-même missionnaire.

Si le Christ est parvenu à faire de la Samaritaine une adoratrice en esprit et en vérité, c'est parce qu'il a parcouru ces 3 étapes non seulement avec elle, mais aussi avec l'eau vive de l'Esprit qu'il lui promettait. En entendant cet évangile, **nous pouvons nous situer à une double place. D'abord, à celle de la Samaritaine.** Nous aussi, nous sommes en recherche, nous éprouvons des désirs d'infini, que seul Dieu, avec le Fils et l'Esprit Saint, peut assouvir. Mais **nous pouvons aussi nous mettre dans la peau de Jésus**, et avoir la même soif que la sienne. Sur la croix, il a dit : « *J'ai soif* » (Jn 19,28) **L'homme a soif de Dieu, mais Dieu a aussi soif de l'homme.** Il a soif de son amour. Alors, en tant que baptisés, c'est à nous de désaltérer le Christ. Voilà pourquoi nous devons être missionnaires. Cette semaine, sachons entrer en relation avec des non- (ou mal-) croyants de notre entourage. Poussons-les avec délicatesse à s'interroger sur le sens de leurs vies. Témoignons de notre Foi par nos vies et par nos paroles. Alors, nous sentirons l'eau vive du Saint Esprit couler en nous comme d'une source jaillissante pour la vie éternelle, et nous adorerons Dieu en esprit en en vérité. AMEN.

4° dimanche : Festoyons et réjouissons-nous !

Frères et sœurs, **pourquoi nous réjouir**, comme l'Eglise nous y invite en ce dimanche de Laetare ? L'épreuve que nous traversons nous pousserait plutôt à la déprime ! Non seulement les médias nous révèlent régulièrement de nouvelles horreurs, dans la société et dans l'Eglise elle-même, mais le Carême nous a sans doute permis de mieux reconnaître nos propres faiblesses et péchés. Si nous devons ne pas jouer les autruches et regarder le mal en face, nous devons aussi prendre conscience que le Christ a vaincu ce mal, et que le Seigneur nous aime infiniment, malgré tous nos péchés. Ainsi, malgré le mal qui nous attriste, nous pouvons nous réjouir avec Lui de tout le bien qui est réalisé et de toutes les conversions qui ont lieu sans bruit chaque jour sur la terre. Les pharisiens et les scribes de l'évangile, au lieu de se réjouir de la conversion des pécheurs, récriminent contre Jésus parce qu'il leur fait bon accueil et mange avec eux. Eux-mêmes s'éloignent de ces personnes – les collecteurs d'impôts, les prostituées – les méprisant et estimant qu'elles vont les empêcher de mettre la Loi en pratique en les rendant impurs. Le mot *« pharisien »* signifie précisément *« séparé »*. Mais le Christ ne craint ni les maladies du corps, ni celles de l'âme. Tout comme il a touché la chair des lépreux et les a guéris physiquement, il veut toucher le cœur des pécheurs et les guérir spirituellement. Lui qui est la Vie, il veut se donner à ceux que le péché a fait mourir. Pour se faire comprendre, Jésus emploie trois paraboles : dans chacune, il s'agit de retrouver ce qui était perdu: une brebis, une drachme, et un fils. Toutes les trois ont le même sens, mais approfondissons la troisième, qui est plus développée. On l'appelle généralement la parabole du fils prodigue, mais on pourrait aussi l'appeler la parabole du Père prodigue (en amour) et de ses deux fils. Tous les deux pourraient être heureux mais ils ne le sont pas car, au lieu de vivre dans l'action de grâce pour ce qu'ils ont, ils sont comme « frustrés », raisonnant en termes de mérites et de droits et fondant leurs espoirs sur des illusions. **Ils vont nous permettre de réfléchir sur deux désirs forts de nos contemporains : le désir de la liberté, et celui de la sécurité**. Ces désirs légitimes, s'ils sont mal éclairés, peuvent conduire à des impasses, à savoir à une sorte d'esclavage et au fondamentalisme. Ensuite, **le Père nous donnera de comprendre ce qu'est la Miséricorde divine.**

Pour commencer, **le fils prodigue** (image des publicains et des prostituées) **nous éclaire sur la nature de la vraie liberté**. Pourquoi a-t-il quitté son père ? Ce n'est pas parce qu'il manquait de quelque chose, puisque son père est visiblement riche et généreux. C'est sans doute parce qu'il voulait pouvoir céder librement à tous ses caprices, loin des yeux de son père. C'est ainsi qu'il va gaspiller sa fortune en menant une vie de désordre. C'est la tentation propre des adolescents, qui cherchent à s'émanciper à tout prix de leurs parents, qu'ils voient avant tout comme ceux qui les entravent avec des règles et des interdits. C'est aussi la tentation de nos contemporains par rapport à Dieu et à l'Eglise, qu'ils fuient parce qu'ils les voient avant tout comme des carcans. « *Dieu est mort* », le slogan de Nietzsche est devenu celui de notre société. Pour beaucoup, la liberté consiste à assouvir les désirs qu'ils ressentent, quels qu'ils soient. En plus de l'orgueil, principe de tous les péchés – qui consiste ici à revendiquer une autonomie par rapport à Dieu - on reconnaît dans ce genre d'attitude trois autres péchés capitaux : la paresse spirituelle, la luxure et la gourmandise... En réalité, ceux qui agissent ainsi se trompent. La vraie liberté ne consiste pas à assouvir tous mes désirs, mais à discerner ceux qui viennent de Dieu et qui vont me permettre de m'accomplir en même temps que d'accomplir sa volonté. Elle signifie n'être esclave d'aucune passion, et pouvoir ainsi agir selon ma raison éclairée par le Seigneur. Le fils cadet découvre que non seulement il n'est pas plus libre qu'avant, mais même qu'il l'est moins : au lieu de s'accomplir, il s'est déshumanisé, au point de lorgner sur la nourriture donnée aux porcs, les animaux impurs par excellence chez les juifs[56].

Le fils aîné de la parabole (image des pharisiens et des scribes) **est tombé dans un autre piège que son frère. Lui n'a pas cherché une fausse liberté, mais une fausse sécurité.** En restant auprès de son père et en travaillant pour lui, comme

---

[56] Charles de Foucauld, pendant sa jeunesse, a vécu à la manière du fils prodigue. Une fois dans le désert, il a commencé à ressentir la faim, non pas tant physique que spirituelle, qui tenaillait son âme. L'exemple des musulmans a suscité en lui le désir de revenir vers Dieu.

pour un patron, il est devenu orgueilleux. Il se croit meilleur que son frère, qu'il considère comme un étranger. Il est jaloux de lui, parce que leur père a fait tuer pour lui le veau gras. Il dit à son père : « *Ton fils* » que voici, et non « *mon frère* » et il se met en colère contre à la fois son père et son frère. Ainsi, alors que son frère avait probablement commis trois péchés capitaux – la gourmandise, la luxure et la paresse, il est sûr que lui-même en commet trois autres: l'avarice, la jalousie et la colère. Et comme son frère, il est habité par l'orgueil – qui consiste dans son cas à se croire meilleur que son frère. Son attitude est celle des croyants de notre époque qui se renferment sur leur foi et leur communauté, tombant dans le fanatisme. En réalité, l'obéissance aux commandements de Dieu ne doit pas renfermer l'âme, mais l'ouvrir. « *Oui, mon joug est aisé et mon fardeau léger*», a dit Jésus (Mt 11,30). Lorsque des croyants vivent leur foi à la manière du fils aîné, qui n'a jamais fait la fête parce qu'il ne l'a pas demandé à son père – qui aurait bien sûr accepté, ils se rendent malheureux et ils font fuir les autres[57].

Finalement, frères et sœurs, **le personnage principal de la parabole est le père lui-même. Lui seul a le cœur large, débordant de miséricorde.** Il aime son fils cadet, qu'il laisse

---

[57] Saul de Tarse, avant sa conversion, ressemblait beaucoup au fils aîné. Pendant longtemps, il a cherché la justice par ses propres forces, en obéissant à la Loi de Moïse. Mais après sa rencontre avec le Christ, il a compris que « *celui qui n'a pas connu le péché, Dieu l'a pour nous identifié au péché, afin qu'en lui nous devenions justes de la justice même de Dieu* » (2° lect.).

partir librement. Aimer quelqu'un, c'est désirer qu'il soit libre, c'est pourquoi aussi le Seigneur cesse d'offrir la manne à son peuple une fois qu'il est en Terre Promise, comme une sorte de sevrage : désormais, il devra travailler la terre pour en tirer lui-même du fruit (1° lect.). Mais ce respect de la liberté de l'autre n'est pas indifférence : le Père guette le retour de son fils (c'est pourquoi il l'aperçoit de loin) et il court se jeter dans ses bras, sans lui faire la leçon, et ne cherchant pas à savoir s'il est revenu seulement poussé par la faim ou par un désir plus noble. Il aime aussi son fils aîné, à qui il ne fait pas non plus durement la leçon, mais qu'il invite à se réjouir, et à qui il assure : « *tout ce qui est à moi est à toi* ». Quel bel exemple pour tous les pères ! Rembrandt l'a magnifiquement dépeint, avec une main grosse et virile pour signifier sa force, et une main plus petite et douce pour manifester sa tendresse. La petite Thérèse avait bien compris la Miséricorde infinie du Seigneur. Peu de temps avant de mourir, assaillie par les tentations que connaissent les pécheurs, elle dit à sa sœur Pauline : « *si j'avais commis tous les crimes possibles, j'aurais toujours la même confiance, je sens que toute cette multitude d'offenses serait comme une goutte d'eau jetée dans un brasier ardent* ».

Ainsi, le Seigneur fait de nous ses fils et ses filles, des frères et des sœurs, et nous invite aujourd'hui à éviter deux écueils : le désir d'une fausse liberté, et le désir d'une fausse sécurité. **Notre vraie liberté consiste à choisir les chemins qui vont nous permettre de nous accomplir. Notre vraie sécurité** consiste à demeurer auprès de Dieu en accomplissant ses commandements non selon la lettre qui tue, mais selon l'esprit qui vivifie. Nous ressemblons parfois au fils cadet de la parabole, dilapidant les biens que le Seigneur nous a offerts, et parfois au fils aîné, jugeant les autres avec dureté. **Prenons donc exemple sur notre Père, qui nous aime chacun de manière unique, et qui est toujours prêt à nous pardonner lorsque nous nous égarons.** Ne soyons pas ingrats et « frustrés » comme les fils de la parabole, ne résonnons pas en termes de mérites et de droits mais vivons dans la reconnaissance et l'action de grâce pour ce que Dieu nous donne. Cette semaine, n'hésitons pas à recevoir le sacrement de réconciliation, comme saint Paul nous y invite : « *nous le demandons au nom du Christ, laissez-vous réconcilier avec Dieu !* » (2° lect.) En le recevant, nous entrerons dans sa joie de Père, qui pourra festoyer en disant: « *mon fils était mort, et il est revenu à la vie ; il était perdu, et il est retrouvé !* »

5° dimanche : Voici que je fais un monde nouveau

« *Ne faites plus mémoire des événements passés, ne songez plus aux choses d'autrefois. Voici que je fais un monde nouveau : il germe déjà, ne le voyez-vous pas* » *(1° lect.)*? Frères et sœurs, **comment renouveler notre monde**, comme le prophète Isaïe en donnait l'espérance au peuple en exil ? Cette espérance, n'est-ce pas celle du peuple algérien, celle des gilets jaunes, celle de tous ceux qui sont déçus de notre société actuelle... Les moyens qu'ils ont utilisés n'ont pas été les mêmes, et les résultats non plus. Mais ce qui est certain, c'est que les changements de structures et de politiques ne suffiront pas. **Le véritable renouveau de notre monde ne peut passer que par celui de ses membres, et donc par une transformation profonde des esprits et des cœurs. Celle-ci implique une conversion avec un double mouvement : d'une part se détourner du péché, et d'autre part se tourner vers le Christ.** Les deux personnages principaux des lectures de ce dimanche, la femme adultère et saint Paul, peuvent nous y aider.

Pour commencer, notre conversion exige que nous nous détournions du péché, comme Jésus l'a demandé à la femme adultère de l'évangile. Dans l'Ancien Testament, l'adultère est l'un des symboles les plus parlants du péché, puisque celui-ci signifie une infidélité à l'alliance avec Dieu, qui se présente comme l'Epoux de son peuple. Selon la loi de

Moïse, la femme qui a été prise en flagrant délit d'adultère mérite la lapidation. Notons que la Loi prévoit la lapidation aussi bien pour l'homme que pour la femme, mais il est étrangement absent. Il est en quelque sorte remplacé par Jésus lui-même car, ne nous y trompons pas, c'est surtout lui que les pharisiens veulent mettre à mort. Le fait que Jésus appelle ensuite la femme adultère du nom de *« femme »*, justement, corrobore cette idée : il est l'homme parfait, qui va lui rendre sa dignité de femme, qui a été comme abîmée par son péché. D'ailleurs, dans cette scène, elle est présentée comme un véritable objet, on ne la nomme pas, et on ne lui laisse pas la possibilité de parler.

Jésus et la femme adultère sont situés au centre du groupe, comme encerclés par une meute de loups prêts au carnage[58]. Pour eux, voici l'occasion de prendre Jésus au piège : s'il demande l'application de la Loi, alors qu'il n'a cessé de prêcher la miséricorde, il va perdre la confiance du peuple, et il risque d'être arrêté par les Romains, qui se sont réservés la peine de mort ; s'il la refuse, il manifeste qu'il est un faux-prophète. *« Et toi, qu'en dis-tu ? »* Jésus ne se laisse pas prendre au piège. En se taisant, il manifeste sa liberté et il éteint la colère de ses interlocuteurs. En traçant des traits sur le sol, il agit aussi à la manière d'un enfant, refusant d'entrer

---

[58] Ou comme les animaux de la fable de La Fontaine, Les animaux malades de la peste, qui décident de mettre à mort l'âne, bouc émissaire qui leur permet d'échapper à leur responsabilité (d'où l'expression « haro sur le baudet »). C'est l'inverse de la communion des saints, dans laquelle chacun vit dans l'amour et le respect des autres, en commençant par les plus petits.

dans la perversité des adultes qui sont à ses côtés. Son geste est aussi symbolique : les tables de la Loi de Moïse ont été gravées dans le marbre par le doigt de Dieu, nous révèle l'Ecriture, comme si les cœurs à qui elle s'adressait étaient eux-aussi de pierre. La nouvelle Loi, elle, sera inscrite sur des cœurs de chair, avait prophétisé Jérémie. Comme on persiste à l'interroger, Jésus se redresse et leur dit : « *Celui d'entre vous qui est sans péché, qu'il soit le premier à lui jeter la pierre.* » Cette réponse est géniale : elle renvoie chacun à sa propre conscience. Certes, la femme adultère a péché, mais qui d'entre ses accusateurs est parfaitement en règle avec la Loi ? Jésus se baisse de nouveau pour tracer des traits sur le sol. Ainsi, il ne veut juger personne : il n'y aura pas de regard dur ou moqueur de sa part, chacun est mis en situation de se situer librement en face de sa conscience... Et c'est ainsi qu'un petit miracle se produit : ceux qui étaient venus à Jésus pour pouvoir l'accuser se laissent juger eux-mêmes, et par eux-mêmes. Avec un certain humour, Jean souligne que ce sont les plus âgés qui partent les premiers... Resté seul avec la femme en face de lui, Jésus se redresse pour lui parler. Il veut la libérer, non seulement de ses accusateurs qui voulaient la lapider, mais plus profondément de son péché. Eux étaient pécheurs, mais lui est parfaitement juste, et il a le droit de la condamner. Mais il lui dit : « *Moi non plus, je ne te condamne pas. Va, et désormais ne pèche plus.* » Un peu plus loin dans l'évangile, il dira : « *Je ne suis pas venu pour juger le monde, mais pour le sauver.* » (Jn 12, 47) Ce n'est qu'à la fin des temps qu'il reviendra pour juger le monde. Pour l'heure, la femme peut partir mener une vie nouvelle.

Se détourner du péché est la première étape de la conversion, mais elle ne suffit pas. Il faut aussi se tourner dans la bonne direction, celle du Christ. C'est ce que Saul de Tarse a découvert sur le chemin de Damas. Jusqu'alors, il menait une vie morale irréprochable, mais il était hostile au Nazaréen. A partir du moment où il le rencontre, il ne va plus cesser de le suivre et de chercher à lui ressembler, au point de pouvoir écrire : *« Je vis, mais ce n'est plus moi, c'est le Christ qui vit en moi. »* (Ga 2,20). Ou encore, comme nous venons de l'entendre : *« tous les avantages que j'avais autrefois, je les considère comme une perte à cause de ce bien qui dépasse tout : la connaissance du Christ Jésus, mon Seigneur. À cause de lui, j'ai tout perdu ; je considère tout comme des ordures, afin de gagner un seul avantage, le Christ. »* (2° lect.) Humblement, il admet ses limites : *« je n'ai pas encore atteint la perfection, mais je poursuis ma course pour tâcher de saisir, puisque j'ai moi-même été saisi par le Christ Jésus. »*

Que signifie concrètement se laisser saisir par le Christ, à l'exemple de Paul ? Lui-même nous répond : *« Il s'agit de connaître le Christ, d'éprouver la puissance de sa résurrection et de communier aux souffrances de sa passion, en reproduisant en moi sa mort, dans l'espoir de parvenir, moi aussi, à ressusciter d'entre les morts »*. La connaissance du Christ n'est donc pas seulement intellectuelle et sentimentale : elle implique un engagement de tout l'être. Notons que Paul évoque en premier et en dernier, dans son énumération, la résurrection : ce n'est qu'en éprouvant la puissance de celle du Christ et en espérant la sienne propre que l'on peut être assez fort pour communier aux souffrances de sa passion et pour reproduire en soi sa mort.

Ainsi, frères et sœurs, la femme adultère – que nous pouvons assimiler à Marie-Madeleine, à la suite de beaucoup de pères de l'Eglise - et Paul se sont tous deux laissés saisir par le Christ. A partir de cette expérience fondatrice, ils n'ont eu de cesse de le saisir à leur tour : *« oubliant ce qui est en arrière, et lancés vers l'avant »*, ils ont couru *« vers le but pour remporter le prix auquel Dieu nous appelle là-haut »*. Ils se sont convertis, non par leur obéissance servile à une Loi, mais par leur amour pour une Personne, l'Homme nouveau par excellence : le Christ Jésus. La justice dont il est question est celle *« qui nous vient de Dieu et qui est fondée sur la foi au Christ »* (2° lect.) Pendant la semaine à venir, cherchons nous-mêmes à le saisir. Oublions ce qui est en arrière, ces souvenirs du passé qui nous entravent : s'il s'agit de péchés que certains ont commis contre nous, pardonnons-leur ; s'il s'agit de péchés que nous avons commis nous-mêmes, allons demander pardon à ceux que nous avons offensés et recevons le sacrement de la réconciliation. C'est ainsi que nous nous laisserons renouveler par le Seigneur, et que nous participerons ensemble à l'avènement d'un monde nouveau, celui du Royaume de Dieu.

Rameaux : Béni soit celui qui vient, le Roi, au nom du Seigneur

Au début de cette célébration, frères et sœurs, **pourquoi avons-nous agité des rameaux, que nous installerons bientôt dans nos maisons ou nos appartements** ? D'abord parce qu'ils sont des symboles de la vie éternelle, comme le buis qui reste toujours vert. Mais aussi parce qu'ils évoquent l'intronisation de celui qui veut régner dans nos maisons et surtout dans nos cœurs : le Christ, que les disciples ont accueilli dans Jérusalem en criant : « *Béni soit celui qui vient, le Roi, au nom du Seigneur. Paix dans le ciel et gloire au plus haut des cieux !* » En les entendant, Jésus ne leur a pas demandé de se taire alors que jusqu'ici, il l'avait toujours fait. Pourquoi ? Parce qu'il savait que dans l'esprit des Juifs, le Roi d'Israël, le messie, était perçu comme un personnage puissant, le fils de David, qui chasserait les Romains pour redonner la liberté à son peuple. Aujourd'hui, non seulement il ne leur demande pas de se taire, mais il répond aux Pharisiens qui lui demandent de réprimander ses disciples, parce qu'ils ont peur que l'occupant romain ne réagisse par la force à la vue de ce qui ressemble à un trouble de l'ordre public : « *Je vous le dis : si eux se taisent, les pierres crieront.* » Pourquoi ce changement chez Jésus ? Parce que désormais, il ne sera plus possible se tromper sur sa véritable identité. Certes, il est bien le messie tant attendu, le roi d'Israël et même de tout l'univers, comme nous le célébrons le dernier dimanche de chaque année liturgique. Mais **sa royauté n'est pas celle des puissants de ce monde, elle ne ressemble pas à** celle de Pilate, le gouverneur romain, ou à celle d'Hérode, le roi fantoche de la Galilée. Il ne rentre pas dans Jérusalem sur un grand cheval, mais sur un petit âne. On ne lui déroule pas le tapis rouge, mais on dépose devant lui des manteaux. Bientôt, les acclamations de la foule vont changer et devenir des cris de haine : « *crucifie-le ! crucifie-le !* » Au lieu de juger ses sujets, comme le faisait Salomon ou comme le fera saint Louis au pied de son chêne dans la forêt de Vincennes, tout près d'ici, il sera jugé lui-même et condamné. Au lieu d'une magnifique couronne d'or et de diamants, il portera une couronne d'épines. Au lieu de porter les plus beaux vêtements, on le revêtira d'un manteau de couleur éclatante en signe de dérision, avant de le dénuder complètement. Au lieu de l'oindre avec les crèmes les plus douces, on le flagellera et on lui crachera dessus. Au lieu de l'installer sur une chaise à porteurs, c'est lui qui devra porter une lourde croix. Au lieu de l'asseoir sur un trône en métal précieux, il sera cloué sur une croix. Ainsi, Jésus est bien « *le roi des Juifs* », comme Pilate le fera écrire ensuite au-dessus de sa tête sur la croix. Quel est le sens de cette royauté de Jésus ? Lui-même le dit à ses disciples au moment de la dernière Cène : « *Les rois des nations les commandent en maîtres, et ceux qui exercent le pouvoir sur elles se font appeler bienfaiteurs. Pour vous, rien de tel ! Au contraire, que le plus grand d'entre vous devienne comme le plus jeune, et le chef, comme celui qui sert... Je suis au milieu de vous comme celui qui sert* ». **Comment le Christ nous sert-il ? En nous aimant et en nous dévoilant la vérité.** Comme le dit un psaume (84),

« *amour et vérité se rencontrent* ». Réfléchissons sur ces 2 facettes de la royauté du Christ.

Pour commencer, **le Christ veut régner par la vérité.** Lorsque Pilate lui demande au moment de son procès : « *"Alors, tu es roi ?" Jésus répondit : "C'est toi-même qui dis que je suis roi. Moi, je suis né, je suis venu dans le monde pour ceci : rendre témoignage à la vérité. Quiconque appartient à la vérité écoute ma voix."* » (Jn 18,37) Rendre témoignage, en grec, se dit *martyrios*. Comme dit l'Ecriture, dans la bouche de Jésus, « *on n'a pu trouver de mensonge* » (1P 2,22). A Pilate qui lui demande : « *Es-tu le roi des Juifs ?* », il n'esquive pas, bien qu'il sache que sa réponse peut lui valoir la mort, il répond : « *C'est toi-même qui le dis.* » Il sait pourtant que pour les Romains, il ne doit pas y avoir d'autre roi que César, comme les chefs du peuple le diront opportunément pour leur part ensuite : « *Pilate leur dit : "Vais-je crucifier votre roi ?" Les grands prêtres répondirent : "Nous n'avons pas d'autre roi que l'empereur."* » (Jn 19,15) Si Jésus ne répond pas à Hérode qui lui pose « *bon nombre de questions* », c'est parce qu'il sait que cela ne servira à rien, Hérode étant trop superficiel pour comprendre ses réponses éventuelles.

Le Christ veut régner par la Vérité, mais aussi par l'Amour. Cet Amour s'exprime tout au long de la Passion. Songeons au serviteur du grand prêtre, à qui un disciple (un autre évangéliste précise que c'est Pierre) a tranché l'oreille, et que Jésus guérit. Songeons à Pierre, encore lui, qui a renié 3 fois Jésus, et sur lequel celui-ci pose un regard tellement plein de tendresse que Pierre ne peut s'empêcher de pleurer amèrement ensuite. Songeons à tous les ennemis de Jésus, pour lesquels il prie sur la croix en disant : « *Père, pardonne-leur : ils ne savent pas ce qu'ils font.* » Songeons au malfaiteur crucifié à côté de lui, et à qui il fait cette étonnante promesse : « *Amen, je te le dis : aujourd'hui, avec moi, tu seras dans le Paradis.* » Cet Amour de Jésus pour les hommes s'enracine dans son Amour pour son Père. C'est à Lui, dans un total abandon et une totale confiance, qu'il adresse ses dernières paroles : « *Père, entre tes mains je remets mon esprit.* »

Ainsi, frères et sœurs, **le Christ veut régner en nos maisons et en nos cœurs par la Vérité et par l'Amour.** A chaque fois que nous osons exprimer la Vérité, même et surtout devant ceux qui voudraient nous faire taire, nous acclamons le Christ comme notre roi. A chaque fois que nous aimons nos frères, même et surtout ceux qui nous ont fait du mal et à qui nous osons pardonner, nous acclamons le Christ comme notre roi. Mais à chaque fois que nous usons de mensonge ou que nous taisons la vérité, nous re crucifions Jésus. Et à chaque fois que nous refusons d'aimer et de pardonner, nous re crucifions Jésus. « *Christ est en agonie jusqu'à la fin du monde* », a écrit Pascal. Pendant les jours et les mois à venir, **à chaque fois que nous regarderons les rameaux accrochés à nos murs,** demandons-nous si le Christ règne véritablement dans nos cœurs, demandons-nous si nous sommes prêts à donner nos vies pour témoigner de la Vérité (surtout lorsque nous sommes en face de personnes qui lui sont hostiles) et pour aimer notre prochain (surtout lorsqu'il nous est hostile). Et si nous sommes tentés de crucifier le Christ à nouveau, regardons la Vierge Marie, sa Mère qui l'a suivi jusqu'au pied de la croix et qu'il nous a donné pour mère, et demandons-lui d'intercéder pour nous : « *Sainte Marie, mère de Dieu, prie pour nous, pauvres pécheurs, maintenant et à l'heure de notre mort* ». AMEN.

Pâques

Vigile pascale : Pourquoi cherchez-vous le Vivant parmi les morts ?

Sommes-nous prêts à propager le feu, frères et sœurs ? C'est ce que nous avons fait en entrant dans cette église, comme un signe de notre mission de baptisés, disciples missionnaires. Le feu que nous avons allumé devant l'église est l'un des symboles de notre patron, l'Esprit Saint. Il y a 2000 ans, par sa mort et sa résurrection, le Fils de Dieu a allumé un feu puissant que rien ne pourra éteindre. C'était le but ultime de son incarnation parmi nous, comme il l'avait annoncé : *« Je suis venu apporter un feu sur la terre, et comme je voudrais qu'il soit déjà allumé ! »* (Lc 12,49) En soufflant son Esprit sur les disciples au soir de la résurrection, et à nouveau le jour de la Pentecôte, il a attisé ce feu. Frère feu, comme l'appelait saint François, a 3 effets : il détruit, comme nous l'avons vu impuissants il y a quelques jours à Notre Dame, mais aussi il éclaire et il réchauffe. C'est exactement ce que l'Esprit Saint fait en nous pour nous donner de vivre nous-mêmes comme des ressuscités. Les spirituels parlent ainsi des trois voies par lesquelles le Seigneur nous transforme : purgative, illuminative, et unitive. C'est ainsi que le Christ nous ressuscite dès ici-bas, en nous rendant semblables à lui. Comme l'écrit saint Paul : *« Si donc, par le baptême qui nous unit à sa mort, nous avons été mis au tombeau avec lui, c'est pour que nous menions une vie nouvelle, nous aussi, comme le Christ qui, par la toute-puissance du Père, est ressuscité d'entre les morts »* (épître). **Voyons maintenant comment le**

Ressuscité nous rend semblables à lui par le feu de son Esprit.

Premièrement, le feu détruit. Dans la vallée de la Géhenne, à Jérusalem, il brûlait sans cesse pour éliminer tous les détritus de la ville. En nous-mêmes, il peut détruire les vices. Le Seigneur ne cesse de vouloir nous purifier par son Esprit. C'était l'un des buts principaux du Carême qui vient de s'achever. Mais il le fait d'une façon qui, si elle peut être douloureuse comme le fait de cautériser une plaie, est en même temps pleine de douceur. Le buisson ardent que Moïse a vu sur le mont Horeb brûlait sans se consumer. De même, le Seigneur nous purifie sans nous détruire. C'est l'inverse de Satan, qu'on appelle aussi l'accusateur. Dans le film Seven, référence aux 7 péchés capitaux, un homme pervers tue ses victimes pour les punir, au lieu de les guérir. Le feu de l'Esprit, au contraire, agit à la façon d'une eau pure. Par le prophète Ezechiel, le Seigneur révèle ainsi à son peuple qui a profané son Nom au milieu des nations : « *Je répandrai sur vous une eau pure, et vous serez purifiés ; de toutes vos souillures, de toutes vos idoles, je vous purifierai.* » (7° lect.) Cette proximité entre frère feu et sœur eau, elle aussi symbole de l'Esprit Saint, apparaît dans l'Ancien testament, où le Seigneur renouvelle d'abord la terre par l'eau du déluge, puis détruit Sodome et Gomorrhe par le feu. Rassurez-vous, chers catéchumènes, c'est dans l'eau que vous serez baptisés ce soir, et non dans le feu ☺. Tant que nous serons sur cette terre, notre purification ne sera jamais achevée. Sans cesse, nous devrons nous convertir car nos penchants mauvais sont tenaces, comme les mauvaises herbes d'un jardin. Mais l'important est que nous ne nous découragions pas, car nous pouvons progresser. Et après que le feu a détruit, nous pouvons reconstruire, comme nous le ferons à Notre Dame.

Deuxièmement, le feu illumine. Avant que nous entrions dans l'église, l'obscurité était totale. Puis elle s'est illuminée progressivement, d'abord grâce à nos cierges, puis grâce à l'électricité. De même, l'Esprit Saint nous illumine progressivement. Durant l'exode, une colonne de nuée se tint *« entre le camp des Égyptiens et le camp d'Israël. Cette nuée était à la fois ténèbres et lumière dans la nuit »* (3° lect.), symbole de l'Esprit Saint qui nous éclaire tout en demeurant mystérieusement caché. Le Christ a dit : *« je suis la lumière du monde. Celui qui me suit ne marchera pas dans les ténèbres, il aura la lumière de la vie. »* (Jn 8,12) Comme la guérison de l'aveugle-né nous l'a rappelé lors du 4ème dimanche de Carême, nous sommes tous frappés de cécité. L'évangile nous le révèle d'une façon saisissante. Alors que les femmes rapportent aux Onze les paroles des deux hommes *« en habit éblouissant »* qui ont annoncé la résurrection de Jésus, comme lui-même l'avait fait trois fois solennellement, *« ces propos leur semblèrent délirants, et ils ne les croyaient pas. »* Et Luc souligne que Pierre, le chef des apôtres, après avoir couru au tombeau et avoir vu les linges seuls, *« s'en retourna chez lui tout étonné de ce qui était arrivé »*, ce qui signifie sans y croire encore. Ce n'est que progressivement que l'Esprit Saint va ouvrir les yeux des disciples, comme Jésus l'avait annoncé : « *Quand il viendra, lui, l'Esprit de vérité, il vous guidera vers la vérité tout entière.* » (Jn 16,13)

Troisièmement, le feu réchauffe. Il est souvent utilisé comme un symbole de l'enfer, mais celui-ci devrait pourrait plutôt être comparé à un univers de glace, comme Dante l'a décrit dans sa divine comédie, et comme Walt Disney l'a repris dans la Reine des neiges. On parle à juste titre de « relations glaciales » ou de « briser la glace » entre deux personnes, ou encore de la « guerre froide » qui a opposé les États-Unis et l'Union soviétique. L'évangile qui sera lu demain soir sera celui des pèlerins d'Emmaüs qui, après avoir écouté le Ressuscité, *«se dirent l'un à l'autre : "Notre cœur n'était-il pas brûlant en nous, tandis qu'il nous parlait sur la route, et qu'il nous faisait comprendre les Écritures ?"* » (Lc 24,32) Depuis la Pentecôte 1544, la flamme intérieure de la dévotion brûlait si intensément en saint Philippe Néri que son cœur était brûlant lui aussi, et que ses côtes s'écartèrent l'une de l'autre, comme l'autopsie l'établit.

Ainsi, frères et sœurs, le Ressuscité souhaite nous transformer par le feu de son Esprit. Il veut nous purifier, nous éclairer, nous unir à lui. **Cette transformation nécessite du temps**, comme une bûche ne s'embrase pas entièrement d'un coup. Elle commence par fumer pour laisser l'humidité s'évaporer, puis elle s'embrase. La lecture des textes de cette nuit a pris du temps, et elle en aurait pris davantage encore si nous avions pris les 7 passages de l'Ancien Testament proposés avant l'épître et l'évangile. Le Seigneur a pris du temps pour nous créer, Il ne l'a fait que le 6ème jour et ce n'est qu'à l'issue de ce jour qu'Il put dire de tout ce qu'Il avait fait : « *cela était très bon* » (1° lect.) Après la chute d'Adam et Eve, Il a pris aussi du temps pour nous relever, en nous faisant participer à notre relèvement par le moyen de la Foi, qu'Abraham fut le premier à embrasser, d'une façon tellement forte qu'il était prêt à sacrifier son fils bien-aimé (2° lect.) Après la libération d'Egypte, il a fallu encore du temps, 40 ans, pour que le peuple soit prêt à entrer en terre promise. Il a fallu près de 100 ans pour bâtir Notre Dame, sans compter tous les travaux de rénovation et d'embellissement. Il en faudra sans doute moins pour la reconstruire, grâce aux techniques modernes, mais nous devrons être patients malgré tout… Désormais, après que le Seigneur nous a donné 40 jours pour nous convertir par la prière, le partage et les privations, Il nous en donne 50 pour nous laisser envahir de plus en plus profondément de la joie de sa résurrection. Paraphrasant une parole de Jésus à sainte Catherine de Sienne, saint Jean Paul II avait dit aux jeunes à plusieurs reprises : « *Soyez ce que Dieu veut que vous soyez, et vous mettrez le feu au monde.* » Chers frères et sœurs, chers nouveaux baptisés, soyons ce que nous devons être, et nous mettrons le feu dans nos cœurs, dans notre quartier, et dans le monde entier. AMEN.

Jour de Pâques : Vous êtes ressuscités avec le Christ

Frères et sœurs, **Christ est ressuscité, il est vraiment ressuscité, comme nous l'avons célébré cette nuit…. mais qu'est-ce que ça change pour nous ?** Certes, cet évènement nous permet d'abord d'espérer ressusciter nous-mêmes après notre mort, et nous délivre ainsi de la peur de mourir. S'il n'y avait que cette espérance, ce serait déjà beaucoup, mais on pourrait donner raison à Karl Marx qui disait que la religion est l'opium du peuple. Mais il y a plus : la résurrection du Christ nous permet de ressusciter dès ici-bas ! C'est ce que nous dit saint Paul : « *vous êtes ressuscités avec le Christ* » (2° lect.) Nous ne le sommes pas de manière plénière, puisque nous vivons toujours dans un corps de chair qui nous fait parfois souffrir, mais de façon anticipée à proportion de notre union au Christ[59]. **Comment nous unir au Ressuscité ? La résurrection du Christ nous sollicite à 4 niveaux de nos êtres : nous sommes invités à croire, à comprendre, à vivre, et à témoigner.**

Pour commencer, **nous devons croire** à la résurrection. Les évangiles témoignent de la difficulté pour l'homme

---

[59] La petite Thérèse alla jusqu'à dire : « *Je ne vois pas bien ce que j'aurais de plus après la mort que je n'aie déjà en cette vie. Je verrai le bon Dieu, c'est vrai ! mais pour être avec lui, j'y suis déjà tout à fait sur cette terre* » (CJ 15.5.7).

d'accueillir cette Bonne Nouvelle[60]. Même les plus proches disciples, à commencer par Pierre, ont éprouvé beaucoup de difficultés à le faire. La résurrection, que ce soit celle du Christ ou la nôtre, ne peut se démontrer... Si Dieu ne veut nous donner aucune preuve scientifique de la résurrection, ce qui réduirait à néant notre liberté, Il nous offre des signes. Parmi les disciples, alors que beaucoup refusèrent de croire comme nous l'avons souligné, le disciple que Jésus aimait, nous révèle saint Jean, « *vit et crut* » (év.). Qu'a-t-il vu ? Pas grand-chose : un tombeau vide, mais aussi « *les linges, gisant à terre, ainsi que le suaire qui avait recouvert sa tête ; non pas avec les linges, mais roulé à part dans un endroit.* » Ce simple signe suffit pour lui : si Jésus avait été enlevé, les linges seraient tous ensemble, les ravisseurs n'auraient pas pris la peine de rouler le suaire à part. Lazare était sorti de son tombeau

---

[60] Saint Marc révèle que les femmes qui étaient venues au tombeau pour embaumer le corps, lorsqu'elles eurent reçu l'annonce de la résurrection et la mission de la transmettre aux disciples et à Pierre, « *s'enfuirent et ne dirent rien à personne, car elles avaient peur* » (Mc 16,8). Et les apôtres, lorsque Marie-Madeleine revint du tombeau avec ses compagnes, « *l'entendant dire qu'il vivait et qu'elle l'avait vu, ne la crurent pas* » *(Mc 16,11)* estimant que c'était du « *radotage* » (Lc 24,11). Pierre lui-même, le chef des apôtres, après avoir couru au tombeau et vu les linges, « *s'en alla chez lui, tout surpris de ce qui était arrivé* » (Lc 24,12), sans pouvoir croire encore. Alors, comment être étonné lorsqu'on lit dans les Actes des Apôtres à propos des Athéniens, qui avaient écouté Paul à l'aréopage avec attention jusque-là : en entendant les mots de « *résurrection des morts, les uns se moquaient, les autres disaient : " Nous t'entendrons là-dessus une autre fois"* » (Ac 17,32) ? Comment être étonné que parmi les catholiques eux-mêmes, seule une minorité croit à la résurrection ?

encore enveloppé de bandelettes, mais Jésus en est ressorti libre. Qu'est-ce qui a permis à ce disciple de croire, ce que les autres ne parvenaient pas à faire ? C'est l'amour. Ce n'est pas un hasard si Jean l'a désigné comme « *le disciple que Jésus aimait* ». Cela signifie qu'il existait entre lui et son Maître une grande intimité, qu'atteste la scène du dernier repas où il était assis à son côté, et où il s'était penché sur sa poitrine pour lui demander qui allait le trahir (cf Jn 13,25). Seul l'amour permet de franchir les barrières que la raison est impuissante à ôter.

Deuxièmement, **nous sommes invités à comprendre**. Vous êtes peut-être surpris que j'en parle en second, dans notre mentalité cartésienne, mais saint Anselme avait bien dit : « *il faut croire pour comprendre* ». A la fin de l'évangile que nous venons d'entendre, saint Jean écrit : « ***les disciples n'avaient pas compris que, d'après l'Écriture, il fallait que Jésus ressuscite d'entre les morts*** ». Pourquoi le fallait-il ? Parce que l'homme était asservi aux forces de la mort, et que seul Dieu pouvait l'en délivrer. Même en cherchant bien, on ne trouvera aucune annonce explicite de la résurrection du Messie. Mais c'est toute l'Ecriture, relue à la lumière de cette résurrection, comme Jésus l'a fait avec les disciples d'Emmaüs, qui nous permet de découvrir que Dieu est plus fort que la mort[61].

Si nous croyons à la résurrection et si nous en avons compris le sens, sommes-nous parvenus là où le Seigneur veut nous mener ? Non, il reste encore deux étapes à franchir : d'abord, **il nous faut en vivre**. Saint Paul écrit aux Colossiens : « *Vous êtes ressuscités avec le Christ. Recherchez les réalités d'en haut [...] En effet, vous êtes morts avec le Christ, et votre vie reste cachée avec lui en Dieu.* » (2° lect.) Qu'est-ce que cela signifie ? Non pas que nous devrions mépriser les réalités de la terre, mais que nous devons les transformer, conscients que le Seigneur nous prépare « *des cieux nouveaux et une terre nouvelle* » (Ap 21,1). Cela signifie aussi que nous devons mourir au péché, et vivre à la manière du Christ. Comme Paul le précise dans les versets suivants, il s'agit de « *faire mourir en nous ce qui n'appartient qu'à la terre : débauche, impureté, passion, désir mauvais, et cette soif de posséder, qui est une idolâtrie* » (Col 3,5) et de « *revêtir l'homme nouveau* » (le vêtement blanc des nouveaux baptisés en est le signe) et ainsi de se revêtir «*de tendresse et de compassion, de bonté, d'humilité, de douceur et de patience.* » (Col 3,10.12) Cette transformation n'est pas visible de tous, car notre vie

---

[61] La traversée de la mer rouge, que nous avons entendue cette nuit, en est une illustration parmi beaucoup d'autres : alors que le peuple était promis à la mort, avec la mer devant lui et l'armée de Pharaon derrière lui, le Seigneur lui a tracé un chemin de vie, qui ressemble à une résurrection.

reste cachée avec le Christ en Dieu. Comme le disaient St François de Sales et St Vincent de Paul: « *Le bruit ne fait pas de bien, et le bien ne fait pas de bruit.* »

En plus de vivre comme des ressuscités, **le Seigneur nous invite à une ultime étape : le témoignage.** La résurrection est la Bonne Nouvelle, l'évangile par excellence, que nous ne pouvons pas garder pour nous seuls. Tant d'hommes et de femmes autour de nous sont comme des brebis égarées ! Il nous faut imiter les Apôtres et Pierre, qui dit au centurion Corneille : « *Il nous a chargés d'annoncer au peuple et de témoigner que Dieu l'a choisi comme Juge des vivants et des morts.* » (1ʳᵉ lect.) Certes, le fait de vivre comme des ressuscités est déjà un beau témoignage. Nietzsche dit un jour, en voyant des chrétiens sortir d'une église : « *je croirai quand je les verrai avec des gueules de ressuscités* ». Mais dans certaines situations, il nous faut y ajouter la parole car, comme l'écrit saint Paul aux Romains : « *la foi naît de ce qu'on entend ; et ce qu'on entend, c'est l'annonce de la parole du Christ.* » (Rm 10,17) Alors, même si nous ne sommes pas de grands théologiens, même si nous ne pourrons pas répondre à toutes les questions, n'ayons pas peur d'aller vers « les périphéries », comme le Pape François nous y invite, pour proclamer, « *à temps et à contretemps* » (2Tm 4,2), que le Fils de Dieu est mort pour nos péchés et ressuscité pour nous donner la vie !

Pour conclure, frères et sœurs, **rendons grâce à Dieu qui nous a appelle à comprendre, à croire, à vivre et à témoigner de la résurrection du Christ. Un jour, nous aussi, nous ressusciterons et nous entrerons pleinement dans la Vie. En attendant, nous devons combattre pour vaincre avec le Christ.** La victoire de la Vie sur la mort et de l'Amour sur le péché ne s'acquière pas d'un coup de baguette magique, elle exige des efforts et du temps. Du temps pour faire mourir en nous le vieil homme et faire advenir l'homme nouveau, c'est pourquoi pendant 40 jours, nous avons lutté avec le Christ pour nous convertir à travers la prière, le partage et les privations. Du temps aussi pour nous réjouir avec le Christ de sa victoire, que nous allons célébrer pendant les 8 jours de l'octave et les 50 jours du temps pascal. Paradoxalement, il nous est peut-être plus facile de lutter que de célébrer, du fait que notre vie sur la terre est parsemée d'épreuves multiples. Le temps pascal qui commence aujourd'hui nous demande d'anticiper la vie divine que nous connaîtrons après notre résurrection. Comme le dit saint Augustin dans un de ses sermons les plus célèbres : *« Chantons dès ici-bas l'alléluia au milieu de nos soucis, afin de pouvoir un jour le chanter là-haut dans la paix… Chantons et marchons ».* **Ressuscitons avec le Christ, et marchons en chantant avec lui vers le Royaume. Amen.**

2° dimanche : « Mon Seigneur et mon Dieu ! »

Frères et sœurs, **sommes-nous croyants ?** Croyants au point de pouvoir déclarer à propos du Christ, à la suite de saint Thomas le soir de la résurrection: *« Mon Seigneur et mon Dieu »* ? Il s'agit de la plus belle profession de Foi de tous les évangiles. A travers l'humanité de Jésus, l'apôtre reconnaît sa divinité. Certes, Thomas n'est parvenu à ce sommet que parce que Jésus lui a montré ses mains et son côté, et lui a proposé de mettre ses doigts dedans (sans que nous sachions s'il l'a fait ou non). Mais Jésus a ajouté à notre intention : *« Parce que tu m'as vu, tu crois. Heureux ceux qui croient sans avoir vu. »* Nous aussi, nous pouvons goûter le bonheur immense de croire que Jésus est notre Seigneur et notre Dieu. Pas seulement de le professer avec nos lèvres au moment du credo, chaque dimanche, mais de le professer avec tout notre cœur à chaque instant de nos vies. Malheureusement, soyons lucides, il nous arrive de renier le Christ, consciemment ou non. Trop souvent, nous vivons comme si le Christ n'existe pas, nous l'oublions, nous doutons de lui. Pourquoi ? Parce que nous nous enfermons en nous-mêmes, comme les disciples au cénacle. Pourquoi cet enfermement ? Parce que nous éprouvons des regrets et de la culpabilité par rapport au passé. Parce que nous avons des difficultés à bien nous diriger dans le présent. Parce que nous ressentons des peurs vis-à-vis de l'avenir. **Le Ressuscité, dans sa Miséricorde que nous célébrons aujourd'hui, vient sans cesse nous délivrer de nos tombeaux. Pour nous libérer des regrets et de la culpabilité, il nous donne sa paix. Pour nous** libérer de nos angoisses du présent, il donne un sens à notre vie. Pour nous libérer de nos peurs de l'avenir, il nous donne sa force.

Pour commencer, le Ressuscité veut nous libérer des regrets et de la culpabilité. Sa première parole, d'abord aux disciples puis à Thomas, est : « *La paix soit avec vous !* » (qu'il répète même une deuxième fois aux disciples, tant leurs blessures sont profondes). Ils souffrent certainement d'un immense sentiment de culpabilité. Ils ont abandonné leur Maître au jardin de Gethsémani. Chez Judas, qui l'avait trahi, ce sentiment a été tellement oppressant qu'il a mis fin à ses jours. Pierre, au contraire, qui n'avait pas fait mieux puisqu'il l'avait renié 3 fois, a su se laisser regarder par Jésus après le chant du coq, et il a ensuite pleuré amèrement. C'était une première étape dans sa guérison, mais il en faudra d'autres. Après celle-ci au cénacle, il en faudra une troisième, lorsque Jésus lui demandera 3 fois « *m'aimes-tu ?* », et le confirmera dans sa mission (Jn 21). Notons que le pardon des péchés ne signifie pas leur oubli. Le Ressuscité porte encore les traces de sa Passion. S'il il montre ses mains et son côté à ses disciples, ce n'est pas pour « remuer le couteau dans la plaie » et attiser la culpabilité des disciples, c'est au contraire pour leur montrer que sa Miséricorde est plus forte que leurs péchés.

Charles de Foucauld, après son long séjour au désert, était passé d'une dissolue à une vie droite, mais il ne parvenait pas à franchir le seuil de la foi... jusqu'au jour où, dans l'église de

Saint Augustin, l'abbé Huvelin lui demanda de se mettre à genoux et de se confesser. Un changement radical se produisit en lui, semblable à l'expérience vécue par Thomas 20 siècles plus tôt. Il écrira ensuite : « *Ma vocation religieuse date de la même heure que ma foi.* »

Ensuite, le Ressuscité nous libère de nos angoisses du présent. « *Il n'est pas de vent favorable pour celui qui ne sait où il va* », écrit Sénèque. L'homme qui n'a pas de but ne peut pas savoir quel chemin prendre, et il éprouve l'angoisse de sa liberté, comme Sartre l'a beaucoup souligné. Il écrit **dans** *L'Etre et le Néant* : «*L'homme est condamné à être libre*». Les disciples, après la mort de Jésus, ne savaient plus que faire de leurs existences, à l'image des disciples d'Emmaüs qui s'éloignaient tout tristes de Jérusalem. Eux aussi étaient enfermés en eux-mêmes, au point que « *leurs yeux étaient aveuglés, et qu'ils ne reconnaissaient pas* » Jésus (Lc 24,16) Mais le ressuscité redonne du sens à l'existence des disciples : « *De même que le Père m'a envoyé, moi aussi, je vous envoie* » et, pour qu'ils en aient la force, il souffle sur eux l'Esprit Saint. Il leur donne alors une mission : « *Tout homme à qui vous remettrez ses péchés, ils lui seront remis ; tout homme à qui vous maintiendrez ses péchés, ils lui seront maintenus* ». Le Seigneur est prêt à pardonner tous les péchés, mais il ne peut le faire que si l'homme est prêt à accueillir son pardon, et donc à se reconnaître pécheur. Jésus envoie ses disciples témoigner de la miséricorde de Dieu, dont ils sont les premiers bénéficiaires.

Enfin, le Ressuscité nous libère de nos peurs de l'avenir. Les disciples avaient « *verrouillé les portes du lieu où ils étaient, car ils avaient peur des Juifs* ». Ils avaient bien compris que leur vie était en danger, comme Jésus lui-même le leur avait d'ailleurs clairement annoncé avant sa Passion : « *On portera la main sur vous et on vous persécutera ; on vous livrera aux synagogues, on vous jettera en prison, on vous fera comparaître devant des rois et des gouverneurs, à cause de mon Nom.* » (Lc 21,12) Et il avait ajouté : « *Ce sera pour vous l'occasion de rendre témoignage* » (qui se dit martyras, en grec) Ce témoignage jusqu'au sang, ils vont tous le rendre, mais il faudra d'abord que le Seigneur envoie à nouveau sur eux son Esprit, le jour de la Pentecôte (Ac 2). Parfois, le Seigneur recommence une action, non parce qu'Il l'a ratée la première fois, mais pour en approfondir l'effet. C'est ainsi que non seulement il a dit 2 fois « *la paix soit avec vous !* », nous l'avons vu auparavant, mais il a aussi guéri l'aveugle de Bethsaïde : « *Après lui avoir mis de la salive sur les yeux et lui avoir imposé les mains, il lui demandait : "Aperçois-tu quelque chose ?" Et l'autre, qui commençait à voir, de répondre : "J'aperçois les gens, c'est comme si c'était des arbres que je les vois marcher." Après cela, il mit de nouveau ses mains sur les yeux de l'aveugle, et celui-ci vit clair et fut rétabli, et il voyait tout nettement, de loin.* » (Mc 8,23-25)... A partir de la Pentecôte, les apôtres n'auront plus peur des autorités, et ils braveront leurs menaces jusqu'à leur déclarer : «*Il faut obéir à Dieu plutôt qu'aux hommes.* » (Ac 5,29) Notons que ceux qui les écoutent, eux, ont encore peur, même s'ils se convertissent : « *Personne d'autre n'osait se joindre à eux ; cependant tout le peuple faisait leur éloge; de plus en plus, des foules d'hommes et de femmes, en devenant croyants, s'attachaient au Seigneur* » (1° lect.) Eux aussi, et nous en faisons partie, auront besoin de la force de l'Esprit, que le Seigneur nous offre dans le sacrement de confirmation... Quant à Thomas, il est allé annoncer l'évangile en Orient, et il a été martyrisé en Inde, où on vénère aujourd'hui encore son tombeau.

Ainsi, frères et sœurs, le Ressuscité veut nous libérer de nos regrets et de nos culpabilités par rapport au passé, de nos désarrois dans le présent, et de nos peurs vis-à-vis de l'avenir[62]. Dans sa Miséricorde, il nous offre le Pardon de nos péchés, une Mission pour donner du sens à nos vies, et une Force pleine d'Espérance pour braver nos peurs. En ce temps pascal, rendons grâce au Seigneur pour sa Miséricorde envers nous, et soyons-en des témoins joyeux. C'est ainsi qu'à la suite des premiers disciples, nous pourrons permettre à *des foules d'hommes et de femmes, en devenant croyants, de s'attacher au Seigneur* (1° lect.). **Avec Thomas et nous, ils connaîtront le bonheur de croire et nous pourrons tous déclarer au Christ : «** *mon Seigneur et mon Dieu* **», à chaque instant de nos vies.**

---

[62] « *Le passé appartient à la miséricorde, le futur à la providence, mais le présent est le lieu de l'Amour* », disait Mère Teresa.

3° dimanche : M'aimes-tu ?

« M'aimes-tu » ? Cette question fondamentale que Jésus pose à Pierre, frères et sœurs, il la pose à chacun d'entre nous. La réponse peut sembler évidente puisque, si nous ne l'aimions pas, nous ne serions pas réunis ici ce matin. Cependant, l'amour a différents visages, et différents degrés. On n'aime pas le chocolat comme on aime la France ou comme on aime son conjoint ou ses enfants. En grec, la langue de l'évangile, il existe 3 termes différents pour exprimer 3 différentes formes d'amour : *eros* désigne l'amour affectif, *philein* l'amitié, et *agapein* la charité, i.e. l'amour oblatif qui se sacrifie pour l'autre[63]. En s'adressant à Pierre, Jésus utilise d'abord 2 fois le terme *agapas*, puis 1 fois le terme *phileis*. Pourquoi ce changement ? Parce que Pierre lui répond à chaque fois avec le terme *philo*. Alors même que Jésus demande d'abord « *m'aimes-tu plus que ceux-ci ?* » (avant de demander seulement « *m'aimes-tu vraiment ?* »), il se contente de répondre « *Oui, Seigneur ! Toi, tu le sais : je t'aime.* » Autrement dit, lui qui était trop sûr de lui avant la Passion, au point de dire à Jésus qu'il était prêt à donner sa vie pour lui, il est devenu humble. Il est trop conscient de ses faiblesses pour déclarer à Jésus qu'il l'aime assez pour se sacrifier pour lui. Jésus s'adapte donc à Pierre, et c'est l'inverse de la Passion qui se produit : alors qu'il avait

---

[63] Mère Teresa passa un jour du 2nd au 3ème, lorsqu'elle comprit dans la prière que le Seigneur l'appelait à quitter la vie relativement confortable de religieuse enseignante, pour aller servir les miséreux dans les rues de Calcutta.

annoncé à celui-ci son triple reniement à venir, il lui annonce maintenant qu'il va effectivement donner sa vie pour lui : *« Amen, amen, je te le dis: quand tu étais jeune, tu mettais ta ceinture toi-même pour aller là où tu voulais ; quand tu seras vieux, tu étendras les mains, et c'est un autre qui te mettra ta ceinture, pour t'emmener là où tu ne voudrais pas aller. »* Et c'est ce qui se réalisera lorsque Pierre sera crucifié à Rome, au moment de la persécution lancée par Néron... Et nous, **comment pouvons-nous grandir dans notre amour pour le Christ ? L'évangile nous permet de découvrir 3 moyens. Premièrement : rendre grâce au Seigneur pour les signes de son amour pour nous. Deuxièmement : lui rendre grâce pour ses sacrements. Troisièmement, lui rendre grâce pour la mission qu'Il nous a confiée.**

Premièrement, nous pouvons rendre grâce au Seigneur pour les signes de son amour pour nous. C'est ce que Pierre et les 6 autres disciples peuvent faire après la pêche miraculeuse. Leur nombre (7) symbolise l'ensemble des disciples[64]. La plupart des apôtres que Jésus avait choisis étaient des pécheurs. Après sa passion et sa mort, ils sont revenus à leur ancienne vie. N'ayant pas encore reçu l'Esprit de Pentecôte, la nouvelle de sa résurrection elle-même n'a pas été suffisante pour les pousser à sortir d'eux-mêmes et à partir en mission. Après avoir vécu pendant trois ans d'une manière

---

[64] Tout comme les 7 églises de l'Apocalypse représentent toute l'Eglise.

exceptionnelle auprès du Christ, ils reprennent donc le « train-train » quotidien. Pire encore, dans ce domaine où ils avaient tout pour réussir, puisqu'ils étaient des pécheurs professionnels, ils éprouvent également l'amertume de l'échec : « *Ils passèrent la nuit sans rien prendre* ». C'est alors que le Ressuscité intervient, d'une manière cachée : « *ils ne savaient pas que c'était lui.* » Cependant, alors qu'il les invite à jeter le filet à droite de la barque, ils acceptent de lui faire confiance[65]. Devant les 153 gros poissons pêchés (le nombre d'espèces connues à l'époque), c'est Jean qui est le premier à reconnaître la présence divine : « *C'est le Seigneur* » ! Les 7 disciples ont dû éprouver le sentiment d'adoration des anges de l'Apocalypse, qui disaient d'une voix forte : « *Il est digne, l'Agneau immolé, de recevoir puissance et richesse, sagesse et force, honneur, gloire et louange.* » (2° lect.)… A nous aussi, le Seigneur se manifeste parfois, de façon éclatante ou discrète, mais nous ne pouvons le reconnaître qu'avec les yeux du cœur et de l'Amour, ceux du « *disciple que Jésus aimait* ». Il le fait d'autant plus que nous acceptons de sortir de nous-mêmes, de nos habitudes et de nos certitudes, pour faire confiance à d'autres, qui parlent en son Nom même s'ils n'en ont pas conscience.

---

[65] Sans doute avaient-ils encore en mémoire un événement qui avait eu lieu trois ans plus tôt, lorsque Jésus avait demandé à celui qui s'appelait encore Simon d'aller au large pour y jeter les filets, et où ceux-ci étaient près de se déchirer tant ils avaient rapporté de poissons (Lc 5,1-11). Simon s'était alors prosterné aux pieds de Jésus et avait ensuite décidé de le suivre.

Deuxièmement, nous pouvons rendre grâce au Seigneur pour ses sacrements. Deux d'entre eux sont évoqués dans l'évangile. Le baptême, d'abord, qui signifie « plongée » et qui nous permet de revêtir un nouveau vêtement, comme Pierre qui bizarrement en enfile un au moment de se jeter à l'eau. L'Eucharistie ensuite, où Jésus nous partage le pain. Pourquoi donne-t-il ici du poisson en plus ? Pour rappeler la multiplication des pains, bien-sûr, mais aussi pour signifier qu'il se donne lui-même : pour les premiers chrétiens, le symbole le plus fort du Christ – comme on le voit dans les catacombes -était le poisson, ichthus en grec, qui est un acrostiche de *Iesous Christos Theou Uios Soter*, qui signifie *« Jésus Christ Fils de Dieu Sauveur »*. Pourquoi Jésus demande-t-il aux disciples d'apporter le poisson qu'ils viennent de prendre ? Pas parce qu'il en manque, sans doute, mais pour qu'ils puissent participer à son œuvre (comme nous apportons le pain et le vin dans chaque eucharistie).

Aujourd'hui encore, le baptême représente une plongée audacieuse dans l'eau de la renaissance. Certes, la plupart d'entre nous l'ont reçu enfant, sans notre consentement, mais nous exprimons celui-ci à chaque fois que nous professons notre foi, intégralement lors de la célébration de Pâques et plus succinctement chaque dimanche. Et c'est toujours le Seigneur Jésus qui, lors de chaque Eucharistie, nous donne la nourriture dont nous avons besoin. Comme dimanche dernier, traditionnellement appelé *« in albis »*, rendons grâce pour les 7 adultes qui ont plongé dans l'eau du baptême lors de la Vigile pascale au Saint Esprit et les milliers dans toutes les paroisses du monde.

Troisièmement, nous pouvons rendre grâce au Seigneur pour la mission qu'Il nous a confiée. Jésus avait confié à Pierre la mission de pécheur d'homme (Lc 5,10) et de « portier » du royaume (Mt 16,19). Après son triple reniement, il aurait pu le désavouer et confier les clefs du royaume à un autre. Au contraire, Jésus le confirme dans sa mission. En lui posant 3 fois la question « *m'aimes-tu* », non seulement il lui montre que son péché est pardonné, mais aussi qu'il ne pourra accomplir sa mission que s'il est uni à son Maître par l'Amour.

A chacun d'entre nous aussi, le Seigneur a confié une mission, peut-être pas aussi glorieuse et difficile que celle de Pierre, mais importante également car nous avons tous un rôle à jouer dans l'édification de l'Eglise, en tant que « *pierres vivantes* » (1P2,5). Alors, ne renonçons jamais à l'accomplir, malgré nos faiblesses : elles doivent nous pousser à nous unir davantage, par l'amour et dans l'humilité, à celui qui peut agir en nous et avec nous.

Ainsi, **en demandant à chacun d'entre nous « *m'aimes-tu* » ?, le Seigneur nous donne aussi les moyens de l'aimer davantage**. C'est ce qu'il a fait avec Pierre. Grâce aux signes de l'amour de Dieu pour lui, grâce aux sacrements et grâce à la mission que le Seigneur lui avait confiée, le chef des apôtres a grandi dans l'amour de son Maître. Alors qu'il l'avait renié par peur au moment de la Passion, il a été capable ensuite de tenir tête aux autorités de son peuple : « *il faut obéir à Dieu plutôt qu'aux hommes.* » (1° lect.) Mieux encore, après que lui et les autres apôtres furent fouettés et menacés, ils repartirent « *tout joyeux d'avoir été jugés dignes de subir des humiliations pour le nom de Jésus .* » Et finalement, ils donnèrent tous leur vie par le martyr. Par leur intercession, que le Seigneur fasse grandir en nous l'amour pour lui et pour tous nos frères. AMEN.

4° dimanche : Je suis le Bon Pasteur

Frères et sœurs, **comment entrer un jour dans le Paradis** décrit par saint Jean dans son Apocalypse : « *Ils n'auront plus faim, ils n'auront plus soif, la brûlure du soleil ne les accablera plus… Et Dieu essuiera toute larme de leurs yeux.* » (2° lect.) Comment rejoindre ainsi la « *foule immense, que nul ne peut dénombrer, une foule de toutes nations, races, peuples et langues qui se tiennent debout devant le Trône et devant l'Agneau, en vêtements blancs, avec des palmes à la main* » ? La réponse est simple : **nous avons besoin d'un pasteur qui connaisse le chemin et puisse nous y conduire**. Un seul en est capable : le Christ, qui nous dit aujourd'hui : *Je suis le Bon Pasteur qui donne la vie éternelle à mes brebis*. Il désire nous mener jusque dans les frais pâturages du Royaume. Sur le chemin, cependant, nous – les brebis – rencontrons deux obstacles qui peuvent nous empêcher de le suivre jusqu'au bout : les mauvais bergers d'abord, qui cherchent à nous conduire ailleurs ; les loups ensuite, qui veulent nous dévorer. **Pour suivre le Christ jusqu'au bout, il nous faut donc deux vertus,** sur lesquelles nous allons méditer : **du discernement pour écouter la voix du vrai berger d'une part, et de la force pour résister aux ennemis déclarés de l'Eglise d'autre part.**

Pour commencer, il nous faut **du discernement pour écouter la voix du vrai berger**. Jésus dit aux Juifs : « *Mes brebis écoutent ma voix ; moi, je les connais, et elles me suivent.* » Un peu plut tôt, il les a mis en garde : « *Le berger mercenaire,* *lui, n'est pas le pasteur, car les brebis ne lui appartiennent pas : s'il voit venir le loup, il abandonne les brebis et s'enfuit ; le loup s'en empare et les disperse. Ce berger n'est qu'un mercenaire, et les brebis ne comptent pas vraiment pour lui[66].* » (Jn 10, 12-13)

Notre société regorge de mauvais bergers, qui veulent nous mener vers des paradis artificiels. Non seulement il nous arrive de les écouter mais aussi de jouer parfois nous-mêmes le rôle de mauvais bergers, influencés par Satan, qui se déguise en ange de lumière. Cette « accusation » paraît trop forte ? Souvenons-nous de l'adage : « *L'enfer est pavé de bonnes intentions* » ! Souvenons-nous surtout de Jésus, qui dit: « *Arrière Satan* » non seulement lorsqu'il est tenté dans le désert, mais aussi à Pierre, qui vient de lui faire de vifs reproches après sa première annonce de la Passion (Mt 16,22-23). Pierre croyait sans doute bien faire en incitant Jésus à ne pas ternir sa gloire terrestre, mais en réalité, ses pensées n'étaient *pas celles de Dieu, mais celles des hommes*, et il constituait ainsi *un obstacle sur la route* de Jésus. Cela n'a pas empêché celui-ci de le confirmer plus tard dans sa mission de pasteur du peuple de Dieu, comme nous l'avons entendu dimanche dernier : « *Pierre, m'aimes-tu ? Pais mes brebis* » (Jn 21,15-23). Après avoir su écouter le Père qui lui avait révélé

---

[66] Les mauvais bergers existaient déjà dans l'Ancienne Alliance. Écoutons le prophète Ézéchiel : « *parce qu'ils sont bergers pour eux-mêmes au lieu de l'être pour mon troupeau, eh bien [...] j'interviens contre les bergers. Je leur reprendrai mon troupeau, je les empêcherai de le conduire.* » (Ez 34,7-10)

que Jésus était le Messie, Pierre avait écouté le diable... Cet épisode nous montre à quel point la vertu de discernement est importante dans la vie chrétienne. A Antioche de Pisidie, les auditeurs de Paul et Barnabé ont eu le choix de donner leur confiance soit aux 2 apôtres, soit à leurs adversaires qui s'étaient enflammés de jalousie et qui les contredisaient en les injuriant, avant de les expulser de leur territoire (1° lect.). Ceux qui choisirent de croire à leur parole furent « *remplis de joie et d'Esprit Saint* ». La joie est l'un des critères essentiels pour discerner si l'on est bien à l'écoute du Seigneur, comme le soulignera saint Ignace, le fondateur des Jésuites, qui reçut un charisme particulier pour discerner les bons des mauvais esprits, et rédigea les Exercices qui peuvent être très utiles lorsque l'on doit prendre des décisions importantes dans la vie.

Sur le chemin qui conduit au ciel, nous rencontrons de mauvais bergers, mais aussi des loups, qui ne se cachent pas pour nous attaquer. Le discernement ne suffit donc pas, **nous avons aussi besoin de force pour leur résister**. L'Église a connu des persécutions depuis sa naissance. Le premier martyr, saint Etienne, est lapidé à Jérusalem quelques années seulement après la crucifixion de Jésus. Jusqu'en 313, date de la conversion de l'empereur Constantin, des vagues de persécutions vont déferler sur les chrétiens. Lorsqu'elles cesseront en Occident, elles resurgiront ailleurs, notamment en Asie à partir du XVIIème siècle. Aujourd'hui encore, 245 millions de chrétiens sont persécutés dans le monde, soit un fidèle sur neuf. Parmi eux, 4 305 ont été tués pour leur foi en 2013, et 3 150 sont emprisonnés[67]. En France, les persécutions ne sont pas sanglantes, grâce à Dieu, mais elles prennent la forme de moqueries, de mépris, d'empêchement pour monter dans la hiérarchie, etc. Les manifestations contre la loi sur « le mariage pour tous », en 2013, ont mis en lumière combien l'esprit du monde et l'esprit de l'évangile peuvent être opposés parfois...

Dans ces situations, que faire ? Résister ! A Antioche de Pisidie, Paul et Barnabé ont été « seulement » expulsés, mais un peu plus tard à Lystres, Paul sera lapidé et traîné hors de la ville, laissé pour mort, avant qu'il ne se relève et reparte évangéliser ! Réécoutons saint Jean qui nous décrit la foule immense des élus. Ce qui les caractérise, c'est qu'ils *« viennent de la grande épreuve ; ils ont lavé leurs vêtements, ils les ont purifiés dans le sang de l'Agneau. »* (2° lect.) Il est étrange de laver ses vêtements non dans l'eau, mais dans le sang ! Être baptisé ne suffit pas pour entrer dans le Royaume de Dieu. Comme Jésus le dit dans le sermon sur la montagne : *« Il ne suffit pas de me dire : 'Seigneur, Seigneur !', pour entrer dans le Royaume des cieux ; mais il faut faire la volonté de mon Père qui est aux cieux. »* (Mt 7,21) Faire la volonté du Seigneur coûte que coûte, face à des adversaires qui peuvent être extérieurs mais aussi intérieurs, lorsqu'on est fortement

---

[67] Index mondial des persécutions des chrétiens en 2019 : Corée du Nord, Afghanistan, Somalie, Libye, Pakistan, Soudan, Érythrée, Yémen, Iran, Inde, Syrie, Nigéria, Irak, Maldives, Arabie saoudite...

tenté. Comme le disait Blanche de Castille à son fils, le futur saint Louis : « *je préfèrerais te voir mourir que commettre un péché mortel* »... parole que saint Dominique Savio avait reprise à son compte sous la forme : « *la mort plutôt que le péché !* »

Mais comment faire pour résister ainsi ? Nous sommes tellement fragilisés par nos faiblesses, d'autant plus que nous n'en avons pas toujours suffisamment conscience, comme Simon-Pierre qui avait juré à Jésus de ne pas l'abandonner au moment de la dernière Cène... Alors, faisons confiance au Christ, abandonnons-nous comme de pauvres brebis entre ses mains. Il nous déclare solennellement : mes brebis, « *jamais elles ne périront, personne ne les arrachera de ma main. Mon Père, qui me les a données, est plus grand que tout, et personne ne peut rien arracher de la main du Père.* » Pour résister au mal sous toutes ses formes, ne nous fions pas à nos propres forces, mais au Tout-Puissant lui-même. Par la prière, les sacrements, et une vie de charité, unissons-nous au Christ, qui est lui-même uni à son Père : « *Le Père et moi, nous sommes UN.* »

Frères et sœurs, rendons grâce au Fils de Dieu qui s'est incarné pour nous mener jusqu'à son Père et nous donner la vie éternelle. **Apprenons à l'écouter en nous méfiant à la fois des loups et des mauvais bergers, aussi bien intérieurs qu'extérieurs à nous-mêmes.** Il nous faut donc associer confiance, courage et prudence : « *Ne craignez pas ceux qui* *tuent le corps sans pouvoir tuer l'âme ; craignez plutôt celui qui peut faire périr dans la géhenne l'âme aussi bien que le corps.* » (Mt 10,28) Cette semaine, **prions particulièrement pour les prêtres actuels et à venir, afin que le Seigneur fasse de nous des pasteurs selon son Cœur.** Amen.

5° dimanche : En route vers la Gloire

Frères et sœurs, **comment parvenir à la gloire ?** Je ne parle pas de la gloire des stars du show biz, mais à celle de Dieu. Si nous voulons partager sa gloire, avec tous les saints qui sont au ciel, il n'y a qu'un seul chemin, celui que le Christ nous indique. Au moment de son dernier repas, il a annoncé à ses disciples que son Père allait bientôt le glorifier (le mot apparaît 5 fois en une seule phrase dans le passage que nous venons d'entendre !), allusion à la Passion qui s'approchait. Ceci signifie que si nous voulons être glorifiés, nous aussi devons accepter de passer par la Croix. Mais ce passage n'a de sens que dans la perspective de la résurrection. Comment suivre le Christ qui est mort et ressuscité pour nous ? En disposant notre cœur d'une triple façon, que les lectures de ce dimanche illustrent successivement : par la Foi (1° lecture), par l'Espérance (2° lecture), par l'Amour (évangile).

Pour commencer, **nous devons croire**. La Foi est la porte d'entrée du Royaume. C'est pourquoi les parents des baptisés, à la question *« que demandez-vous à l'Eglise de Dieu »* dans l'ancien rituel, répondaient : *« La Foi »*. Sans la Foi, l'homme ne peut être sauvé.

La mission de Paul a été d'annoncer partout la Foi au Christ. Mais avec Barnabé, ils ne se sont pas contentés d'une simple annonce, ils *« affirmissaient le courage des disciples et les exhortaient à persévérer dans la foi »*. Ce qu'ils ont fait à Iconium, Lystres et Antioche de Pisidie, Paul l'a fait partout :

avec chacune des communautés qu'il avait enfantés par sa parole, il a entretenu des relations, par ses visites ou par ses lettres, afin que la foi de ses membres puisse grandir et s'affermir.

En effet, la Foi n'est pas une réalité que l'on peut posséder comme un objet quelconque : elle peut être morte ou vivante, et elle peut être plus ou moins vivante. Elle possède en effet différents niveaux. Le premier, c'est de croire que Dieu existe ; le second, d'adhérer à ce qu'Il a révélé dans l'Ecriture et dans la Tradition ; le troisième, c'est de Lui donner toute sa confiance et d'entretenir une relation personnelle avec Lui. Saint Augustin distinguait ces trois niveaux en écrivant : *credere Deum ; credere Deo ; credere in Deum*. Certains chrétiens croient en Dieu, mais refusent une partie des vérités transmises par l'Eglise. D'autres acceptent ces vérités, mais n'entretiennent pas de relation personnelle avec le Seigneur. Les premiers et les deuxièmes sont en danger, car les épreuves de la vie risquent de les secouer et de leur faire perdre la Foi. Paul et Barnabé l'avaient compris, eux qui dirent aux disciples : « *Il nous faut passer par bien des épreuves pour entrer dans le royaume de Dieu.* »

Pour suivre le Christ, la Foi est nécessaire, mais pas suffisante. Il nous faut aussi cultiver l'Espérance. Elle est le moteur qui nous permet d'avancer dans le Royaume où la Foi nous a conduits. Elle nous indique en effet le but à atteindre. Ce but, saint Jean le décrit de manière magnifique dans son Apocalypse, qui signifie précisément dévoilement, révélation : « *J'ai vu un ciel nouveau et une terre nouvelle, car le premier* *ciel et la première terre avaient disparu, et il n'y avait plus de mer. Et j'ai vu descendre du ciel, d'auprès de Dieu, la cité sainte, la Jérusalem nouvelle, toute prête, comme une fiancée parée pour son époux ».* Dans le Royaume de Dieu, la création sera radicalement renouvelée. Il n'y aura plus de mer, ce qui signifie que les forces du mal et de la mort auront été vaincues ; c'est pourquoi il n'y aura « *plus de pleurs, de cris, ni de tristesse* ». Et l'humanité elle-même sera renouvelée : dans l'Eglise, elle deviendra la cité sainte, la Jérusalem nouvelle, prête à s'unir parfaitement avec son Seigneur.

Notre société souffre d'un terrible manque d'Espérance. Or, selon St Thomas d'Aquin, « *le désespoir est le plus périlleux des péchés, car c'est par l'espérance que nous nous détournons du mal et que nous commençons à rechercher le bien. C'est pourquoi, lorsque l'espérance a disparu, les hommes, sans aucun frein, se laissent aller aux vices et abandonnent tout effort vertueux*[68] [...] Et S. Isidore déclare : " *Commettre un crime c'est la mort de l'âme ; mais désespérer, c'est descendre en enfer.* " »

---

[68] *D'où, sur le texte des Proverbes (24, 10) : " Si, tombé, tu désespères au jour de ta détresse, ta force s'en trouvera diminuée ", la Glose commente " Il n'y a rien de plus exécrable que le désespoir ; celui qui désespère n'a plus aucune constance dans les travaux de cette vie, et, ce qui est pire, dans le combat de la foi. "* (ST IIa IIae, q.20, a.3)

Pour suivre le Christ, nous avons besoin d'une 3ème vertu théologale (c'est-à-dire donnée par Dieu Lui-même), la plus importante de toutes : l'Amour. La Foi et l'Espérance passeront, mais l'Amour ne passera jamais. Ce que nous espérons, les noces avec le Seigneur, nous pouvons les vivre dès aujourd'hui si nous vivons dans l'Amour. Après être entrés dans le Royaume par la Foi, et en nous dirigeant vers Celui qui nous attire à lui par l'Espérance, nous pouvons goûter dès maintenant le bonheur de l'union avec Lui, par l'Amour, puisqu'Il est Amour. C'est tellement vrai que la petite Thérèse se demanda ce qu'elle aurait de plus après sa mort, tant elle était unie à Dieu par l'Amour.

Mais qu'est-ce que l'Amour ? Ce mot a été dénaturé : les multiples amours des stars du show biz que j'évoquais au départ manifestent souvent un amour superficiel et passager. Pour comprendre ce qu'est le véritable Amour, celui qui nous accomplit et nous divinise, écoutons le Christ lui-même : *« je vous donne un commandement nouveau : c'est de vous aimer les uns les autres. **Comme** je vous ai aimés, vous aussi aimez-vous les uns les autres »*. Le geste du lavement des pieds, qu'il venait de réaliser, est comme le symbole de son Amour. Aimer à la manière du Christ, voilà ce qui fait de nous ses disciples, de véritables chrétiens. Et c'est cela qui nous permet d'être « *glorifiés* » comme lui, sur le trône de la croix pendant la vie terrestre, et dans le ciel ensuite.

Ainsi, frères et sœurs, le chemin vers la Gloire nous demande de suivre le Christ avec une triple disposition du cœur : la Foi, l'Espérance et l'Amour. Par la Foi, nous sommes entrés dans le Royaume de Dieu ; l'Espérance nous donne la force de cheminer vers son accomplissement ; et l'Amour rend ce cheminement plein de bonheur. Chacune de ces vertus théologales doit être nourrie et affermie. Il existe des athées qui mènent une vie exemplaire sur le plan des vertus. Prenons des exemples à partir des quatre vertus cardinales. Gandhi fut un modèle de tempérance, lui qui sut jeûner des semaines entières pour sensibiliser les autorités politiques à sa cause. Henri Guillaumet fut admirable de force, lui qui marcha cinq jours et quatre nuits à travers les Andes après s'être écrasé avec son avion, et qui déclara ensuite: « *Ce que j'ai fait, jamais aucune bête ne l'aurait fait* ». Jules César fit preuve d'une grande prudence, qui lui permit de remporter de nombreuses batailles. Et Saladin fut célèbre pour son sens de la justice, même auprès des chrétiens. Tous ces exemples nous montrent que les vertus humaines peuvent être pratiquées par tous. Mais **les vertus théologales sont données par Dieu Lui-même, et caractérisent les croyants. Alors, prions le Seigneur de les faire grandir dans nos cœurs. Et puis, dans les semaines à venir, pourquoi ne pas relire un évangile pour admirer comment le Christ a fait preuve d'une confiance parfaite envers son Père, comment il attendait le Royaume, et comment il nous a aimés ?** C'est ainsi que nous œuvrerons de mieux en mieux pour la Gloire de Dieu – et la nôtre – et pour le salut du monde. AMEN.

6° dimanche : Par amour

Les enfants, **pourquoi avez-vous demandé à communier aujourd'hui pour la première fois ?** Vous pourriez répondre : « par obéissance à Jésus », puisqu'il a dit à ses disciples, lors de son dernier repas avec eux : *« faites ceci en mémoire de moi ».* Vous pourriez répondre : « pour progresser dans la foi », puisque le corps de Jésus est une nourriture qui donne de la force pour avancer. Vous pourriez répondre de beaucoup d'autres manières encore, qui seraient toutes justifiées. Mais je crois que **la raison principale pour laquelle nous devons communier chaque dimanche, nous les chrétiens, c'est l'amour. L'amour de Jésus, l'amour de l'Église, et l'amour du monde.**

Tout d'abord, nous sommes invités à communier **par amour de Jésus.** Lors de son dernier repas avec ses disciples, il a dit : *« Si quelqu'un m'aime, il gardera ma parole ; mon Père l'aimera, nous viendrons vers lui et, chez lui, nous nous ferons une demeure ».* Quelle promesse extraordinaire ! Dieu, que le ciel et la terre ne peuvent contenir, vient demeurer en nous ! Et lorsqu'il y est, nous n'avons plus rien à craindre : *« Je vous laisse la paix, je vous donne ma paix... Que votre cœur ne soit pas bouleversé ni effrayé ».* Lorsque le Seigneur demeure en nous, il apporte sa paix, que rien ne peut troubler. *« Que rien ne te trouble, que rien ne t'effraie, tout passe, Dieu ne change pas »* écrit sainte Thérèse d'Avila dans un de ses poèmes. En plus de sa paix, le Christ nous apporte sa lumière : *« L'Esprit*

Saint que le Père enverra en mon nom vous enseignera tout, et il vous fera souvenir de tout ce que je vous ai dit ». Tant de personnes autour de nous sont en quête de paix et de vérité, et ne les trouvent pas ! Mais au-delà de ces biens si importants, le Seigneur nous en offre un plus précieux encore : son amour. « *Mon Père l'aimera* ». Comment ne pas aimer en retour celui qui nous donne tout cela, parce qu'il se donne lui-même ?

Certains chrétiens participent ou non à la messe en fonction du prêtre ou en fonction de l'animatrice de chant. Certes, le célébrant joue un rôle important, il représente Jésus et c'est pourquoi il doit bien préparer ses homélies et l'ensemble de la liturgie, et plus profondément se convertir sans cesse. Certes, l'animatrice de chant est importante parce que la musique aide les croyants à se tourner vers le Seigneur, et c'est pourquoi elle et la chorale (s'il y en a une) doivent bien se préparer. Tant mieux si l'on peut participer à une messe avec un prêtre et une animatrice de chants que l'on aime bien. Mais c'est parfois impossible, notamment dans certaines régions. Dans ces cas-là, le fait de participer à la messe fait encore plus plaisir à Jésus parce qu'on lui montre qu'on vient vraiment pour lui. Et on peut toujours profiter de la messe en priant, en écoutant bien les lectures, la prière eucharistique...

Deuxièmement, Jésus nous invite à communier chaque dimanche **par amour de l'Église**. Certains disent aimer Dieu et

Jésus, mais pas l'Église. Ils oublient qu'elle est le Corps du Christ. Souvenez-vous de ce que Jésus a dit à Paul sur le chemin de Damas : « *Saul, pourquoi me persécutes-tu ?* », alors qu'il persécutait ses disciples. Sainte Jeanne d'Arc , lors de son procès, a dit à ses juges : « *le Christ et l'Eglise, c'est tout un* ». Parce qu'elle vit au milieu du monde, l'Eglise a toujours été confrontée à de multiples défis. Souvenons-nous des premiers temps, lorsque certains chrétiens voulurent obliger les convertis du paganisme à la circoncision. Il fallut toute la sagesse des chefs, soutenus par l'Esprit Saint, pour rejeter cette idée : « *L'Esprit Saint et nous-mêmes avons décidé de ne pas faire peser sur vous* » cette obligation (1° lect.). Lorsque l'Eglise affronte des tempêtes, comme ces derniers temps, ce n'est pas le moment de quitter le navire, mais plutôt d'écoper et de se serrer les coudes pour qu'il ne chavire pas. Et pour aimer l'Eglise, malgré les péchés de ses membres, il faut non seulement nous souvenir de nos propres péchés, mais aussi admirer tous les chefs d'œuvre qui sont réalisés en son sein, souvent de façon discrète. Souvenons-nous de Jean Vanier, qui a tant fait pour les personnes handicapées, et dont l'amour pour eux était intimement lié à son amour pour Jésus.

Nous ne venons pas au Saint Esprit comme dans un supermarché où chacun peut se servir comme il le souhaite, mais comme dans une famille où nous sommes solidaires les uns des autres. Imaginez une famille où il n'y a pas de repas commun, mais où chacun vient se servir dans le frigo et au micro-ondes lorsqu'il en a envie. Venir à l'église à tout moment de la semaine et de la journée pour prier ou déposer un cierge, c'est très bien, mais ça ne remplace pas la messe dominicale où nous nous rassemblons tous. Nous y sommes unis par la prière, mais aussi par le geste de paix, et ensuite par les échanges que nous pouvons avoir sur le parvis, que ce soit avec ou sans un verre dans la main.

Troisièmement, Jésus nous invite à communier chaque dimanche **par amour du monde**. Beaucoup d'hommes et les femmes autour de nous souffrent, se sentent seules, perdues, désespérées... Notre mission est de les servir et de leur annoncer la Bonne Nouvelle. Témoignons en particulier de notre Espérance, notamment en nous nourrissant du livre de l'Apocalypse, qui nous donne de contempler « *la Ville sainte, Jérusalem, qui descendait du ciel, d'auprès de Dieu : elle avait en elle la gloire de Dieu ; son éclat était celui d'une pierre très précieuse... La ville n'a pas besoin du soleil ni de la lune pour l'éclairer, car la gloire de Dieu l'illumine : son luminaire, c'est l'Agneau* » (2° lect.).

La communion implique une responsabilité. Ainsi, finalement, nous communions par amour de Jésus, par amour de l'Eglise, mais aussi par amour du monde, que nous voulons transformer pour que tous les hommes puissent vivre heureux et être sauvés. C'est le sens de l'envoi, à la fin de la messe : « *allez dans la paix du Christ* ». Allez témoigner de la Bonne nouvelle auprès de vos frères, et servez-les comme le Christ nous a servis ! A la suite de Mère Teresa, les missionnaires de la Charité placent au cœur de leurs journées la messe et l'adoration du Saint Sacrement. Ainsi fortifiées, elles peuvent aller servir les pauvres dans des conditions qui pourraient sembler insupportables à d'autres.

Ainsi, les enfants, **entendez bien l'appel de Jésus aussi souvent que vous le pourrez, et obéissez-y non par contrainte, mais par amour : de Jésus lui-même, de l'Eglise et du monde.** Prenez exemple sur les saints, et en particulier sur Tarcisius qui avait à peu près votre âge. Au temps de l'Empire Romain, quand les chrétiens étaient persécutés, il a offert sa vie par amour de Jésus et de ses frères chrétiens. Alors qu'il était parti pour donner l'eucharistie à ceux qui étaient emprisonnés, et que les gardes de la prison voulaient l'obliger à lâcher l'hostie consacrée qu'il tenait sur son cœur, au point de finir par le lapider, il a tenu bon jusqu'à la mort, tout en pardonnant à ses bourreaux. C'est un bel exemple d'amour de Jésus, de l'Eglise, et du monde... Pour conclure, lorsque vous le pourrez, n'hésitez pas à prendre des temps d'adoration de Jésus présent dans le Saint Sacrement, soit dans le tabernacle, soit exposé à nos regards. C'est ainsi que vous comprendrez vraiment le sens du mot « eucharistie » : action de grâce. « *Que les peuples, Dieu, te rendent grâce ; qu'ils te rendent grâce tous ensemble* » (ps.) ! Seigneur, MERCI de tout ce que tu fais pour nous !

Ascension : Jésus fut enlevé au ciel et s'assit à la droite de Dieu

Frères et sœurs, **jusqu'où va notre désir du ciel ?** Chaque jour, nous prions ainsi : « *Notre Père, qui es aux cieux, que ton Nom soit sanctifié, que ton Règne vienne, que ta volonté soit faite sur la terre comme au ciel* ». Que signifient ces trois demandes, qui n'en forment qu'une seule en réalité ? D'abord que nous désirons le ciel, où la volonté du Père est accomplie de manière parfaite, où Il règne et où son Nom est sanctifié. Mais aussi que nous désirons que le ciel vienne sur la terre. En s'incarnant, le Fils de Dieu est descendu du ciel. Puis il s'est abaissé de plus en plus, se mettant au niveau des prostituées et des publicains pendant son ministère, des « maudits » sur la croix, et finalement de tous ceux qui peuplaient les enfers. Mais sa résurrection a marqué le début de sa remontée vers le ciel, qui s'achève avec son Ascension 40 jours plus tard. Cet évènement suscite en nous le désir du Ciel, nous divinise et nous rend missionnaires.

Pour commencer, le Seigneur nous invite à désirer le Ciel. Si la seconde Personne de la Trinité en est descendue, c'est pour y remonter ensuite et nous montrer ainsi le chemin. Le Christ est le premier de cordée qui a planté le drapeau de notre humanité en terre divine. Il est aussi l'ascenseur qui nous conduit vers le ciel, selon l'expression de la petite Thérèse, qui soulignait ainsi que notre divinisation ne s'opérait pas à la force du poignet, mais par pure grâce.

Nous avons tendance à garder les yeux fixés sur les réalités d'en bas, comme les apôtres qui, 40 jours après Pâques, attendent encore que le Christ établisse son règne de façon terrestre, à la manière de David : « *Seigneur, est-ce maintenant le temps où tu vas rétablir le royaume pour Israël ?* » (1° lect.) Le Seigneur, lui, nous invite à « *rechercher les réalités d'en-haut, non celles de la terre* » (Col 3,1-2)[69] Comment ne pas désirer de tout notre être le Royaume, dans lequel « *Il essuiera toute larme de leurs yeux, et la mort ne sera plus, et il n'y aura plus ni deuil, ni cri, ni douleur* » (Ap 21,4)[70] ? Nous attendons la Parousie, lorsque « *Jésus qui a*

---

[69] Dans un registre analogue, Raphaëlle Giordano reprend en citation : "*Certains regardent la vase au fond de l'étang, d'autres contemplent la fleur de lotus à la surface de l'eau, il s'agit d'un choix.*" (Ta deuxième vie commence quand tu comprends que tu n'en as qu'une, 2015).

[70] Mais le Ciel est-il si désirable ? Ceux qui n'ont pas reçu ou pas cultivé la vertu d'Espérance se disent : qu'allons-nous faire là-haut ? « L'éternité, c'est long, surtout vers la fin », disait Woody Allen. Une telle affirmation, même si elle est humoristique, révèle une incompréhension de ce qu'est la vie éternelle. Auprès de Dieu, l'ennui n'est pas possible. Deux personnes qui s'aiment ne s'ennuient jamais, et le temps ne leur pèse pas. De même, un homme passionné de musique ou un cinéphile peuvent passer des heures à cultiver leur passion sans se rendre compte des heures qui passent. Au ciel, nous serons dans une joie perpétuelle, et le spectacle sera permanent : le chœur des anges jouera le plus beau des concerts, nous contemplerons les plus belles images possibles – puisque nous verrons Dieu lui-même et tous les saints, c'est-à-dire ceux qui rayonnent de la gloire divine... qui sait même si nous ne goûterons pas le meilleur des nectars, à l'instar des dieux de l'olympe, puisque le Christ ressuscité a mangé et bu au milieu de ses

été enlevé au ciel d'auprès de vous, viendra de la même manière que vous l'avez vu s'en aller vers le ciel » (1° lect.).

L'Espérance du Royaume affermit notre patience et nous donne de supporter les épreuves d'ici-bas, sans en vouloir à Dieu ou aux hommes, car nous savons qu'elles auront une fin et qu'elles peuvent nous purifier, comme l'or au creuset. C'est ainsi que saint Paul a pu supporter des épreuves qui auraient pu le briser : « *En toute circonstance, nous sommes dans la détresse, mais ... notre détresse du moment présent est légère par rapport au poids vraiment incomparable de gloire éternelle qu'elle produit pour nous*[71]*.* » (2 Co 4,8-9.17) Notre société vit beaucoup dans l'instantanéité et a du mal à se projeter dans le long-terme. Lorsque l'on court un marathon, il y a des moments très difficiles, mais on les supporte parce qu'on sait qu'on approche de la ligne

---

disciples ? Car nous ne serons pas au ciel seulement avec nos âmes - comme le croyaient notamment les grecs, pour qui le corps était « le tombeau de l'âme » - mais avec nos corps de ressuscités, et donc avec tous nos sens... Mais surtout, nous serons avec toutes les personnes que nous aurons aimé sur la terre, et nous en rencontrerons beaucoup d'autres, nos frères et sœurs que nous ne connaissons pas encore ou seulement par le récit qu'on nous en a fait. Dans l'éternité, nous pourrons être en communion d'amour avec tous...

[71] « *En toute circonstance, nous sommes dans la détresse, mais sans être angoissés ; nous sommes déconcertés, mais non désemparés ; nous sommes pourchassés, mais non pas abandonnés ; terrassés, mais non pas anéantis... Car notre détresse du moment présent est légère par rapport au poids vraiment incomparable de gloire éternelle qu'elle produit pour nous.* » (2 Co 4,8-9.17)

d'arrivée et qu'on éprouvera ensuite une joie et une fierté immenses. Lorsqu'un bateau est pris dans la tempête, le capitaine garde son sang-froid en fixant son cap sur le phare dont la lumière brille dans les ténèbres.

Mais il y a plus encore : l'Ascension du Christ a définitivement supprimé la barrière qui séparait le Ciel et la terre. Songeons au mur de Berlin a été démoli le 9 novembre 1989, rendant possible depuis lors le libre passage entre l'est et l'ouest de l'Allemagne. Ou encore à l'accord de Schengen signé en 1985 et mis en œuvre en 1995, permettant la libre circulation des biens et des personnes dans les pays d'Europe. Le jour du baptême de Jésus au Jourdain, les cieux se sont ouverts (Mt 3,16) et l'Esprit en est descendu, accomplissant ainsi la prière d'Isaïe : *« Ah ! Si tu déchirais les cieux, si tu descendais !»* (Is 63,19) Le jour de l'Ascension, Jésus remonte au ciel, mais il ne nous abandonne pas : *« je suis avec vous tous les jours jusqu'à la fin du monde. »* (Mt 28,20) Le ciel et la terre, la divinité et l'humanité sont maintenant liés de façon intime et définitive, comme l'eau et le vin qui sont versés dans le calice, lorsque le célébrant dit à mi-voix : « *Comme cette eau se mêle au vin pour le sacrement de l'Alliance, puissions-nous être unis à la divinité de celui qui a pris notre humanité.»* Nous n'avons pas à attendre que le ciel s'ouvre au moment de notre mort ou à la Parousie (le retour du Christ), il l'est déjà et nous pouvons y vivre dès maintenant. Nous sommes « *citoyens des cieux »* (Ph 3,20) et la vie éternelle est déjà commencée. C'est ainsi que la petite Thérèse a pu écrire : « *Je ne vois pas bien ce que j'aurai de plus au ciel que maintenant : je verrai le Bon Dieu, c'est vrai ; mais, pour être avec lui, j'y suis déjà tout à fait sur la terre[72].* » (Carnet jaune) Il y a donc une tension permanente entre le « déjà là » (le Christ est présent) et le « pas encore » (il reviendra).

Cette bonne nouvelle d'un Dieu qui nous ouvre le ciel et qui vit au milieu de nous, nous ne pouvons pas la garder pour nous, nous devons en être les témoins actifs. Tout comme le Christ ne nous a pas abandonnés en retournant auprès de son Père, nous ne pouvons pas abandonner nos frères les hommes[73]. Comme les anges qui « réveillent » les Apôtres : « *Galiléens, pourquoi restez-vous là à regarder vers le ciel ?* » (1° lect.), le Christ dit à ses disciples, juste avant de remonter au Ciel : « *Il est écrit que le Christ souffrirait, qu'il*

---

[72] Lorsqu'elle essaye de décrire ce qu'elle vit, elle n'y arrive pas : « *La vie est bien mystérieuse. Nous ne savons rien, nous ne voyons rien, et pourtant, Jésus a déjà découvert à nos âmes ce que l'œil de l'homme n'a pas vu. Oui, notre cœur pressent ce que le cœur ne saurait comprendre, puisque parfois nous sommes sans pensée pour exprimer un « je ne sais quoi » que nous sentons dans notre âme* » (http://www.jevismafoi.com/jesusdonne-2-2/)

[73] Introduction de la constitution Gaudium et Spes : « *Les joies et les espoirs, les tristesses et les angoisses des hommes de ce temps, des pauvres surtout et de tous ceux qui souffrent, sont aussi les joies et les espoirs, les tristesses et les angoisses des disciples du Christ, et il n'est rien de vraiment humain qui ne trouve écho dans leur cœur. […] La communauté des chrétiens se reconnaît donc réellement et intimement solidaire du genre humain et de son histoire* ».

ressusciterait d'entre les morts le troisième jour, et que la conversion serait proclamée en son nom, pour le pardon des péchés, à toutes les nations, en commençant par Jérusalem. A vous d'en être les témoins ». Ce témoignage (du mot martyrios, en grec) n'est pas facile, car il implique un appel à la conversion, comme nous venons de l'entendre. Nous sommes donc sûrs de rencontrer beaucoup de résistances. Aussi nous faut-il une grande force, celle de l'Esprit Saint, que le Christ a promis à ses disciples : « *Et moi, je vais envoyer sur vous ce que mon Père a promis. Quant à vous, demeurez dans la ville jusqu'à ce que vous soyez revêtus d'une puissance venue d'en haut.* » Le jour de la Pentecôte, les disciples ont reçu ce que Jésus avait promis. Nous-mêmes l'avons reçu le jour de notre confirmation. Alors, comme les apôtres qui sont allés jusqu'aux extrémités de la terre et sont morts martyrs, n'ayons pas peur de témoigner de l'Evangile. « *Continuons sans fléchir d'affirmer notre espérance, car il est fidèle, celui qui a promis* » (2° lect.) !

Ainsi, frères et sœurs, **l'Ascension du Christ nous permet de vivre autrement sur la terre, de façon divinisée.** Ce que le serpent de la Genèse avait promis à Adam et Eve sous forme de mensonge - « *vous serez comme des dieux* » - (Gn 3,5) peut s'accomplir... Comment ? En vivant dans l'Esprit Saint. C'est lui qui suscite en nous le désir du ciel, nous donnant ainsi la patience devant les épreuves, et qui nous permet de vivre unis au Christ dès ici-bas, et la force d'en témoigner. Dans 10 jours, nous célébrerons la Pentecôte, qui est comme la fête symétrique de l'Ascension : dans la 1ère, c'est l'homme avec sa chair qui va habiter avec le Fils de Dieu dans le ciel. Dans la 2nde, c'est Dieu qui vient habiter en l'homme sur notre terre. Notre représentation habituelle, l'homme est en-bas et Dieu est au ciel, mais le Christ est venu tout mettre sens dessus dessous. La vie spirituelle ne consiste pas à s'évader de notre vie charnelle, elle ne se limite pas à la messe du dimanche et aux prières de chaque jour, elle s'exerce dans toutes nos activités du quotidien[74]. Durant les 10 jours qui nous séparent de la Pentecôte, prions avec ferveur celui que le Père nous a donnés lors de notre baptême et de notre confirmation : le Saint-Esprit. Parce qu'il affermira notre Espérance, notre intimité avec le Christ et notre charité qui pourra aller jusqu'au martyr, nous susciterons dans les cœurs de certains le désir d'être baptisés et de vivre selon les commandements du Seigneur.

---

[74] St Vincent de Paul disait : c'est « *quitter Dieu pour Dieu* » que de passer de l'oraison au service des pauvres.

7° dimanche : Que tous, ils soient un

« *Que tous, ils soient un* ». Frères et sœurs, ce désir d'unité si cher au Christ qu'il l'exprime à la fin de son testament spirituel, lors de la dernière Cène, est-ce aussi notre désir ? Depuis la chute dans le jardin d'Eden, prélude au meurtre d'Abel par Caïn, notre monde est déchiré par les divisions et les guerres : entre les nations (la commémoration du débarquement du 6 juin 1944 nous le rappellera bientôt), entre les communautés d'une même société, entre les membres d'une même famille, entre les conjoints d'un couple. C'est jusqu'à l'intérieur de nous-mêmes que nous sommes divisés, si souvent en proie à la culpabilité, à la peur… Alors, comment parvenir à l'unité ? Certains ont voulu créer une unité sans Dieu : c'est Babel (Gn 11), ce sont tous les totalitarismes, tels que le national-socialisme d'Hitler ou le communisme de Staline, ce sont tous les groupes dont le but est la recherche du profit ou du pouvoir, comme les mafias… leur ciment est fragile et, à un moment ou à un autre, il se délite. Pourquoi ? Parce que l'unité entre les hommes ne peut découler que de l'unité divine elle-même. C'est ce que dit Jésus : « *Que tous, ils soient un, comme toi, Père, tu es en moi, et moi en toi.* » Autrement dit, les hommes ne peuvent être unis entre eux que s'ils vivent unis à Dieu, qui est Lui-même communion entre trois Personnes… Des divisions, nous sommes en partie responsables, et en partie victimes : Satan, notre adversaire, est souvent appelé dans la Bible le diable (dia-bolos), celui qui divise. Seul l'Esprit Saint, l'Esprit de Vérité, peut nous protéger de lui et nous donner l'unité. Il nous a été donné, en particulier au jour de notre Confirmation, mais puisque les divisions demeurent non seulement dans l'humanité mais aussi dans l'Eglise, c'est que nous ne vivons pas assez sous son inspiration. Jésus a pourtant invité ses disciples, le jour de son Ascension vers le ciel, à attendre – et donc à désirer - l'Esprit Saint. Alors que nous nous apprêtons à célébrer la Pentecôte, dimanche prochain, grande fête de l'Esprit qui est aussi grande fête de l'unité, et en ce dimanche mondial de la communication, **réveillons notre désir de l'Esprit en méditant sur la façon par laquelle il nous apprend à communiquer pour nous unir au Seigneur et les uns aux autres : il nous enseigne à écouter d'abord, et à parler pour témoigner ensuite.**

D'abord, **l'Esprit nous enseigne à écouter.** Nous avons une bouche mais deux oreilles, ce qui implique une hiérarchie ! Pour commencer, nous devons écouter le Seigneur Lui-même. Le 1° commandement, que nos frères Juifs redisent chaque matin, commence ainsi: « *Ecoute Israël* ». Mais notre écoute est rendue difficile par les « bruits » extérieurs et intérieurs (incluant nos soucis et préoccupations) et par notre orgueil qui nous pousse à croire que nous possédons déjà la Vérité. En réalité, nul ne la possède, car elle est une Personne, le Christ, qui nous appelle à le suivre humblement : « *je suis le Chemin, la Vérité et la Vie* » (Jn 14,6).

Ecouter le Seigneur implique d'écouter les hommes. Qui précisément ? En premier lieu, les autres chrétiens, qu'ils soient catholiques ou d'autres confessions. Chacun d'entre eux a reçu des lumières particulières par l'Esprit : « *celui qui est saint vous a consacrés par l'onction, et ainsi vous avez tous la connaissance.* » (1 Jn 2,20) Nos différences, loin d'être des problèmes, peuvent devenir des richesses.

Cela s'applique même aux non-chrétiens, chez qui Dieu a aussi fait germer des *« semences de vérité »*, les *semina verbi* comme disaient les Pères de l'Eglise. L'Esprit Saint agit dans le cœur de tout homme, il *« offre à tous, d'une façon que Dieu connaît, la possibilité d'être associé au mystère pascal »* (Gaudium et Spes 22). C'est parce qu'il en était convaincu que le pape Jean-Paul II lança les rencontres d'Assise en 1986. C'est la même conviction qui permit la création du groupe inter-religieux du XII° : pour aimer l'autre, il faut apprendre à le connaître, qu'il soit croyant ou non.

Cependant, reconnaître les semences de vérité que les autres possèdent n'empêche pas **l'urgence de la mission**, car c'est dans le Christ seulement que ces semences peuvent parvenir à maturité. Dans l'encyclique Redemptoris missio parue en 1990, Jean-Paul II s'élevait fortement contre une *« mentalité marquée par l'indifférentisme, malheureusement très répandue parmi les chrétiens [...] qui porte à considérer que "toutes les religions se valent" »* (n° 36). N'oublions pas que Jésus prie son Père avec cet objectif missionnaire : *« Que leur unité soit parfaite ; ainsi, le monde saura que tu m'as envoyé, et que tu les as aimés comme tu m'as aimé »*. La recherche commune de la Vérité implique donc aussi le témoignage. En grec, le mot *« témoin »* se dit *« martyr »*. Les lectures de ce jour nous donnent de contempler deux martyrs. Le premier est Jésus lui-même. Dans l'Apocalypse de saint Jean, il se nomme « *le témoin fidèle* » (Ap 1,5 ; 3,14). Dans l'évangile du même Jean, Jésus dit à Pilate : « *Je ne suis né, et je ne suis venu dans le monde, que pour rendre témoignage à la vérité. Quiconque est de la vérité écoute ma voix.* » (Jn 18,37) Et celui qui écoute la voix du Christ pour en témoigner peut être appelé à aller jusqu'à l'effusion de sang : « *Heureux ceux qui lavent leurs vêtements pour avoir droit aux fruits de l'arbre de vie* » *(2° lect.)*... tellement heureux que l'Eglise a toujours placé les martyrs au sommet de la « hiérarchie » des saints, au-dessus des « simples » confesseurs.

La première lecture nous rappelle le premier d'entre eux après le Christ: Etienne. Au lieu de se taire face à ses accusateurs, il a témoigné de sa Foi jusqu'au bout. Alors que certains dans l'histoire, même parmi les chrétiens, ont usé de la violence et même mis à mort au nom de la Vérité, lui s'est laissé mettre à mort. Mais le plus beau est la fin : comme le Christ son Maître sur la Croix, il a été capable de dire : « *Seigneur, ne leur compte pas ce péché.* » (1° lect.) Voilà qui vaut tous les discours du monde... ou plutôt, voilà qui donne un poids infini au discours qu'il avait donné juste avant. Qui sait quelle influence cet évènement a-t 'il eu sur la conversion du futur saint Paul ?

Nous aussi, nous sommes appelés à témoigner de la Vérité. Il n'y pas que des paroles qui peuvent tuer, mais aussi certains silences. Peu de temps après la Pentecôte, Pierre répond aux autorités religieuses qui ont interdit aux apôtres de parler au peuple : « *il nous est impossible de nous taire sur ce que nous avons vu et entendu »* (Ac 4,20) et ils ont tous témoigné jusqu'au martyr. En 1938, les hommes politiques envoyés par la France et l'Angleterre n'eurent pas le courage de dénoncer les agissements d'Hitler, cédant aux nazis la Tchécoslovaquie sans presque rien demander en échange sinon de vagues promesses de paix. Winston Churchill eut ensuite cette parole célèbre : « *Ils devaient choisir entre le déshonneur et la guerre. Ils ont choisi le déshonneur, et ils auront la guerre* ».

Ainsi, frères et sœurs, **l'unité en nous-mêmes, entre les chrétiens et entre les hommes n'est possible que si nous vivons dans l'Esprit de Vérité.** Lui seul peut nous permettre d'être à l'écoute de Dieu et les uns des autres, et de témoigner les uns pour les autres. L'eucharistie que nous célébrons chaque dimanche est la source et le sommet de l'unité de notre communauté. Elle nous permet d'écouter la Parole de Dieu, et nous donne la force de témoigner ensuite de notre Foi. Notre société française, marquée par le relativisme, rêve d'unité autour de notre fameuse devise : « *liberté, égalité, fraternité* ». Mais au nom de ces grandes valeurs, certaines lois injustes ont été votées. Soyons vigilants pour reconnaître les graines de mensonge semées par Satan, comme l'ivraie au milieu du bon grain (cf Mt 13). **Cette semaine, prions chaque jour l'Esprit Saint, et demandons lui de nous enseigner à mieux écouter, et à mieux témoigner de notre Foi. Et mardi prochain, souhaitons une bonne fin de ramadan à nos frères musulmans !**

Pentecôte : Viens Esprit Saint !

Frères et sœurs, **qui est notre Patron ?** L'Esprit Saint est la moins connue et la moins priée des trois Personnes de la Trinité. C'est compréhensible, car il ne s'est pas incarné et Jésus lui-même s'est plutôt adressé à son Père. Alors, comment savoir qui il est ? Comme on connaît n'importe qui : en voyant comment il agit. Aujourd'hui, **nous allons méditer sur ses 7 dons, que nous grouperons en 3 ensembles : crainte et piété nous établissent dans une juste relation avec le Seigneur ; conseil et force nous ajustent à sa volonté ; science et intelligence nous permettent de mieux le connaître. Le 7ème don, celui de sagesse, nous unit à lui, parachevant ainsi tous les autres dons. Nous illustrerons chacun des dons par une parole du Christ et par un saint.**

Les 2 premiers dons nous établissent dans une juste relation avec le Seigneur. La crainte est le fondement de toute la vie spirituelle, c'est pourquoi elle est très souvent évoquée dans l'Ancien Testament, en particulier dans les livres de sagesse. Craindre Dieu ne signifie pas avoir peur de Lui, mais peur de l'offenser. Quand on aime quelqu'un, on ne veut pas le blesser. La crainte de Dieu implique donc l'humilité, le respect, la pudeur, l'adoration… Elle nous permet de prendre conscience de la distance infinie qui nous sépare de Celui qui le Créateur, le Tout-Autre, le Tout-puissant… Au moment de son agonie à Gethsémani, Jésus dit à son Père : « *Père, si tu le veux, éloigne de moi cette coupe ; cependant, que soit faite* *non pas ma volonté, mais la tienne.* » (Lc 22,42) La devise de Blanche de Castille, qu'elle transmit à son fils saint Louis, était : « *la mort plutôt que le péché* »...

Alors que la crainte nous place dans une juste distance vis-à-vis de Dieu, **la piété** nous place dans une juste proximité. Le respect et l'admiration qu'un enfant éprouve pour son papa ne l'empêchent pas de se précipiter dans ses bras pour être caressé. La piété est synonyme de confiance, de tendresse, de dévotion. Elle nous rend proche de Dieu mais aussi des autres, tout comme la crainte nous place à la juste distance de notre prochain. La piété de Jésus se manifeste notamment lorsqu'il s'écrie : « *Père, Seigneur du ciel et de la terre, je proclame ta louange : ce que tu as caché aux sages et aux savants, tu l'as révélé aux tout-petits.* » (Mt 11,25) Parmi les saints, nous pouvons penser à Philippe Néri, dont la piété était si grande qu'il entrait en extase à chaque fois qu'il célébrait l'eucharistie, si bien qu'il décida de mettre un chat sur l'autel afin de le distraire suffisamment pour l'en empêcher.

Les 2 dons suivants nous ajustent à la volonté de Dieu. Le conseil, d'abord, nous permet de la connaître. Il n'est pas toujours simple de savoir ce que le Seigneur attend de nous dans telle ou telle situation concrète. Ce don nous aide à discerner non seulement entre le bon et le mauvais, mais aussi entre le bon, le mieux et le parfait : « *Ne prenez pas pour modèle le monde présent, mais transformez-vous en* *renouvelant votre façon de penser pour discerner quelle est la volonté de Dieu : ce qui est bon, ce qui est capable de lui plaire, ce qui est parfait.* » (Rm 12,2) Jésus s'est laissé conseiller par le Saint Esprit, notamment lorsqu'il est parti au désert: après son baptême, c'est lui qui l'y « *pousse* » (Mc 1,12) et qui le « *conduit* » pendant les 40 jours (Lc 4,1). C'est aussi l'Esprit qui a conduit les premiers disciples, comme saint Luc le souligne dans les Actes des Apôtres : c'est lui qui dit à Philippe de rejoindre le char de l'eunuque éthiopien (Ac 8,29), à Pierre de suivre les envoyés du centurion Corneille qui sont venus à sa rencontre (Ac 10,19), aux disciples réunis pour le culte d'envoyer Barnabé et Saul en mission (Ac 13,2)[75]...

Connaître la volonté de Dieu est une chose, l'accomplir en est une autre. **Le don de force** nous permet non seulement d'accomplir des actions difficiles voire héroïques, mais aussi tout simplement de réaliser notre devoir d'état. Il nous permet de persévérer dans les épreuves et de résister dans le combat spirituel. Jésus en a fait preuve particulièrement au moment de sa Passion et de sa crucifixion. C'est grâce à lui que les martyrs ont pu donner leur vie à sa suite. Souvenons-nous de Pierre qui, sommé par les autorités juives de ne plus témoigner de la Bonne nouvelle, répond : « *Il faut obéir à Dieu plutôt qu'aux hommes.* » (Ac 5,29)

---

[75] Ou encore à ces deux apôtres de ne pas aller dans la province d'Asie (Ac 16,6), ce qui va finalement les conduire jusqu'en Europe, aux disciples réunis en concile à Jérusalem de ne pas imposer aux païens le rite de la circoncision (Ac 15,28), etc.

Les 2 dons suivants nous permettent de mieux connaître Dieu et ses créatures. La science le fait à travers la Création et l'Histoire. Elle nous permet de reconnaître la beauté de la nature[76], car elle est l'œuvre de Dieu[77], mais aussi la précarité, car elle est aussi abîmée par *le prince de ce monde* (Jn 12,31) et par nos péchés. Grâce à ce don, Jésus ne se fiait pas à tous « *parce qu'il les connaissait tous et n'avait besoin d'aucun témoignage sur l'homme ; lui-même, en effet, connaissait ce qu'il y a dans l'homme.* » (Jn 2,24-25) Grâce à ce don également, certains saints pouvaient lire à l'intérieur des cœurs, comme le curé d'Ars avec ses pénitents.

Mais pour connaître Dieu parfaitement, le livre de la Création et les livres d'Histoire ne suffisent pas, il faut y ajouter le Livre par excellence: la Bible. A travers la Révélation, **le don d'intelligence** nous permet de pénétrer dans le mystère de Dieu, de comprendre de l'intérieur la foi et les Écritures, de distinguer l'erreur de la vérité. Jésus en a fait preuve dès l'âge de 12 ans, lorsque ses parents le retrouvèrent au temple, « *assis au milieu des docteurs de la Loi : il les écoutait et leur posait des questions, et tous ceux qui l'entendaient s'extasiaient sur son intelligence et sur ses réponses.* »

---

[76] « Tu trouveras bien plus dans les forêts que dans les livres », disait saint Bernard de Clairvaux, qui savait reconnaître Dieu à l'œuvre dans la nature.

[77] « Depuis la création du monde, on peut voir avec l'intelligence, à travers les œuvres de Dieu, ce qui de lui est invisible : sa puissance éternelle et sa divinité » écrit saint Paul (Rm 1,20).

(Lc 2,46-47) Parmi les saints, Paul et Thomas d'Aquin, chacun à leur époque, ont reçu abondamment ce don d'intelligence pour nous éclairer sur le mystère de Dieu.

En nous unissant à Dieu, **le don de sagesse** parachève tous les autres. Il nous permet non seulement de tous les recevoir, mais aussi de goûter la présence de Dieu en nous. C'est le don par excellence des gouvernants. Jésus le manifeste notamment lorsqu'il dit sur la Croix : « *Père, pardonne-leur : ils ne savent pas ce qu'ils font.* » (Lc 23,34) Voici le jugement de Jésus : au lieu de condamner, il pardonne... Parmi les saints, Louis en fit preuve lorsqu'il jugeait son peuple sous le chêne de Vincennes, à la manière du roi Salomon qui avait rendu son célèbre jugement pour départager les 2 femmes prostituées qui se disputaient le même enfant.

Pour conclure, frères et sœurs, **rendons grâce à Celui qui nous a offert ses 7 dons le jour de notre confirmation. Ne les laissons pas au placard, mais employons-les au mieux pour accomplir la grande traversée qui nous conduira jusqu'au rivage du Royaume de Dieu.** Lorsqu'on navigue en mer, il ne dépend pas de nous qu'il y ait du vent ou non, mais notre responsabilité est de hisser les voiles et de tenir le gouvernail pour que le vent qui souffle nous rapproche du port. Comme les apôtres qui, après « *un violent coup de vent* » (1° lect.), sortirent du Cénacle pour témoigner partout de la Bonne

Nouvelle, laissons le souffle de l'Esprit nous pousser vers nos frères et nous conduire tous ensemble jusqu'au Royaume de Dieu. **N'ayons peur ni des réactions hostiles, ni de nos ignorances :** *le Défenseur, l'Esprit Saint que le Père enverra au nom du Christ, nous enseignera tout, et il nous fera souvenir de tout ce qu'il nous a dit.* AMEN.

Solennités

Saint Sacrement : 5 pains et 2 poissons

Frères et sœurs, **avons-nous faim** ? Je ne parle pas de nos estomacs, mais de nos âmes. Avons-nous faim de Dieu ? Je l'espère de tout cœur, car Lui seul peut nous rassasier. Beaucoup de ceux qui vivent auprès de nous ne se sentent jamais satisfaits parce que, même s'ils contentent leurs envies multiples, il reste toujours un grand vide dans leur âme[78]. Certes, le Seigneur est attentif à tous nos besoins, même physiques, et c'est pourquoi Il a nourri son peuple dans le désert, en lui procurant la manne pendant 40 ans. De même, c'est dans un désert que Jésus a multiplié les 5 pains et les 2 poissons pour nourrir la foule. Mais cette nourriture matérielle, si elle est indispensable, n'est pas suffisante. S'il est vrai que nous avons été créés le même jour que les bêtes sauvages, le 6ème, nous avons en plus une âme grâce à laquelle nous ressemblons à Dieu, et qui doit être nourrie elle-aussi. La messe que nous célébrons est un don que le Seigneur nous fait pour nourrir nos âmes. De quelle manière ? Je vous propose d'y réfléchir à l'aide des 5 pains et des 2 poissons : **les 5 pains correspondent aux 5 étapes de la messe, et les 2 poissons symbolisent les 2 attitudes fondamentales que nous sommes invités à adopter.**

---

[78] Comme l'écrit saint Augustin dans ses Confessions : « *Tu nous as faits pour toi, Seigneur, et notre cœur est sans repos tant qu'il ne demeure en Toi.* »

Le 1ᵉʳ pain est le pardon de Dieu. Nous sommes tous pécheurs. Lorsque nous commettons des péchés graves, il est nécessaire que nous allions voir un prêtre pour recevoir le sacrement de la réconciliation. Mais même si ce n'est pas le cas, nous commettons tous des péchés, qu'on appelle véniels. Ils ressemblent à ces moucherons qui se collent sur les parebrises des voitures. Si on les laisse s'accumuler, ils finissent par boucher la vue. C'est pourquoi nous sommes invités à recevoir régulièrement le sacrement de réconciliation. C'est pourquoi aussi, plusieurs fois pendant la messe, nous demandons au Seigneur son pardon : au tout début, avec parfois la prière du « *Je confesse à Dieu* » et toujours avec le kyrie : « *Seigneur, prends pitié ; ô Christ, prends pitié ; Seigneur, prends pitié* ». Plus tard, nous disons ou chantons : « *Agneau de Dieu, qui enlèves le péché du monde, prends pitié de nous* (2 fois) *et donne-nous la paix* ». Plus tard encore, nous disons : « *Seigneur, je ne suis pas digne de te recevoir, mais dis seulement une parole et je serai guéri* ». Le célébrant dit tout cela, et même davantage, puisqu'il dit à voix basse au moment où un servant de messe vient lui laver les mains : « *Lave moi de mes fautes, Seigneur, purifie-moi de mon péché* ».

Le 2ᵉᵐᵉ pain est la Parole de Dieu. Comme l'ont dit Moïse et Jésus : « *L'homme ne vit pas seulement de pain* (sous-entendu ici matériel)*, mais de toute parole qui sort de la bouche de Dieu.* » (Mt 4,4) Nos frères juifs ont beaucoup à nous enseigner, eux qui ne cessent de scruter les Ecritures depuis des millénaires. Pendant très longtemps, les Chrétiens se sont peu nourris de la Bible, jusqu'à ce que les protestants, à la suite de Luther au XVI° siècle, et les pères du Concile Vatican II, il y a une cinquantaine d'années, leur en donnent le désir. Comme le disait saint Jérôme, « *ignorer les Ecritures, c'est ignorer le Christ* ». C'est pourquoi nous écoutons à la messe 2 lectures et un psaume, qui nous préparent à bien accueillir l'évangile, un mot qui signifie « *bonne nouvelle* ».

Le 3ème pain est la Foi de l'Eglise. Ne récitons jamais le Credo machinalement. Souvenons-nous que des Chrétiens sont morts martyrs depuis 2000 ans parce qu'ils ont osé le proclamer. Et méditons profondément sur chacune des paroles. Même si nous les connaissons par cœur, elles nous nourrissent quand même. Le pain que nous mangeons à table lors des repas a beau être toujours le même, il n'en demeure pas moins nourrissant et même savoureux s'il est de qualité. Après avoir récité le credo, nous sommes plus confiants pour présenter à Dieu nos demandes lors de la prière universelle.

Le 4ème pain est le pain eucharistique proprement dit. En le recevant, nous recevons le Fils de Dieu lui-même, le Ressuscité qui nous donne part ainsi à sa vie divine. Il s'agit d'un « *baiser d'amour* », comme l'écrit sainte Thérèse en évoquant sa 1ère communion, et elle ajoute : « *Ce jour-là, ce n'était plus un regard, mais une fusion, ils n'étaient plus deux, Thérèse avait disparu, comme la goutte d'eau qui se perd au* *sein de l'océan. Jésus restait seul, Il était le maître, le Roi (...). Le Ciel n'était-il pas dans mon âme ? »* (M.A,35ᵉ r)

Le 5ᵉᵐᵉ pain est la bénédiction finale, complétée par l'envoi. Lorsque le célébrant bénit l'assemblée et ajoute « *allez dans la paix du Christ* », cela signifie : « allez partager ce que vous avez reçu ». N'oublions pas qu'en dehors de l'église, il y a des foules qui ont faim également. Ne pensons pas que c'est à Jésus de les nourrir, et que cela ne nous concerne pas. Jésus dit aux apôtres qui lui proposent de renvoyer les foules, afin sans doute d'avoir enfin un peu de tranquillité : « *Donnez-leur vous-mêmes à manger.* » Nous sommes peu nombreux ici ce soir, en comparaison de la multitude de ceux qui ont faim au dehors, mais avec les 5 pains et les 2 poissons que le Seigneur nous donne, nous pouvons nourrir tout le monde. C'est tellement vrai que les Douze, non seulement ont rassasié les foules, mais il est même resté 12 paniers, symbole de la surabondance divine !

En plus de ces 5 pains délicieux et nourrissants, Jésus nous offre également **2 poissons**, qui symbolisent 2 attitudes fondamentales que nous sommes invités à adopter pendant la messe. La première est **l'amour de l'Eglise**. Dans l'évangile, Jésus dit à ses disciples : *« Faites-les asseoir par groupes de cinquante environ »*, signifiant ainsi que son Eglise est un corps organisé. Nous ne participons pas à la messe chacun dans son coin, nous formons un seul corps, comme nous le signifions lors du geste de paix. Lorsque nous communions, nous nous unissons au Christ, mais aussi les uns aux autres. Et à la fin de la messe, nous ne partons pas chacun dans notre direction, nous prenons quelques minutes pour échanger les uns avec les autres, si nous le pouvons, avant d'aller témoigner de la Bonne Nouvelle.

La seconde attitude est **l'action de grâce**. C'est le sens même du mot eucharistie. Après avoir pris les cinq pains et les deux poissons, « *Jésus, levant les yeux au ciel, prononça la bénédiction sur eux* », une attitude que les Juifs accomplissent sans cesse encore aujourd'hui. « *Il est interdit de goûter quoi que ce soit avant de faire une bénédiction* », dit le Talmud (Ber 35a). Celui-ci prescrit de réciter des bénédictions pour tous les actes de la vie quotidienne, depuis le lever du matin jusqu'au coucher du soir, et aussi en cas d'événements particuliers comme la maladie, le voyage ou la mort... Nous aussi devrions remercier le Seigneur tout au long de nos journées, mais en particulier à chaque étape de la messe, comme lorsque nous disons « *nous rendons grâce à Dieu* » après chaque lecture ou « *louange à toi Seigneur Jésus* » après l'évangile. Le gloria et les chants de louange nous permettent aussi d'exprimer notre action de grâce.

Ainsi, frères et sœurs, **ayons toujours faim du Christ**. Il veut nous nourrir lors de chaque messe avec ses 5 pains et 2 poissons. Lorsqu'on arrive à un festin, mieux vaut avoir faim pour profiter de ce que l'on va recevoir. Quelle tristesse de voir parfois des chrétiens qui assistent à la messe par habitude ou pour tradition, mais qui ne chantent pas, écoutent distraitement les lectures, ne répondent pas aux invocations du célébrant... Ayons toujours faim de celui qui veut nous nourrir de lui-même et partageons-le avec nos frères de la terre, en nous offrant nous-mêmes en nourriture avec lui. AMEN.

Sainte Trinité : Au Nom du Père, et du Fils et du Saint Esprit[79]

Frères et sœurs, quelle place laissons-nous dans nos vies à la Sainte Trinité ? Si souvent, nous prononçons la formule « *Au Nom du Père, et du Fils et du Saint Esprit* », mais est-ce machinalement, ou comme une véritable prière ? Le Nom est au singulier, et nous évoquons ensuite 3 Personnes. Un seul Dieu en Trois Personnes, c'est le mystère le plus profond de notre Foi. Certains estiment qu'il s'agit d'une vérité abstraite, impossible à comprendre et donc inutile. En réalité, le mystère de la Sainte Trinité est ce qu'il y a de plus concret dans tout l'univers, puisqu'il s'agit de Dieu lui-même. Et il n'est pas totalement incompréhensible : comme saint Augustin l'a écrit : « *Un mystère, ce n'est pas ce que l'on ne peut pas comprendre, mais ce que l'on n'a jamais fini de comprendre* »... En d'autres termes, il nous faut éviter deux écueils extrêmes, celui d'une intelligence paresseuse (on parle parfois en ce sens de la foi du charbonnier) et celui d'une intelligence orgueilleuse qui souhaiterait saisir et « faire le tour » de la « question » de Dieu : il ne s'agit pas ici d'en faire le tour, mais d'y entrer humblement, parce que Dieu lui-même nous y invite. « Dieu a fait l'homme à son image... et l'homme le lui a bien rendu » disait ironiquement Voltaire. Plutôt que de créer un Dieu issu de notre imagination, nous pouvons utiliser au mieux notre raison, qui nous permet

---

[79] La fête que nous célébrons aujourd'hui est la seule où nous célébrons Dieu pour lui-même, et non pas pour ce qu'Il a fait pour nous, comme à Noël et à Pâques.

surtout de voir ce qu'Il n'est pas : c'est ce qu'on appelle la théologie apophatique. Dieu est infini, innommable... Cette approche est utile, car elle nous permet d'éviter les faux dieux. La raison nous offre aussi de belles images, par exemple celle du soleil et celle de la source. Le soleil symbolise le Père, ses rayons lumineux le Fils et la chaleur qui en émane l'Esprit. Selon une autre image, le Père est la source, le Fils est le fleuve, et l'Esprit est l'eau vive du courant... Mais grâce à la révélation, nous pouvons aller plus loin : à travers l'Ecriture, Dieu s'est révélé à nous. Aussi, **dans un premier temps, nous contemplerons « gratuitement » Dieu, tel qu'Il s'est révélé. Et puisque nous avons été créés à son image et à sa ressemblance, nous verrons dans un second temps ce que cela signifie pour nous.**

Premièrement, **Dieu est unique**. Dans un monde polythéiste, dans lequel les dieux étaient parfois ennemis les uns des autres, le Seigneur s'est révélé à Abraham comme unique, redisant sans cesse à Israël : *« pas d'autre dieu que moi »*. Il n'y pas non plus un dieu du mal qui s'opposerait à un dieu du bien (cf le manichéisme), mais seulement des puissances du mal, qui ne sont que des créatures.

Deuxièmement, **Dieu est Amour**. C'est le sommet de la révélation, mais qu'est-ce que cela signifie ? Avant tout que Dieu n'est pas solitaire. Il est un être de relations et de communion. Chacune des Personnes divines se définit par rapport aux autres. Le Père n'a de sens que parce qu'il a un

Fils, auquel Il donne tout. Le Fils n'a de sens que parce qu'il a un Père, de qui il reçoit tout. L'Esprit n'a de sens que parce qu'il unit le Père et le Fils. Jésus a dit par exemple : « *le Fils ne peut rien faire de lui-même, il fait seulement ce qu'il voit faire par le Père* » (Jn 5,19) ou quant à l'Esprit de vérité: « *ce qu'il dira ne viendra pas de lui-même : mais ce qu'il aura entendu, il le dira.* » (Jn 16,13)

Troisièmement, **Dieu est Miséricorde** (une des facettes de son Amour). Elle s'exprime aussi bien dans la Création que dans la Rédemption et dans la Providence. Il a d'abord créé l'homme, non par besoin, mais avec sagesse et par amour, pour que d'autres puissent entrer en communion avec Lui : « *Je faisais ses délices jour après jour, jouant devant lui à tout moment, jouant dans l'univers, sur sa terre, et trouvant mes délices avec les fils des hommes* » (1° lect.) Le Fils s'est ensuite incarné pour nous sauver du péché et de la mort. Et sans cesse, Il ne cesse de nous donner le pain quotidien pour que nous puissions jouir de la Création et de la Rédemption.

En quoi ce mystère de la Sainte Trinité nous concerne-t-il ? **Puisque Dieu est unique, cela signifie d'abord que nous devons l'aimer de tout notre être, en acceptant de renoncer à toutes les idoles**[80]. Nous le pouvons, puisque « *l'amour de*

---

[80] Cf le Shema Israël : « *Écoute, Israël : le Seigneur notre Dieu est l'Unique. Tu aimeras le Seigneur ton Dieu de tout ton cœur, de toute ton âme et de toute ta force* » (Dt 6,4-5) et le 1er commandement : « *Tu n'auras pas d'autres dieux en face de moi.* » (Ex 20,3).

Dieu a été répandu dans nos cœurs par l'Esprit Saint qui nous a été donné » (2° lect.) Aujourd'hui, ce ne sont plus d'autres dieux à qui on bâtissait des temples, mais ce peut être l'argent, le pouvoir, le plaisir, la technologie, l'information, etc. De plus, **puisque nous sommes créés à son image et à sa ressemblance, le fait que Dieu est unique signifie que nous devons parvenir à l'unité en nous-mêmes.** Les conflits qui déchirent le monde naissent en nous-mêmes. Nous nous déchirons souvent nous-mêmes. *« Notre ennemi ne nous quitte jamais, parce que notre ennemi, c'est nous-mêmes »* dit un proverbe espagnol. Chaque matin après s'être réveillé, saint Philippe Néri priait ainsi : *« Seigneur, méfie-toi de Philippe »* ! La chasteté est une vertu qui nous permet de nous unifier. Les passions doivent être guidées par nos 3 facultés les plus hautes : la mémoire renvoie au Père, l'intelligence au Fils, la volonté à l'Esprit (saint Augustin).

Ensuite, le mystère de la Sainte Trinité nous rappelle – rappel particulièrement opportun en ce temps d'hyper individualisme - que **nous sommes des êtres de communion.** C'est le sens du geste de paix. Nous sommes appelés à donner et à recevoir. Par rapport à Dieu, nous sommes tous ses enfants, ses frères et sœurs, ses compagnons. Les uns vis-à-vis des autres, nous devons jouer parfois le rôle d'un père, en enfantant quelqu'un dans la Vérité, le rôle d'un fils, en nous laissant enfanter nous-mêmes, le rôle de l'Esprit, en permettant à d'autres de se rapprocher mutuellement. C'est pourquoi la famille est l'une des plus belles images de la Sainte Trinité. N'oublions pas que nous sommes créés à l'image de Dieu en tant qu'homme et femme[81]. Le couple est confronté à un défi continuel : chercher à ne faire qu'un[82] tout en demeurant chacun soi-même. Et quand viennent les enfants, il faut demeurer époux tout en devenant père ou mère… Et dans la profession, il faut donner suffisamment de temps et d'énergie à l'employeur et aux collègues pour bien faire son travail, mais sans sacrifier la famille. On pourrait aussi évoquer le rapport à l'Etat (« *rendez à César ce qui est à César, et à Dieu ce qui est à Dieu* »)[83], et bien d'autres exemples. Sans cesse, nous sommes confrontés au défi de la communion, qui exige l'union sans séparation et sans confusion[84].

Enfin, **nous sommes appelés à être miséricordieux** comme le Seigneur. Cela signifie donner à ceux qui ont besoin de quelque chose, et pardonner à ceux qui nous ont fait du mal[85]. Que pouvons-nous donner ? Des biens matériels bien

---

[81] « *Dieu créa l'homme à son image, à l'image de Dieu il le créa, il les créa homme et femme.* » (Gn 1,27)

[82] « *À cause de cela, l'homme quittera son père et sa mère, il s'attachera à sa femme, et tous deux ne feront plus qu'un.* » (Gn 2,24)

[83] (Lc 20,25)

[84] Comme les 2 natures, divine et humaine, dans la Personne du Christ.

[85] Si nous refusons de donner à celui qui est dans la misère, ou de pardonner à celui qui nous a fait du mal, nous brisons la communion et nous ne ressemblons plus à Dieu. Le fils aîné de la parabole, en refusant d'accueillir son frère, se coupe à la fois de lui et de son père.

sûr, mais aussi et surtout le Bien le plus précieux, qui est la Bonne Nouvelle. Le Seigneur nous invite à sortir de nous-mêmes pour être missionnaires : *« Allez ! De toutes les nations faites des disciples. Baptisez-les au nom du Père, et du Fils, et du Saint-Esprit »* (Mt 28,19). Pour obéir au commandement du Christ, nous devons non seulement témoigner de notre foi par notre vie, mais aussi par nos paroles. En effet, *« la foi naît de ce que l'on entend »* (Rm 10,17) et nous devons être toujours prêts à *« rendre raison de l'espérance qui est en nous »* (1 P 3,15). Nous devons *baptiser toutes les nations au Nom du Père, et du Fils, et du Saint-Esprit*, i.e. les inviter à « plonger » dans la Trinité Sainte. Nous n'avons pas à avoir peur : *« tout pouvoir m'a été donné au ciel et sur la terre »* (Mt 28,18) nous dit le Christ, qui seul peut changer les cœurs.

Pour conclure, frères et sœurs, n'oublions pas que **le Seigneur est patient mais persévérant pour nous transformer à son image**, comme Jésus l'a été avec ses disciples : *« J'ai encore beaucoup de choses à vous dire, mais pour l'instant vous ne pouvez pas les porter. Quand il viendra, lui, l'Esprit de vérité, il vous conduira dans la vérité tout entière »*. Laissons-nous guider par l'Esprit dans l'Amour infini de la Trinité Sainte… Cette semaine, pourquoi ne pas la prier particulièrement, en contemplant par exemple l'icône de Roublev ?

Toussaint : Soyez saints !

Frères et sœurs, **voulons-nous devenir des saints ?** Spontanément, nous pourrions être tentés de penser que cette question ne nous concerne pas, qu'il s'agit d'un idéal trop élevé réservé à une élite... Pourtant, le Seigneur lui-même nous le demande : « *Soyez saints, car moi, le Seigneur votre Dieu, je suis saint.* » (Lv 19,2) En quoi consiste la sainteté ? Saint Jean nous répond : « *dès maintenant, nous sommes enfants de Dieu, mais ce que nous serons n'a pas encore été manifesté. Nous le savons : quand cela sera manifesté, nous lui serons semblables car nous le verrons tel qu'il est* » (2° lect.). C'est ce qu'on appelle la vision béatifique. La sainteté n'est pas réservée à un petit nombre: l'Apocalypse en dénombre 144.000 (12X12X1000), un chiffre symbolique d'une multitude innombrable (1° lect.). Ils ont beau être nombreux, nous pourrions croire qu'ils ont tous accompli des choses extraordinaires et au-delà de nos forces. En fait, ils n'ont pas forcément réalisé des actions extraordinaires, mais ils se sont efforcés de tout réaliser, même les actions les plus ordinaires, avec un amour extraordinaire. Et cet amour ne venait pas d'eux, mais du Seigneur Lui-même. Autrement dit, **la sainteté est d'abord une grâce**, un don de Dieu. Le saint est celui qui laisse Dieu, le seul Saint, agir en lui. Certes, **cette union signifie d'accepter de souffrir comme le Christ a souffert pour nous** : les saints «*viennent de la grande épreuve ; ils ont lavé leurs robes, ils les ont blanchies par le sang de l'Agneau.* » (1° lect.) Mais **leurs souffrances ne les ont pas empêchés d'être heureux, au contraire**, c'est pourquoi nous venons d'entendre les béatitudes. Chacun d'entre nous recherche le bonheur. Mais nous savons par expérience que ce but n'est pas facile à atteindre. Notre société nous « dit » : le bonheur consiste à posséder beaucoup d'argent pour pouvoir consommer et du pouvoir pour ne dépendre de personne, et à prendre autant de plaisir que possible afin de ne pas éprouver la souffrance et la solitude. Ces « voix » sont attrayantes, comme celles des sirènes qu'entendit Ulysse pendant son voyage vers Ithaque, mais elles sont illusoires, elles ne conduisent pas au véritable bonheur. La preuve, c'est qu'il y a plus de personnes déprimées dans nos sociétés occidentales que dans les pays les plus pauvres, où les gens se contentent de peu. Écoutons donc une autre voix, celle du Christ qui nous dit aujourd'hui : *heureux* plutôt *les pauvres de cœur, les doux, les affligés, les affamés et assoiffés de justice, les miséricordieux, les cœurs purs, les artisans de paix, et même les persécutés pour la justice ou pour lui*. Cet appel du Christ peut nous surprendre voire nous rebuter, tant les comportements qu'il dépeint nous semblent loin du bonheur tel que nous le concevons spontanément. Pourtant, il s'agit là du plus beau portrait que le Christ nous a laissé de lui-même, lui qui est le Bienheureux par excellence. **Méditons sur chacune des béatitudes, à la lumière des exemples de saints, qui partagent son bonheur.**

Les pauvres de cœur, ce sont ceux qui attendent tout de Dieu et reconnaissent que toutes leurs richesses, matérielles et spirituelles, viennent de Lui. Dans son acte de consécration à l'amour miséricordieux, la petite Thérèse écrivait : «*Au soir de cette vie, je paraîtrai devant vous les mains vides, car je ne vous demande pas, Seigneur, de compter mes œuvres. Toutes nos justices ont des taches à vos yeux. Je veux donc me revêtir de votre propre Justice* ».

Les doux, ce sont ceux qui sont assez forts pour ne pas répondre à la violence par la violence. Sainte Jeanne d'Arc, lors de son procès, n'a jamais été agressive envers ses juges qui cherchaient à la piéger. Lorsque l'un d'entre eux lui demanda : « *vous sentez-vous en grâce de Dieu ?* », elle répondit tout simplement : « *Si je n'y suis, Dieu m'y mette... Si j'y suis, Dieu m'y garde.* »

Ceux qui pleurent, ce sont ceux qui se laissent toucher par le mal et la souffrance qui accablent leurs frères. Saint Dominique passait une partie de ses nuits en priant : « *Seigneur que vont devenir les pêcheurs ? Seigneur aie pitié des pêcheurs !* »

Ceux qui ont faim et soif de la justice, ce sont ceux qui veulent de tout cœur que chacun reçoive ce à quoi il a droit. Mère Teresa disait notamment: « *Le plus grand destructeur de la paix aujourd'hui est le crime commis contre les enfants à naître.* »

Les miséricordieux, ce sont ceux qui savent non seulement se laisser émouvoir, mais aussi tendre une main secourable à ceux qui sont dans la misère, qu'elle soit matérielle, en leur offrant du pain, ou spirituelle, en leur offrant le pardon. Au moment de mourir, saint Etienne s'est *écrié d'une voix forte :* « *Seigneur, ne leur compte pas ce péché.* » (Ac 7,60), reprenant les paroles de Jésus sur la croix.

Les cœurs purs, ce sont ceux qui cherchent toujours à faire la volonté de Dieu et qui voient dans le prochain un frère ou une sœur, sans que le péché obscurcisse leur conscience. La reine Blanche, mère de saint Louis, avait coutume de lui dire : « *Mon fils, je vous aime tendrement, et plus qu'aucune créature au monde ; et cependant j'aimerais mieux mille fois vous voir mort que de vous voir commettre un seul péché mortel* ». Et c'est ce qu'il chercha à éviter toute sa vie.

Les artisans de paix, ce sont ceux qui aident les personnes en conflit à se réconcilier. En plein milieu d'une croisade, François d'Assise alla rencontrer le sultan. Même si la guerre continua, sa démarche a tellement marqué les musulmans de son époque que certains s'en souviennent encore aujourd'hui.

Ceux qui sont persécutés pour la justice vont encore plus loin que ceux qui en ont faim et soif, puisqu'ils acceptent de souffrir pour elle. Gandhi n'était pas chrétien, mais il a lutté pour ceux dont les droits les plus élémentaires n'étaient pas respectés, d'abord en Afrique du sud, puis en Inde.

A **ceux qui sont persécutés pour lui**, le Christ promet la plus grande récompense : n'oublions pas qu' « *il n'y a pas de plus grand amour que de donner sa vie pour ceux qu'on aime* » (Jn 15,13) ! C'est pourquoi l'Eglise a toujours placé les martyrs au sommet de la « hiérarchie » des saints. Tarcisius a été tué parce qu'il refusait d'abandonner l'hostie consacrée qu'il tenait dans sa main à ceux qui voulaient s'en emparer.

Alors, frères et sœurs, **n'ayons pas peur de devenir des saints.** « *La sainteté est une aventure, elle est même la seule Aventure.* » (Georges Bernanos) Unissons-nous intimement à Dieu pour réaliser tout ce que nous avons à faire, même les choses les plus ordinaires, avec un amour extraordinaire. Acceptons de souffrir pour celui qui nous a aimés jusqu'à mourir. Pour y parvenir, **laissons ceux qui sont déjà parvenus au bout de leur chemin nous aider à la fois par leurs intercessions, et par leurs exemples.** Ne les prenons pour des modèles statiques qu'il nous faudrait imiter bêtement, car chacun a mené une vie originale, et chacun d'entre nous doit également trouver son chemin vers le ciel, qui ne peut être qu'unique. Mais imitons leur désir d'aimer. Et lorsque nous n'y parvenons pas, ne nous décourageons pas ! Sainte Thérèse d'Avila disait : « *la sainteté, ce n'est pas de ne jamais chuter, c'est de toujours savoir se relever* ». **Durant les mois qui viennent, ne nous contentons pas de lire la Bible, même si cela est bon et nécessaire, mais méditons aussi sur des vies de saints,** nos frères et sœurs qui veulent nous accueillir un jour auprès du Seigneur. AMEN.

Christ-Roi : Le règne de Dieu est au milieu de vous

Frères et sœurs, **le Christ est-il vraiment le Roi de l''univers**, comme nous le célébrons aujourd'hui ? S'il l'est, pourquoi le mal continue-t-il ses ravages ? Est-ce par faiblesse, par indifférence, ou par cruauté qu'il laisse le mal continuer ses ravages dans le monde ? Jésus lui-même nous a enseigné à demander au Père, dans notre prière : « *Que ton Règne vienne* »... C'est vrai, mais il a aussi déclaré : « *le règne de Dieu est au milieu de vous.* » (Lc 17,21) Comment est-il présent ? Justement en la personne du Christ, et en tous ceux qui acceptent de lui obéir. Nous avons un combat à mener, comme le décrit l'Apocalypse de saint Jean et comme l'a bien compris saint Ignace de Loyola : nous combattons soit sous les ordres du Fils de Dieu, soit sous ceux de son adversaire, Satan. Certes, celui-ci possède une grande armée, celle des démons et de ceux qui agissent sous leur influence, et c'est pourquoi Jésus l'appelle *le prince de ce monde* (Jn 14,30) ... Mais n'ayons pas peur, car le même Jésus l'a vaincu. Il a remporté une première victoire dans le désert, où il a été tenté pendant 40 jours. Il remporte ensuite la victoire définitive sur la croix. Comme au désert, Jésus résiste aux tentations. Il n'est pas venu pour se sauver lui-même, mais pour nous sauver, comme son nom l'indique : Jésus – Yeshouah - signifie « *Dieu sauve* ». Mais Jésus ne nous sauve que si nous acceptons qu'il règne sur nous, ce qui signifie aussi que nous combattions avec lui. Avec quelles armes ? La Vérité et l'Amour. **Prenons exemple sur le premier** canonisé, **le bon larron**, qui a utilisé ces 2 armes pour être sauvé et régner avec le Christ.

Pour régner avec le Christ, nous devons d'abord faire la Vérité. A Pilate qui lui demande: *"Alors, tu es roi ?"*, Jésus répond: *"C'est toi-même qui dis que je suis roi. Je suis né, je suis venu dans le monde pour ceci : rendre témoignage à la Vérité. Quiconque appartient à la Vérité écoute ma voix.* » (Jn 18,37) Plus tôt, il avait dit à ses disciples : « *Si vous demeurez fidèles à ma parole, vous êtes vraiment mes disciples ; alors vous connaîtrez la Vérité, et la Vérité vous rendra libres.* » (Jn 8,31-32) La Vérité consiste d'abord à reconnaître que nous sommes pécheurs, et que Jésus est le Seigneur.

Le bon larron bien qu'il soit prisonnier sur sa croix, devient libre lorsqu'il fait la Vérité en s'adressant à son compagnon. « *Tu ne crains donc pas Dieu ! Tu es pourtant un condamné, toi aussi ! Et puis, pour nous, c'est juste : après ce que nous avons fait, nous avons ce que nous méritons. Mais lui, il n'a rien fait de mal.* » La Vérité, c'est qu'ils ne sont pas des justes, et que Jésus l'est.

Le bon larron nous rappelle le publicain venu au Temple qui « *n'osait même pas lever les yeux vers le ciel* » et qui « *se frappait la poitrine, en disant : "Mon Dieu, montre-toi favorable au pécheur que je suis"* ! » (Lc 18,13). C'est lui qui était revenu chez lui « *justifié* », et non le Pharisien à côté de lui qui se vantait de ses mérites. Si nous reconnaissons la Vérité, à savoir que nous sommes injustes, le Seigneur lui-même nous justifie et nous coupons l'herbe sous le pied à Satan, que l'Ecriture appelle aussi « *l'accusateur* ». C'est pourquoi dans chaque eucharistie, nous reconnaissons plusieurs fois que nous sommes pécheurs : « *Seigneur, prends pitié* », « *Seigneur, je ne suis pas digne de te recevoir* », « *Agneau de Dieu, qui enlève le péché du monde, prends pitié de nous* »...

Ainsi, la Vérité ou l'humilité puisque « *l'humilité, c'est la Vérité* » (sainte Thérèse d'Avila) est le fondement de la vie spirituelle. « *Connais-toi toi-même* » était-il écrit sur le fronton du temple de Delphes. La Vérité nous permet de prendre conscience que nous refusons souvent d'obéir à notre Roi, et que nous avons besoin d'être sauvés. Saint Paul se nomme plusieurs fois dans ses lettres : « *l'avorton* ». Saint Philippe Néri se levait chaque matin en disant : « *Seigneur, méfie-toi de Philippe* » ! Et saint Vincent de Paul termina sa vie en disant : « *J'ai si peu fait* »...

Etre témoin (martys, en grec) de la Vérité peut être difficile ou héroïque, c'est pourquoi nous devons enseigner aux enfants non seulement à ne pas mentir, mais aussi et surtout à aimer la Vérité[86]...

---

[86] Dans *J'accuse*, qui vient de sortir sur les écrans, le colonel Picquart, alors qu'il est antisémite au départ, décide d'obéir à sa conscience, qui lui montre le chemin de la Vérité. C'est ainsi qu'il est capable d'innocenter le capitaine Dreyfus, et de dénoncer les vrais

Pour régner avec le Christ, nous devons non seulement faire la Vérité, mais aussi aimer. C'est compréhensible, puisque *"Dieu est Amour"* (1Jn 4,8) et que *"Amour et Vérité se rencontrent"* (Ps 84,11). Jésus a laissé comme testament à ses disciples: *"Je vous donne un commandement nouveau : c'est de vous aimer les uns les autres. Comme je vous ai aimés, vous aussi aimez-vous les uns les autres."* (Jn 13,34) Aimez, même vos ennemis et ceux qui vous ont fait du mal (Lc 6,27).

Après avoir fait la Vérité, le bon larron fait preuve d'un Amour extraordinaire. « *Jésus, souviens-toi de moi quand tu viendras dans ton Royaume.* » Sa foi est manifeste: à travers l'homme nu et ensanglanté à côté de lui, il reconnaît Dieu Lui-même ! Il reconnaît le Roi de l'univers, puisqu'il évoque la venue de son règne. La croix est son trône et sa couronne est faite d'épines...Mais sa foi est pleine d'Amour: il est le seul protagoniste des évangiles à appeler Jésus de son prénom. Ce n'est pas un excès de familiarité, puisqu'il a dit auparavant à son compagnon : « *Tu ne crains donc pas Dieu !* » La crainte est le premier don de l'Esprit Saint. Mais n'oublions pas que le

---

coupables, des responsables de l'armée et de la société. En témoignant de la vérité, il est dégradé lui-même et incarcéré, avant d'être réhabilité en même temps que Dreyfus en 1906, et de devenir plus tard ministre de la guerre sous Clémenceau. Celui qui a accepté de prendre le risque d'être abaissé a été élevé, mais il aurait pu ne pas l'être, comme tant d'autres qui ont été persécutés ou sont morts pour avoir témoigné de la Vérité (martys signifie témoin en grec).

second, qui le complète, est la piété, synonyme de confiance et de tendresse.

L'Amour n'est réel et fort que s'il accepte la souffrance. L'Amour de Pierre pour Jésus était d'abord réel mais faible, comme son triple reniement l'a manifesté et comme il l'a reconnu lui-même au bord du lac après la résurrection - *"Seigneur, tu sais bien que je t'aime"* (Jn 21), avec le mot *philein* et non *agapein*, que Jésus avait employé en l'interrogeant - mais il est devenu fort que lorsqu'il a accepté de mourir pour lui... Le bon larron, lui, craint d'offenser Dieu, mais il ne craint pas les hommes qui sont autour de lui. Il aurait été plus facile de faire « comme tout le monde », notamment pour s'éviter de cruelles moqueries et insultes à son tour. Elles ne sont pas écrites, mais nous pouvons les imaginer.

Ainsi, frères et sœurs, le bon larron règne maintenant sur l'univers avec le Christ et tous les élus. Il a choisi le règne du Christ plutôt que le règne de Satan. Dans la cité de Dieu, saint Augustin écrit : *« Deux Amours ont donc bâti deux cités, l'Amour de soi jusqu'au mépris de Dieu, la cité de la terre ; l'Amour de Dieu jusqu'au mépris de soi, la cité de Dieu ».* Nous-mêmes, pour qui va notre Amour ? Par notre baptême, nous sommes devenus rois. **Sommes-nous de bons rois ?** Au temps de Samuel, les Israélites avaient demandé un roi. Bien que prévenus par le prophète qu'ils allaient y perdre leur liberté (1Sam 8), ils s'étaient entêtés. Certes, ils eurent quelques bons rois qui gouvernèrent à l'écoute du Seigneur, en particulier David (1° lect.), mais la plupart furent mauvais car ils ne furent ni assez humbles pour obéir à la Vérité, ni assez pleins d'Amour pour le Seigneur et pour leur peuple. Cette semaine, **prenons le temps de nous confesser** pour reconnaître humblement que nous n'avons pas toujours été justes, et pour prendre des forces afin d'aimer davantage le Seigneur, notre prochain et nous-mêmes. C'est ainsi que nous ferons progresser son règne sur la terre, en attendant qu'il vienne l'établir définitivement. Seigneur, **que ton Règne vienne !**

Imprimé par BoD – Books on Demand, Norderstedt, Allemagne